国家出版基金项目
NATIONAL PUBLICATION FOUNDATION

中國古代社會（上）

［蘇］柯　金◎著
岑　紀◎譯

山西人民出版社
山西出版傳媒集團

圖書在版編目(CIP)數據

中國古代社會/[蘇]柯金著;岑紀譯.—太原:山西人民出版社,2015.12
(近代海外漢學名著叢刊/鄭培凱主編)
ISBN 978-7-203-09294-0

Ⅰ.①中… Ⅱ.①柯… ②岑… Ⅲ.①古代社會-研究-中國 Ⅳ.①K220.7

中國版本圖書館CIP數據核字(2015)第225911號

中國古代社會

叢刊主編　鄭培凱
著　　者　[蘇]柯金
譯　　者　岑　紀
責任編輯　馮靈芝

出 版 者　山西出版傳媒集團·山西人民出版社
地　　址　太原市建設南路21號
郵　　編　030012
發行營銷　0351-4922220　4955996　4956039
　　　　　0351-4922127(傳真)
天猫官網　http://sxrmcbs.tmall.com　0351-4922159(電話)
E-mail　sxskcb@163.com　發行部
　　　　　sxskcb@126.com　總編室
網　　址　www.sxskcb.com

經 銷 者　山西出版傳媒集團·山西人民出版社
承 印 廠　山西出版傳媒集團·山西人民印刷有限責任公司

開　　本　700mm×970mm　1/16
印　　張　28
字　　數　251千字
印　　數　1—2000册
版　　次　2015年12月　第1版
印　　次　2015年12月　第1次印刷
書　　號　ISBN 978-7-203-09294-0
定　　價　84.00圓(上、下)

近代海外漢學名著叢刊編委會名單

總主編　鄭培凱

編委會　傅　杰　霍　巍　戴　燕（按姓氏筆畫排序）

總策劃　越衆文化傳播·周　威

總監製　南兆旭

統　籌　徐　勝　顔海琴

出版工作委員會

主　任　李廣潔

副主任　姚　軍　石凌虛

委　員　梁晉華　張文穎　秦繼華　馮靈芝
　　　　張　潔　崔人杰　王新斐　郭向南

設計總監　李尚斌

設計製作　王秀玲　吴圳龍　何萬峰　歐陽樂天

出版説明

近代海外漢學名著叢刊選取一九四九年以後未再刊行之近代海外漢學作品，編例如次：

一、本叢書遴選之作品在相關學術領域具有一定的代表性，在學術研究方嚮、方法上獨具特色。

二、爲避免重新排印時出错，本叢書原本原貌影印出版。影印之底本皆經專家組審定，原書字體大小、排版格式均未做大的改變。

三、爲使叢書體例一致，本叢書前言後記均采用繁體字排版。

四、個別頁碼較少的版本，爲方便裝幀和閱讀，進行了合訂。

五、少數作品有個別破損之處，編者以不改變版本内容爲前提，部分進行修補，難以修復之處保留缺損原狀。

六、原版書中個別错訛之處，皆照原樣影印，未做修改。

由於叢書規模較大，不足之處，在所難免，殷切期待方家指正。

總序／温故而知新

晚清以來，西力東漸，西方文化思想的著作也大量譯成中文，最著名的如嚴復與林紓的譯著，影響了整個二十世紀中國的知識界與文學界，使得中國文化的思維脈絡爲之丕變。除了西方思想經典、文學與實證科學著作的翻譯，以實證方法系統化探討中國文史的域外漢學，也對中國學術思想界産生了莫大衝擊，改變了中國學術的著述方法與取嚮。

中國傳統的知識結構，是按經史子集四庫分類的，以儒家意識形態的經學爲文化知識的砥柱，以史學爲貫串歷史經驗的殷鑒，至於子部與集部，則是作爲保存文獻、擴大知識面的附帶知識，可以耽情冥想，可以悠遊玩賞，却都是邊緣化的知識，無關聖教的弘揚，無關文化精髓的宏旨。西方文藝復興之後的現代學術體系，在知識分類上，與中國傳統大相徑庭，講究系統分科，不同知識領域各有其客觀存在的價值，有其相對獨立的目的與標準。日本知識界在明治維新以來，鑒於東方文明落後於西方的船堅炮利，率先效法西方，在追求「文明開化」、「脱亞入歐」的過程中，爲日本學術發展循着現代西方的體例，建立了哲學、文學、歷史學、經濟學、法學、商學、物理學、化學、地質學、醫學、農學、工程學、植物學、動物學等等新型學科，企圖與西方學術齊頭並進，從而影響了中國近代學術體系的發展。

本叢刊選印二十世紀上半葉出版的漢學譯著近百冊，分爲三大類：「歷史文化與社會經濟」、「古典文獻與語言文字」、「中外交通與邊疆史」，反映民國時期學術界重視西方及日本漢學研究的成果，藉助他山之石，重新審視中國傳統歷史文化的意義，特別是開拓了傳統學術忽略的領域。五四新文化運動以來，中國學者如蔡元培、胡適都提倡「整理國故」，以理性實證的方法，對中國文化傳統做出系統化的研究，是與這些漢學譯著相輔相成的。這些譯著除了介紹域外漢學的成果，還引進了嶄新的學術研究方法與視角，有助於梳理中國文化傳統的脈絡，重新整合知識結構與學術體系。雖然這些學術著作不是中國學者的成就，無法納入二十世紀中國文史學術的主脈，但是從中文譯本的影響而言，起碼也應當視爲中國近代學術發展的支脈或潛流，不容忽視。可惜的是，到了二十世紀下半葉，因爲兩岸政治形勢的變化，這些漢學譯著，除了部分因王雲五重新入主臺灣商務印書館，而得以在臺灣做了少量的重印，在大陸的出版界，則完全受到遺忘，甚至在許多新成立的大學圖書館中也不見踪影。我們搜集了近百冊塵封的漢學譯著，呈現給二十一世紀的中國學術界，一方面是爲了銘記前人爲推展學術而做出的努力，另一方面也是爲了提醒新常態時期的學人，學術發展有其歷史累積的脈絡，可以從中汲取歷史經驗，温故而知新。

説到「温故知新」與這批早期漢學譯著的關係，可以從兩個方面來思考，以見翻譯域外漢學如何反映了時代精神，爲融匯東西方學術思維，重新闡釋中國文化傳承，做出不可磨滅的貢獻。一是域外漢學的研究對象，以中國歷史文化典籍爲主，屬於中西文化碰撞期間興起的「國學」範疇，與五四新文化人物提倡的「整理國故」運動若合符節。研究中國歷史文化，並賦予新的學術意義，是清末民初知識精英念兹在兹的心結。歷史發展走到一個環節，時代的狂風揚起了批判傳統的大旗，風中的英雄幫着推波助瀾，却又無時或忘自己民族文化主體的未來，糾纏於「傳統」能否「現代」的困境。域外漢學的出現，以西方實證方法研究中國歷史文化傳統，綜合東西方各種語言文字材料，擴大了研究國學的眼界，即使無法打開中國文化傳統是否走到盡頭的心結，至少是提供了一個解惑的方嚮，在大霧彌漫的夜晚，看到了依稀渺茫的星光。

二是翻譯域外漢學，有一種以子之矛攻子之盾的吊詭作用，逐漸化解了中國文化思維中的自大心理與封閉心態，讓唯我獨尊的國粹基本教義派解除武裝到牙齒的盔甲，轉而吸收並接受西方實證研究的學風。民國期間新式教育制度的推行、學術體系的變化、大學學術專業的創建，具體到北京大學國學門的成立，中央研究院規劃歷史、語言、考古的研究領域，都與翻譯域外漢學背後的旨意是息息相關的。因此，重新閱覽這批民國期間的漢學譯著，對二十一世紀的現代學人來説，温故而知新，不但可以窺知民國學人追求新知的心理狀態，也會刺激吾人反思，認真思考學術研究方法與中國學術發展的前景，更進一步，探索文化傳統的重新闡釋與新知介入的關係。知識體系的變化當然與傳統的重新闡釋有關，是外爍的影響大呢，還是内因變化的成分居多？

論語·爲政記載孔子説：「温故而知新，可以爲師矣。」歷代解經，對這個「爲師」的道理，有兩種相近似但又取嚮不同的解釋。朱熹四書集注説：「故者，舊所聞。新者，今所得。言學能時習舊聞而每有新得，則所學在我而其應不窮，故可以爲人師。若夫記問之學，則無得於心而所知有限，故學記譏其不足以爲人師，正與此意互相發也。」雖然朱熹把知識分爲「舊所聞」與「新所得」，强調的却是「學而時習之」，從中生發新的心得，也就是從詮釋舊典中得到新知。這個説法與朱熹在鵝湖之會以後，作詩唱和，寫給陸九淵的詩句，「舊學商量加邃密，新知涵養轉深沉」，异曲同工，是一個意思，萬變不離其宗，舊學與新知是同一個脈絡的知識學理。

然而，有些朱熹之前的經學家，解釋「温故知新」，却有不同的取嚮。皇侃論語義疏就説：「故，謂所學已得之事也。所學已得者則温尋之不使忘失，此是月無忘其所能也。新，謂即時所學新得者也。知新，謂日知其所亡也。若學能日知所亡，月無忘所能，此乃可爲人師也。」皇侃明確説到，「故」指的是過去所學的知識，而「新」則指的是新近學到的知識，新舊結合，相互發明，就可以「爲人師」了。邢昺論語注疏循着皇侃的思路，也説：「言舊所學得者，温尋使不忘，是温故也。素所未知，學使知之，是知新也。既温尋故者，又知新者，則可以爲人師也。」這裏講的「素所未知」，就不衹是研讀舊學，有了新的體會，從過去的傳統中發展出的「新知」，而是從來没聽過、没想過的新學問了。這種「素所未知」的新學問，結合「舊所聞」，對習以爲常的知識框架，就會産生巨大的衝擊，而出現飛躍性的結構變化。知識内容或許大體沿襲傳統，知識結構却得以重新整合，出現嶄新的認知系統，重新審視自己文化傳統的意義，打開文化傳承的新局面。二十世紀上半葉的漢學譯作，就發揮了這樣的作用，促使中國學者放棄自我中心的文化態度，從各種不同側面，探知中國歷史文化的光譜，以域外（或是全球）的角度觀測中國傳統，摇動了文化的萬花筒，看到七彩繽紛的中國。

嚴復在甲午戰争之後，改良變法思想風起雲涌之時，開始大量翻譯西方思想經典著作，是有感於國人（特别是傳統文化孕育的知識精英）思維系統封閉，企圖介紹實證新知，引進邏輯思維的方法，以破除儒學之道「一以貫之」與「放之四海而皆準」的虚妄。他翻譯天演論，在序文中提到，有人歸納東西方學術思想，認爲中國文化重精神，是形而上之學，立意高超，而西方文化重物質，是形而下之學，衹追求功利的回報。他認爲，這種自以爲是的蒙昧態度，陷入傳統舊學的框囿而不自知，没有自我反思的能力，無法吸收「素所未知」的新知識，也就無法開展並弘揚自己的文化傳統。嚴復非常清楚他翻譯西方經典的目的，是爲了介紹新知，打破中國傳統思維的封閉性，但是，作爲披荆斬棘的拓荒人，他深知思想封閉者的頑固心理，必須因勢利導，以免遭到盲目衛道之士的攻訐。嚴復有其防身的策略，不會像許褚戰馬超那樣赤膊上陣，而是以桐城文章譯述赫胥黎、斯賓塞、穆勒、亞當·斯密、孟德斯鳩，博得晚清知識精英的贊許，文章深閎而傳入了新知義理。從文化變遷的角度而言，通過翻譯，以迂迴戰術來介紹西方思想，得到巨大的成功，産生了改變傳統思維體系的實效，是中國近代思想史上影響深遠的大事。以此類推，民國時期大量翻譯域外漢學的影響，也是不容忽視的思想史課題。

關於清末民初西方學術思維衝擊中國知識精英，顛覆傳統文化的知識結構，錢穆在現代中國學術論衡的序言中，從中國文化本位的立場，發出深刻的感慨，做了籠統的批評：「文化异，斯學術亦异。中國重和合，西方重分別。民國以來，中國學術界分門別類，務爲專家，與中國傳統通人通儒之學大相違异。循至返讀古籍，格不相入。此其影響將來學術之發展實大，不可不加以討論。」錢穆所指出的問題，是傳統知識體系强調「通」，文史哲不分家，最崇尚通儒，而現代學術講究專業分科，各司其職，以至於讀不通古籍呈現的整體性知識思維。姚名達在撰寫中國目録學史的時候，對西力東漸，西潮帶來的翻譯著作及新知新學，也有類似的感慨：「四部分類法，不合時代也，不僅現代爲然。自道光、咸豐允許西人入國通商傳教以來，繼以派生留學外國，於是東西洋洋籍逐年增多。學問翻新，迴出舊學之外。目録學界之思想不免爲之震蕩。」這種對學術體系發生重大變化的觀察，反映了中國學人從晚清一直到民國，夾在東西方兩種不同思維體系的衝突中，身歷其境的切身感受，因此感觸良多。

二十世紀上半葉最能代表中國學術的通儒是王國維與陳寅恪，他們浸潤了經史子集的四部知識傳統，承繼乾嘉篤實的考據學風，却都經過西洋邏輯思維與實證科學的洗禮，參與中國知識結構的轉型。對西方現代知識結構如何在中國生根發芽，不但再三致意，并且以自己的學術實踐來努力促成。王國維早在一九〇二年就寫信給張之洞，反對把經學列爲大學分科之首，而主張效法西方與日本的大學，設立哲學科，明確指出知識結構的分類不可因循傳統，而必須另起爐竈。陳寅恪在一九二五年就清華大學建制的問題，寫了吾國學術之現狀及清華之職責，指出大學的職責在於學術之獨立，而中國學術界的情況令人十分不滿，必須認真效法西方學術的體制及實踐。他說：「蓋今世治學以世界爲範圍，重在知彼，絶非閉門造車者比。」這兩位國學大師，對西方與日本的漢學研究十分注意，都是以開放態度對待域外漢學研究，集思廣益，以成其大家。

再回到「温故知新」的歷代經解，說說文化傳承的闡釋學意義。劉寶楠在論語正義中指出，上古之時，文化知識是上層統治精英的家學，不再治理實際政事的長者可以傳遞德行的知識，可以爲人師。「温故而知新」，就顯示長者不忘舊時所學，且能吸收新知，繼承并發揚這種學術與政治合一的傳統。到了孔子之時，時代出現了變化，士大夫不見得能够謹守家法，弘揚德行，也不一定能够「爲師」了。孔子之後，世變日亟，「道術爲天下裂」，文化知識不再爲少數統治精英所壟斷，也不必然與治理政事有關，學術在民間百花齊放，百家争鳴。但是，學術知識發展的脈絡基本未變，仍然是要温故知新，進德修業。從劉寶楠不經意的闡釋中，可以看到時代變遷影響了學術文化的内容，改變了知識結構的體系，但其内在發展的理路仍舊，還是需要舊學與新知的融合，才能有所發展。

劉寶楠還引述了劉逢禄的解釋：「故，古也。六經皆述古昔、稱先王者也。知新，謂通其大義，以斟酌後世之製作，漢初經師皆是也。」劉寶楠贊成這個説法，並指出，漢唐人解釋「知新」，大多數都沿用此意。也就是説，舊學是傳統的知識結構體系，新知是時代變化出現的新知識，必須相互斟酌，才能發揮得宜。至於如何對舊學「通其大義」，就見仁見智，各有説法了。從這個通達的詮釋來討論近代西學東漸的情況，我們可以看到，「温故而知新」在民國學人的心底，是産生「傳統」與「現代」糾葛的心理陷阱，不易跨越。若依照朱熹的説法，「學能時習舊聞而每有新得，則所學在我而其應不窮」，雖然在哲理上可以模模糊糊説通，但在清末民初的具體歷史環節，西學的新知屬於完全不同的知識體系，在原有的舊學脈絡中，根本無從立足，如何「其應不窮」？所以，真要放之四海而皆準，提升「温故而知新」的普世意義，以理解域外漢學譯著與近代學術知識體系變遷的文化史意義，我們認爲，皇侃、邢昺，一直到劉寶楠的闡釋，是比較合適，並與現代文化闡釋學的説法相近。

伽達默爾（Hans-Georg Gadamer）在他的名著真理與方法中，説到認知理性與文化傳統的關係，特别指出，人們通過理性，來判斷歷史文化中事實的真相，但是人的理性與生存環境息息相關，與傳統所衍生的豐富文化底蕴有關，不可能完全超越文化傳統的思維脈絡。他認爲，人生活在文化傳統之中，就不可能「遺世獨立」，以全能超越的抽象思辨來認識傳統，甚至是批判或顛覆傳統。傳統是歷史文化延續與傳承的表徵，不會一成不變，而我們的認知理性也會因時代變遷，而不斷重新詮釋傳統。伽達默爾的闡釋學以西方文化傳統爲例，説明新知如何納入傳統，而使文化傳統生機不斷，生生不息，與中國歷代經學家的説法（朱熹除外），有异曲同工之效。以此觀照民國時期的漢學譯著，我們認爲，這批學術新知傳入中國，對中國文化傳統的繁衍與發展，實有承先啓後之功。

近代海外漢學名著叢刊的出版，最值得感謝的是南兆旭先生二十多年來搜羅的執着與努力。雖然這套叢刊不能窮盡民國時期的漢學譯著，但是，能滙集上百冊自一九四九年以來在國内不曾重印的學術著作，再度公之於世，總是功不唐捐的大功德。忝爲本叢刊的主編，我面對這批民國學術材料，先是感到紛雜無章，有些原作者的學術素養也難副當前的學術標準，甚爲猶豫。後轉念一想，這是上個世紀中國最紛亂時期的學術記録，也是民生凋敝，國勢隤危，内亂外患交加之際，仍有許多學者孜孜矻矻，戮力翻譯域外漢學，爲中國學術的傳承拓展新知的坦途，不禁肅然起敬，開始用心整理分類。掛一漏萬，在所難免，好在有學殖豐贍的諍友擔任分卷主編，並撰寫各分卷前言，實在是衷心銘感。有傅杰教授負責「歷史文化與社會經濟」、戴燕教授負責「古典文獻與語言文字」、霍巍教授負責「中外交通與邊疆史」，吾道不孤矣。在整理編輯過程中，周威先生費心最多，也是我要衷心感謝的。

道術之存亡，全在人心之嚮背。這批民國漢學譯著重新問世，對我們生長在承平之世的學人，應當有激勵的作用，爲學術研究多盡份力，讓中國學術發展更上一層樓。

鄭培凱

二〇一五年七月

前言

一九四九年，身在美國的鄧嗣禹在遠東季刊發表近五十年中國歷史編纂學，總結半個世紀以來中國歷史編纂學從保守走嚮開放，「先是受日本，然後是英國、美國、法國，最後是蘇聯等影響」，既擴大了史料的範圍，又應用了科學的方法，把重點從帝國的政治事件轉移到社會經濟方面，終於「取得了巨大的進步」。鄭培凱教授主編的近代海外漢學名著叢刊，正是鄧氏提及的各國影響中的一部分——甚至堪稱是主要的部分。

本分卷主要包括兩大類：一是歷史文化，包括渡邊秀方中國哲學史概論、三浦藤作中國倫理學史、津田左右吉儒道兩家關係論、服部宇之吉儒教與現代思潮、五來欣造儒教政治哲學、濱田耕作東亞文化之黎明、梅原末治中國青銅器時代考、新城新藏中國上古天文、卡特中國印刷術源流史等；二是社會經濟，包括沙發諾夫中國社會發展史、駒井和愛等中國歷代社會研究、柯金中國古代社會、森谷克己中國社會經濟史、田崎仁義中國古代經濟思想及制度、卜凱中國農家經濟、馬札亞爾中國農村經濟研究、克拉米息夫中國西北部之經濟狀況、高林士中國礦業論、長野朗中國資本主義發達史等（以上作者譯名一仍所收各譯本）。這些著作引入中國的背景與影響，培凱教授的總序已經作了高屋建瓴、提綱挈領的論述。這裏祇就著作、作者、譯者三端分別舉例，略作一些補充說明。

先説著作。包括本輯在内，本叢書所選入的日本學者論著佔據了多數。曾有西方的東方學家概括日本學術實爲三餘：文學竊中國之緒餘、佛學竊印度之緒餘、各科學竊歐洲之緒餘。其言雖刻薄，却一針見血。但也正因善於嫁接，所以在用西方研究模式梳理中國歷史傳統方面，日本學者往往最具搶佔先機的便利，他們的著作也成爲當時的中國最多引進與借鑒的對象。例如梅原末治藉助於西方科學方法來分析中國青銅器的器形、成分，進而推論其時代的中國青銅器時代考在半個世紀中産生了廣泛的影響，如歷史學家吕思勉在先秦史中就引用過他對殷商時代青銅器的分析，考古學家黄展岳在關於中國開始冶鐵和使用鐵器的問題中則對他殷代已知用鐵的觀點提出駁正。卡特的名著出版至今九十年，仍然是時常被引用的經典，除早期的節譯本，一九五七年北京出版了吴澤炎譯的中國印刷術的發明和它的西傳，一九六八年臺北出版了胡克希譯的經傅路德修訂的卡德著作新版中國印刷術的發明及其西傳。其書既出，哲學大師杜威也給以好評，桑原騭藏、鄧嗣禹發表了長篇書評。直至本世紀芮哲非的新著谷騰堡在上海：中國印刷資本業的發展（一八七六—一九三七），還指出正是卡特著作的出版，因其表彰中國印刷術的悠久歷史和對世界印刷史的巨大貢獻，迅速影響了一批中國學者，進而影響了近代以來的中國印刷史書寫。其實，受影響的還不止是印刷術與中西交流史的學者。以夢溪筆談校證而蜚聲中外的當代夢溪筆談研究第一人胡道静回憶，正是從卡德的書中，他才知道夢溪筆談：

> 卡特的書説明了史料的來源，還特别夸譽了夢溪筆談這部著作，説它這好那好。於是我這個當時對古籍祇讀先秦、兩漢之書的小伙子就迫不及待地去找這本沈括的名著來閲讀了。（夢溪筆談校證五十年）

至於沙發諾夫、柯金、馬札亞爾等用唯物史觀來研究中國社會經濟史的論著，在蘇聯和中國都引發過爭議，而在當時就有學者指出，陶希聖等人對魏晋時期中國社會性質的看法，即深受沙發諾夫中國社會發展史的影響。

次説作者。各書作者背景各异，身份不一，研究中國的目的也頗有差距。其中既有津田左右吉這樣的學術大師，更不乏各學科中的權威名家，而且不少跟中國還有密切的聯繫。如濱田耕作與梅原末治師徒都在中國從事考古多年，不僅以自己寫下的著作、也以自己參與的活動，影響了中國考古學的發展，甚至用自己的工作給中國考古學家樹立了榜樣。早在一九二六年，北京大學國學門的考古協會與日本東亞考古協會成立東方考古協會，被譽爲日本考古學之父的濱田耕作就參與其事，一九二九年他又與高足梅原末治再赴北京演講，爲正起步的中國現代考古學注入了新的信息。其後梅原又在上海、天津、河南等地調查文物古迹。撰中國上古天文的天文學家新城新藏在二十世紀三十年代出任過上海自然科學研究所所長。撰中國農家經濟的美國學者卜凱從康奈爾大學農學院畢業後，次年即來安徽宿州，以傳教士的身份從事農村的改良試驗與推廣，在中國致力農業經濟學的教學與調查幾三十年。同樣是以傳教士身份在安徽宿州從事教育與宗教活動長達十二年的還有美國學者卡德——而他一生衹活了四十三歲。在離開中國後他一直從事中國學術的研究，在伯希和指導下研究中國印刷術的發明與西傳，傾注了滿腔的熱情，用盡了全部的心力，終以勤勞過度，在該書出版的當年與世長辭。

末説譯者。當年就有學者感慨，外國的漢學著作可資參證者甚夥，但譯著的數量與質量總體而言殊不令人樂觀，通西文者多鄙棄漢學，治國學者又忽視西文。從事者的學養並不都足以勝任這類專門著作的翻譯，因此有的譯文比較粗糙，但就已有的成績來看，仍有可稱道者。一是有的著作不止出版了一個譯本，如濱田耕作東亞文化之黎明、馬札亞爾中國農村經濟研究等時隔不久就出版了不同的譯本；有的甚至同一年中就出版了兩個譯本，如森谷克己中國社會經濟史在一九三六年既由中華書局出版了孫懷仁的譯本，又由商務印書館出版了陳昌蔚的譯本。二是譯者之中不乏後來的著名學者。如高林士中國礦業論的譯者是曾擔任北京水利水電學院院長多年、爲中國水利事業做出了卓越貢獻的中國科學院院士汪胡楨。在年過九旬之後寫的自述中，他還憶及當年由丁文江介紹認識了中國礦業論的作者、並受作者之托翻譯該書的經過。而梅原末治中國青銅器時代考的譯者則是舉世公認的甲骨學與殷商史權威胡厚宣，身爲中央研究院歷史語言研究所的研究人員，他正是在參與殷墟發掘之際譯出梅原末治的著作的。

世事沉浮，風雲變幻，這些昔日的譯著有的還在被學者屢屢提及，有的則塵封甚久，不再被人記得。如今輯而再印，使之重見天日，是既富於現實意義，也富於歷史意義的。現實意義在於這些譯著中的若干材料仍可供今天的讀者取資，若干見解仍可給今天的讀者啓示；歷史意義在於這些譯著中的部分雖然陳舊過時，無論材料還是觀點都被證明千瘡百孔，但它們在中國現代學術史的建立與發展進程中都曾經多多少少起過作用——因此它們不再僅僅是外國漢學史的組成部分，實際上也已經成爲中國學術史的組成部分，是我們不能輕忽，更不能遺忘的。

傅　杰

二〇一五年七月

作者簡介

著　者

柯金（M.Koknh），資料不詳。

譯　者

岑紀（一九〇二年—一九九四年），曾用名趙濟，白族。一九二一年在北京世界語專門學校加入中國共産主義青年團。一九三〇年回國在上海從事翻譯工作。一九四九年至一九五五年任雲南大學社會學系、外語系教授。一九七九年受聘爲雲南省文史研究館館員。

譯者序

中國社會史的論戰還正在開展着這一戰線非常之長作戰時也已有三四年之久！論戰一開始卽着重於中國近代經濟發展的本質問題，隨後關於中國古代社會史，關於秦以後至雅片戰爭以前這一長時期之社會階段問題，關於中國全部社會史時期之劃分問題，甚至關於研究中國社會史之方法論問題逐漸地不斷地使戰線開展。參戰的人就過去和現在看來，雖然不多，但每條戰線都有人參加，每個戰士都自以必操勝算而出現於他所選擇的戰線。在這一長期的惡戰中，也有已聲嘶力竭，只好偃旗息鼓的，也有還在再接再厲的，也有暫時退兵補充軍實以待再度進攻或反攻的。

在論戰中我們固然看到某幾方面的一些小勝利，但說到最後分勝負時期，則爲時尙早。在這勝負未分之際各方面都希望有生力軍參加以助軍威。因此我們特地招請一支外來的生力軍來參戰，這支生力軍在作戰上一定能給牠的友軍以很大的幫助。

我們在沒有介紹這支生力軍以前，把最近戰場上的情形，先概括地說一說。

怎樣去把握住了解中國社會史的關鍵？戰場的消息告訴我們的是參戰的人所搬演出來的武

器大體上都是將中國社會史按照社會形式發展的各階段去劃分期。他們根據那一種分類去劃分中國社會史的各時期呢？這裏我們便看到大多數都是襲用了波格達洛夫的分類法去劃分中國社會史。

至於馬克思在政治經濟學批判及資本論中所提到的與『古代的封建的以及近代資產階級的生產方法爲表識經濟的社會結構之連續的（進展的）時代』的東方社會亞細亞生產方法，除李季根據馬克思的這種分類去劃分中國社會史而指出殷代爲亞細亞生產方法時代，以及胡秋原在讀書雜誌及文化月刊上發表的論文對亞細亞生產方法加以檢討，而根本否認其存在外，大多數頂着馬克思主義者頭銜的人對此都忽視了。他們的這種忽視在我們觀戰或正準備參戰的人殊難斷定他們是像胡秋原一樣根本否認亞細亞生產方法之存在抑或不了解而不提。

我們在這裏鄭重地提出：亞細亞生產方法是否應與古代的，封建的以及資產階級的生產方法同視爲表識經濟的社會結構之進展的時代？如果是的，那末表識一經濟的社會結構時代的亞細亞生產方法其特徵是什麼，亞細亞生產方法在中國是不是像馬加爾所說在資本主義未侵入中國以前牠是中國社會史整個時期的經濟的社會結構之基礎，抑或這個生產方法在中國社會史上曾存在過一個時期，後來中國社會發展將牠破壞了？

根本否認亞細亞生產方法之存在在蘇聯有杜布羅夫斯基，而在中國則有胡秋原。無疑地，胡秋原完全跟着杜布羅夫斯基的巴尾跑。胡秋原在文化月刊上發表的亞細亞生產方式論一文說亞細亞生產方法非亞細亞生產方法，說亞細亞生產方法不是生產方法。他把馬克思論印度以及思格斯在反杜林論中所指出的亞細亞生產方法的幾個特徵割裂開來講，他引了杜布羅夫斯基說的『其實，土地國有化可以在不同的生產方法下——前資本主義的資本主義及社會主義的——發生。而灌漑在父系氏族經濟時代封建社會時代奴隸制度及資本主義時代都可以發生作用』以後，接着就說：『土地國有不僅是亞細亞的形態，而且是蘇維埃的形態。現在蘇聯，也分明是在實行土地國有。如果這能決定生產方法則殷代與蘇聯莫不在同一社會階段麽』他對於水利這一特徵也引了一段馬克思的話而接着說『可見水利在印度之意義亦如在荷蘭一樣。』他又說：『就是如後所述，馬克思所眞正指出的亞細亞生產方式，加上村落共同體的小農與家內工業之結合形態也不僅是亞洲生產方法，也是歐洲生產方法，俄國生產方法。』他這樣割裂或片面而加以論列之後，總括起來就說亞細亞生產方法不是亞細亞的生產方法。

像他這樣說法是很難令人滿意的。如果我們對於土地私有之不存在——卽土地國有這個字僅就字義去看而不注意牠實現的時代及該時代之生產力與生產關係，那末我們就可以像胡秋原一樣發生幾千年前殷代所實現的土地國有拿來和幾千年後蘇聯的土地國有莫不在同一社會階段上麽的疑問，但是誰都不會有這樣愚蠢的看法。

單拿某一個特徵在不同的時代不同的地域去找尋，自然可以找尋得到；但是要決定這一特徵在這個地方或那個地方表現出來是否具有同樣的作用同樣的意義，這就要看牠是否在同一的社會階段上發生而且與這一特徵相聯繫的或決定這一特徵的其他若干特徵是否在其他的地方也同樣發生。我們應當從各時代各個特徵的總和來理解各時代社會內部的結構和經濟基礎。

馬克思正是從亞細亞社會抽取出若干的特徵并拿這些特徵的總和來理解亞細亞生產方法，因此他才認亞細亞生產方法爲一經濟的社會結構之時代。

至於馬克思所說的亞細亞生產方法是否與古代的封建的以及近代資產階級的生產方法爲連續的諸時代，這一問題樸列漢諾夫在馬克思主義的根本問題中已有解答。他說：

『我們可以斷定，馬克思於讀過摩爾根古代社會的著作之後，改變了他對於古代生產方法對亞細亞生產方法的意見。在實際上，封建生產方法經濟發展的邏輯達到社會革命，這就指示資本主義的勝利。然像中國或古埃及經濟發展的邏輯并不發生古代的生產方法。在第一個例中是講兩個發展階段，其中的一個跟着另一個而出現，并且是由另一個引起來的。反之在第二個例中我們便看見兩種並存的經濟發展模型。古代社會形態代氏族組織而起，這種組織也在亞細亞社會制度之前。這兩種社會組織模型的每一種都是生產力在氏族社會組織懷中發展的結果，這種發展終必使氏族趨於滅亡。雖然如此，然這兩種模型彼此大不相同。而其原因則由於牠們主要的差異點是在於自然的地理的環境影響之下發生出來的。在一個場所，此等環境對於生產力發展到一定階段的社會支配一定的經濟結構，在另一個場所，便支配其他的生產關係，這些關係是和第一場所完全不同的。」

這就是說，氏族組織破壞後，在西方進到古代的生產方法階段，在東方則進到亞細亞生產方法階段，在中國和古埃及，經濟發展的邏輯並不發生古代的生產方法。因此西方社會史發展之連續的各時代是古代的，封建的以及近代資產階級的；而在東方社會史發展之連續的各時代則是亞細亞的，封建的以及近代資產階級的。根據這樣的分類去劃分中國社會史各時代，才是正確的。

亞細亞生產方法的特徵，從馬克思資本論及馬克思通信中可以摘出如下的幾點：一、土地私有之不存在——土地國有；二、人工灌溉之必要及與此相適應的極大範圍的公共事業的組織之必要；三、農村公社；四、專制政體為國家的形式。那些特徵的總和就是亞細亞生產方法的本質。

說到亞細亞生產方法在中國社會史上存在的時期的問題，則有三種不同的意見。馬加爾認為中國整個社會史（在資本主義侵入中國以前）都是亞細亞生產方法時代；李季認爲『自殷至殷末爲亞細亞生產方法時代』（見讀書雜誌中國社會史論戰第二輯）因爲這時期完全具備了馬克思所指出的那些特徵；郭沫若則認爲『亞細亞的是指古代的原始共產社會』。

關於農村公社在中國古代存在的形式一問題在論戰中除王伯平指出井田就是農村公社以外，其餘的人對於這個問題都沒有加以解答。這一問題是最值得注意的，但是中國古代社會研究的作者郭沫若和中國社會史論戰的貢獻和批評的作者李季都一樣地加以懷疑。郭沫若在他那本書中他所持的否認井田的存在的理由是認爲『所謂「雨我公田，遂及我私」我看并不是所謂「其中爲公田八家皆私百畝」的甚麼井田制——井田制自身是後代儒家的理想，事實上絕對不會有那樣規整的劃土分疆的辦法』這種說法完全和資產階級學者胡適一流人物同一鼻孔出氣。我們要了解井田制之有無必須根據當時的生產力，當時的耕種方法以及當時統治與從屬的關係來決定。

現在我們總說一句，關於亞細亞生產方法之理解關於中國古代社會之分析，過去的論戰還不能給我們相當滿意的解答。

柯金的中國古代社會一書，在這兩點上却生色不少。他先究明理解中國古代社會的方法論，然後進而分析中國古代的土地制度（井田制），他把這一制度從後人理想化了的或後人根本懷疑的各種意見中整理出來而說明井田的實質。這比一般空泛地爭論井田制之有無有意義得多了。他不僅根據當時生產力耕種方法，土地關係等說明井田之存在，並且還敘述在這一制度上所建立的上層建築物。他對於我們在前面所提到的各點都給了相當的解答，雖然有許多地方還須得爭論的。他的這本書在還正在開展的論戰中是一支有力的生力軍，是論戰中的一支別動隊。

本書原名爲古時中國之土地制度。但就牠的內容講，除分析土地制度的問題外，他還涉及中國古代的牧畜灌漑商業以及國家形式。換句話說，他描寫了中國古代社會之全部經濟的社會結構。因此我們認爲改名中國古代社會還比較切當。

馬加爾論社會形式的長序，對於目前的爭論也有很大的幫助。書末還附有過去胡適胡漢民諸人對於井田制爭論的全部文獻。

譯者在譯文方面只力求忠實，至於譯文之生硬，那是不免的。這裏所要特別聲明的就是原書中所引的中國古今書籍上的文句，大部分均已找出。至於從農政全書及三代經界通考等書中所引的，譯者曾到市商會圖書館及暨大圖書館檢閱，但兩處都缺乏這二類書籍，只好暫時根據原文譯出，俟以後找到，於再版時校正。

譯者　一九三三年三月於上海。

目次

馬加爾序

一

最近幾年來，關於馬克思社會形式學說一問題，又重新在不同的方面研究起來，幷且在馬克思主義者中間引起熱烈的爭論。成爲爭論的問題之範圍更加擴大，而且事實上已經爭論到最基本的問題，爭論到最主要的定義，爭論到馬克思社會形式學說底對象及方法，最後，由於幾個人的努力，爭論轉到另一方面，卽是討論到馬克思的原文之『字義』，討論馬克思的無可爭論的明顯的而又無二義的命題之意義及旨趣。

最足奇怪的是爭論到馬克思將社會形式作何了解，馬克思將生產方法社會作何了解。爭論社會形式與結構之間有無差異。

幾年來馬克思主義經濟學者之間繼續爭論着政治經濟學是否只研究一種社會形式，抑或一切社會形式，是否一切生產方法之研究包括在政治經濟學的對象之內。在馬克思主義的歷史家之間，甚至爭論到，馬克思區分了幾種社會形式；在這種情形之下表現出各種不同的意見。有些人以爲馬克思只區分了三種社會形式；別的人則斷定有四種；而熱心的「理論家」則以自己的聰明才智認爲有整整十種社會形式及結構，他們叙述自己對馬克思、恩格思、烏里亞諾夫的偉大的發明。爭論又涉及馬克思是否寫過亞細亞生產方法，東方的社會；是否把牠認爲特殊的社會形式。如果是的話，那末他把亞細亞生產方法作何了解。有不少的爭論涉及，馬克思主義是不是承認并且可不可承認商業資本主義爲特殊的社會形式。

爭論在其不斷的發展中又增加了許多新的問題：封建制度與奴隸制度在原則上是不是彼此不同的形式？小的商品生產者底經營是不是特殊的社會組織？現在的俄國經濟是不是特殊的社會形式，特殊的生產方法？社會主義和共產主義是否有不同的生產方法？

從這一極不完全的撮要中就可看出說到史的唯物論之重要的問題。在爭論的各方而開始將自己對馬克思的命題之了解應用於各國之過去與現在的時候，於是關於在俄國，中國，印度等等國

家內的歷史動力，尤其是這些國家內革命的動力諸問題就發生了，

卽使把空洞的詭辯學，無原則的調和主義以及資產階級和小資產階級的流派利用這些爭論以復活反動的理論之可憐的企圖丟開一邊，卽使擺脫無原則的折衷主義，而在馬克思的社會形式學說之重要問題上，馬克思的辯證法也免不了修正主義、機會主義、機械主義的曲解。

但是馬克思的社會形式學說包括人類在整個歷史發展進程中全部生產關係之總和。生產力之發展及分工，私有財產之發生，階級之形成，剝削之方法及階級鬥爭，國家之形成及社會經濟形態的所有進步的時期之分析，在各種社會形式之下的經濟基礎及意識的上層建築，各種生產方法之發生，發展及消滅等等——都是馬克思社會形式學說的對象。

所有這些問題之極大的理論的而尤其是實際的意義是無可爭論的。但是正因這些問題之複雜性、特異性及多方面性，使我們在這一簡括的概論中，祇能止於幾個爭論的問題。

我們在自己面前提出較爲平庸的和窄狹的任務。我們祇要確定馬克思的幾個無可爭論的命題，恢復這些命題之眞實的意義，把牠們從折衷派、修正派、機械派、的曲解中刷淸出來，幷在研究這些問題的時候指出幾個較切近的任務。

二

馬克思的社會形式學說是歷史發展的產物。這一學說和馬克思的整個系統一齊發展起來。如果我們要在現在來理解馬克思，那末很顯然的，我們應當在其發生與發展中之共同點上來研究馬克思的學說。

無疑地，我們應當從黑格兒(Hegel)出發。

『黑格兒的辯證法是頭腳倒置的。我們要把這個倒立着的辯證法顚倒過來，爲的是要在神秘的外殼之下解剖出合理的核心。』(見資本論一九二三年版，第一卷，第四八頁。)

馬克思在社會形式之研究方面把黑格兒倒立着的辯證法顚倒過來。恩格思在其論馬克思政治經濟學批判一書的論文內，就指示出這一點。

『黑格兒的思考方法之優越於所有其他哲學家之思考方法，就在於那種偉大的歷史感覺之內，此種歷史的感覺是前者（黑格兒的思考方法）之基礎。不管形式之抽象及理想性，他的思想的進程永遠和歷史的進程平行地開展，而後者只是作爲前者的證驗。

『思考與實體間之眞實的關係若是被這些表現於變化的形態之內而且是頭腳倒置的，則在哲學的全領域之內也是用這樣的方法貫入了積極的內容，再則，黑格兒，同他自己的學生不同，他不作愚昧無知中之美德，而是一切時代最有教育的人們中之一人。他第一個企圖證明歷史進程的發展中之內在的聯繫他的歷史哲學的思想在現在無論我們覺得怎樣的奇妙，這一著作之基本的概念由於牠的宏大在現時都能令人驚異，特別是在我們拿黑格兒和他的前輩或和那些在他以後關於歷史之一般的思考爲己任的人們相比較的時候。在他的現象學中，審美學中，歷史中，哲學中——這種偉大的理解到處都有紅線穿着，而問題處處都以歷史的眼光來考察，而與歷史的眞實性有一定的，雖然是抽象的倒置的聯繫。

『這種劃時代的歷史觀是新的唯物史觀之直接的理論的前提條件，而且對於邏輯的方法的支點已因此而獲得了』(見政治經濟學批判一九二九年俄文版第八頁)。

黑格兒的歷史觀就是馬克思所研究出來的新的唯物史觀之直接的理論的前提條件。馬克思不僅在哲學方面把黑格兒頭脚倒置的辯證法顚倒過來，就是在歷史之理解方面也是如此。

黑格兒在其著作世界史之哲學講演中提供了歷史哲學之基本概念。(見 E. W.F. Hegel: "Vorlesungen uber die Phlssophie dsr Weltgeschichte" Leipzig, 1923) 我們覺得馬克思除批評黑格兒的法律哲學外，從黑格兒的這本著作出發，在研究他自己的歷史的唯物論的概念的時候，他超越了幷倒轉了這一著作中發展了的黑格兒的概念，這裏沒有任何的可能，而且也沒有任何的必要來叙述——即使是很簡短地——黑格兒的絕對精神在歷史進程中自己發展的概念。我們的目的是要充分地指出照黑格兒的說法，絕對精神在牠自己的發展中經過着許多階段。黑格兒劃分世界歷史爲下述諸時期：

一、東方的世界，中國、印度、波斯、西亞細亞、埃及包括在內。

二、希臘及羅馬的世界。古代希臘及古代羅馬的歷史包括在內。

三、日耳曼的世界。包括「日耳曼」世界的歷史從維贊廷帝國到大卡爾帝國爲第一期：中世紀的歷史爲第二期；近代的歷史爲第三期，且爲特別的一篇。

如果去掉神秘的外殼，那末就表現出黑格兒分世界曆史爲四個時期，卽是：

一、東方社會之發生及發展的時期，

二、遠古的時期，

三、中世紀的時期，卽封建制度的時期，最後，

四、資產階級的社會。

黑格兒把這幾個時期視爲絕對精神自己發展的幾個不同的階段。他一開始對於全世界的歷史就有一種思想，就是在世界歷史內在一切事件的大聲喧囂之下發生出某種生產——內在的寂

靜的和秘密的生產之創立，『在牠裏面出現一種理智才智及自己自覺的意志之世界，不是偶然底犧牲，而是要在自身內表現出自己認識的理想』（見烏氏全集第十二卷一五九頁）。但是在那個時候，在神祕的外殼之下『在關於道德，自己自覺的意志及自己認識的理想的空洞的漂亮話中，我們在黑格兒的這一著作內找到關於富與貧，關於階級的關係，關於歷史上的矛盾的顯著的思想而且不是別的人而是烏里亞諾夫指出黑格兒的『歷史唯物論之發端』的確。他指示出『在一般的歷史哲學中提供得很少——馬克思和恩格斯正是在這裏，正是在這一方面，在這一科學內則前進了極大的一步。黑格兒在這裏已陳腐了』（見烏氏全集第十二卷一六三頁）。

但是甚至在黑格兒的這一著作之內，我們找到許多論據這些論據在馬克思和恩格斯手上有了更遠的發展。在唯心論的推論中可以找出許多有趣的思想和觀察，可以把牠們視爲歷史唯物論的發端。特別是涉及東方，從黑格兒方面我們可找出許多論據，馬克思和恩格斯後來把牠們脚頭顛倒過來。我們從牠們裏面只引幾處以作說明，

以下就是黑格兒關於中國問題所說的話：

『本體的——這裏表現爲道德的（Sittlidhes）在此地佔着統治，并不是爲主體之智力的上層建築而是爲政治之專制政體……從世界存在的那時候起，這些國家祇能在自己的內部發展起

來牠們的觀念是原樣的和停滯不前的』(見Hegel:" Vorlesungen üder die Philosop2ie derWeltges Che Chte, P. 275)。

『此外朝代之更迭在事業上，立法底方法上，國家的精神上很難有多大改變』(見黑格兒歷史哲學講話二八五頁。

『歷史家敘述許多關於人類和自然，和大河流——牠們常以天災威脅國家——鬥爭的事蹟。這些河流之調整是政府的主要任務之一。中國人的物質生活祗限於農業，而特別是只限於耕種稻穀，因此水閘及堤壩之維護是頂重要的事，因為堤壩衝壞就是幾百萬人的沉淪或餓死。數百萬的中國人居住在黃河流域及揚子江一帶。大水招致損害，歐洲的河水氾濫都不能和牠相比。大水可以淹斃三千萬人而且招致極大的物質的損害。因此極大的注意是着重在河道及橋樑之建築』(見同書二八六頁。

『在中國有平權而沒有自由，因此專制是政治之前定的形式』(見同書二九九頁)。

關於印度，黑格兒斷定如下：

『如果在中國有了倫理的專制政體則在印度那種還可以叫做政治生活的便是無原則的，無道德及宗教之法式的專制政體。

『印度等級很多。各種不同的等級卽爲各個不同的種族，他們彼此衝突，在這種情形之下維持了自己民族的事業……分工是組織的基礎。這些差別是以被分爲各種等級的全體之存在爲前提……等級制在埃及在米太而且在波斯也曾有過。在那些地方一個城市製玫瑰油，別個城市則製絲織物，而專制皇帝則緊束了這種情形……等級之發生是人們共同生活之結果』（見同書三七四——三七六頁）。

『英國國會的討論中表明國王，拉德薩（梵語東印度諸侯的爵位——譯註）是土地所有者，但是農民也有權利享受那部分不屬於土地所有者的地租（見同書二八四頁）。

『對於除農民以外居住在鄉下的人，農民也要供給他們一部分收成。這樣的人就是：村長，裁判官，治理水道的人，祀神的婆羅門敎徒，占星學者（他們也是婆羅門敎徒預言吉利與不吉利的時日）鐵匠，木匠，陶器工，洗衣人，理髮匠，醫生，舞蹈家，樂師，詩人。這種情形是固定的不變的而且是出乎意志以外的。這種的農村完全是自立的。國王與平民之間並沒有多大關係。不募兵，不執行其他的義務，鄉村中的人民常常很晚才知道政府之更迭。一切的政治革命使普通的印度人完全膜不相關的，因爲他的命運并沒有絲毫改變』（見同書三八五頁）。

『英國人承認東印度的收稅吏爲土地的所有者，這對於地方是很有害的，因此發生了在不久以前有好幾百萬印度人死於饑饉』(見同書三八四頁)。

黑格兒關於波斯的一些說明：

『在那時候一個城市成爲整個的國家，例如在米太（亞洲之古國——譯註）國中之尼尼微城或愛克巴它城……這些城市發生自兩重的需要．脫離游牧的生活而過渡到定居的農業，商業及手工業，并且保護自己避開高原的游牧人及攔路搶刼的阿刺伯人……這裏我們看見農業與牧畜業間之對立，我們在關於凱英及阿維的傳說中就已經看到……巴比倫周圍的土地爲無數的河流所截斷，農業的利益——要灌溉土地及豫防洪水——比航行的利益大』(見同書四三一——四三三頁)。

『波斯的國王是最高的所有者……土地和水都屬於波斯人的大王（像希臘人叫他的）；且呂烏斯和海爾斯向希臘人要求土地和水……土地屬於他了，可是佔有權仍舊在人民手裏；人民以自己的貢稅給養朝廷及波斯的太守』……(見同書四四四——四四五頁。

黑格兒關於埃及則說：

『尼羅河及尼羅河之氾濫以及太陽——這就是埃及人的一切，埃及人的全部生活都靠牠們。』

『在埃及正如在印度一樣有許多等級。赫羅多特區分爲七種等級：僧侶，武士，牧牛羊者，手工業者，翻譯者及航海者：赫羅多特敍述僧侶說他們得到了耕作地，耕地分開耕種，而土地一般地講來則屬於僧侶，武士及國王。約西弗是國王的大臣他建立了一樁事業，就是國王爲全部土地之所有者』（見同書四六八——四七〇頁）。

從全部上下文中引出這些個別的思想，把牠們從唯心論的混雜中洗淸出來，我們就可以證明，在神秘的外殼之下，在唯心論的推斷內，黑格兒總算已經達到了上述的論斷：

a. 東方國家的形式——專制政體。

b. 國家是土地和水利之最高的所有者。

c. 灌漑河道之疏通及公共的工作一般的講來都起了很大的作用。

d. 在分工的基礎上生長出來的和構成的公社及等級制度，分工之刻版化，都留了痕跡在整個社會制度上。

e. 整個的這個制度是停滯的。

我們後來在馬克思和恩格斯的完全另一種連繫中，完全另一種敍述中找到這些思想。馬克思和恩格斯取了唯物論的種子，并且發展了這種子，拋棄了神秘的外殼和唯心論的混亂。

關於土地私有財產之不存在，關於東方灌漑之意義，關於東方的專制政體，關於等級及行會，分工之刻板化，關於公社之作用及意義，關於公社中之分工，關於公社制度與東方專制政體間之連繫，關於人工灌溉之必要當中及土地私有財產之不存在當中的關係，我們在馬克思和恩格斯的各種著作中，找到極有價值的指示。如果拿牠們和黑格兒的論據對比，那就很明顯的，黑格兒陳舊了，而且也很明顯的，馬克思和恩格斯在這一方面，在這一科學內前進了一大步。

我們從黑格兒關於古代（希臘和羅馬）社會，關於封建社會（日耳曼的）及關於資產階級社會的敘述中找出歷史唯物論的發端比關於東方的敘述更少，我們指出這一點并不是無益的。這裏我們不再多講這些問題。我們的目的在充分地證明，馬克思從黑格兒出發，超越了黑格兒在研究其社會形式一概念時把黑格兒的學說顛倒過來。對黑格兒的法律哲學及黑格兒的歷史哲學之批評的考察是馬克思的出發點。

這一工作開始於一八四四年，工作的第一階段完結於一八四七年。

三

我們覺得馬克思社會形式學說發展中之第一階段，除對黑格兒的法律哲學之批判的考察外，包括在下述馬克思的著作中：

1. 德意志的思想。
2. 一八四六年十二月二八日給阿林柯夫信。
3. 哲學之貧困。
4. 僱傭勞動與資本。

這些著作之簡略的綱要之說明，我們在序言內祇能指出馬克思對某一問題之基本的論據。

馬克思在德意志的思想內提出他的社會形式學說及歷史唯物論的最初的公式。

『所以，在我們面前有這樣的事實：一定的個人——以一定的形式生產的出現於一定的社會的及政治的關係內（經驗的觀察要在每一個個別的場合之內在經驗上沒有一點神秘和默想而啓示出社會的及政治的崩解同生產之連繫）。社會的崩解及國家不斷地從一定的個人之生活的進程中發生，但是個人并不是指他們能夠表現自己的或他人的觀念的人，而是指他們在實際中卽是說他們行動着物質地生產着；切當地說卽表現出在一定的物質的，不依靠他們的意志的前提及條件之下活動的人』。（見馬克思恩格斯文存一九二四年俄文版二一五頁。

馬克思在另一處更明確地做出他的定義：

『生活的生產——不但經過自己的勞動而且經過別人的生育——是有兩重關係：一方面是

自然的關係，另一方面是社會的關係，社會的這一意義，可了解爲在任何條件之下以任何的形式對任何目的都無差別的若干個人之協作。由此可以說，一定的生產方法或產業階段永遠同一定的協作方法或一定的社會階段相連繫（馬克思的手稿這一共同活動的方法就是一些「生產力」）人類所達到的生產力形成社會的狀況，而且「人類的歷史」一定要在和工業及交換之歷史的連繫中來研究』（見同書二二〇頁）。

馬克思又說：

『所以，歷史底這一概念是根據在爲要從直接生活之物質的生產出發，去發展生產之眞實的進程，并考察和這些生產方法相關的及牠所產生的交際的形式，卽公民社會，在牠的不同的階段上——是全部歷史的基礎，——在牠的行動中顯示出他是國家，并從牠說明了一切不同的理論的產物及認識的形式，宗敎哲學倫理等等（馬克思的手稿有；從牠們當中（理論的產物及認識形式宗敎哲學等等）研究牠的（公民社會）發生的過程，由於這種研究自然可以在牠的總和中表現出一切事實，以及這些相異的各方面彼此的相互作用』）（見同上二二七頁）。

馬克思和恩格斯在這一工作中不僅企圖作從封建制度過渡到資本主義之歷史的敘述，不僅企圖確定經濟基礎與上層建築間之連繫及相互作用，而且還要企圖敘述經濟範疇及他們依賴社會形式之歷史的條件。從這一觀點分析在封建時代的資本便表現出特別的趣味：

『在這些城市內資本是自然的資本牠包括在住宅工具及自然的世襲的財產之內而且由於不十分發達的交際及不充分的流通，不能夠現實牠祇能由父傳之子。這種資本——與近代的資本不同——不表現於貨幣之內，牠包括在何種東西之內，（在貨幣方面並沒有區別）牠是和所有者的勞動有直接連繫的，和牠全然不可分離的而且是有等級的資本』（見馬克思恩格斯文存二九五頁）。

馬克思在這裏已經提出財產的範疇對社會形式之最直接的連繫及依賴性。

『分工發達之不同的階段，同時就是財產之不同的形式，即是說分工之每一階段決定個人對於物質，工具及勞動生產品之相互關係。

『氏族。。。財產是財產的第一種形式。氏族的財產適合於不發達的生產階段，人民在這生產階段上以狩獵捕魚，牧畜或在較好場合則以農業為生。在後一場合（農業）內氏族的財產以大量空閑的土地為前提。在社會生活的這一階段上分工發展得還很微弱而且是以自然分工的家族內之往前擴大為限，所以社會的解體只限於家族之擴大：這種擴大就是族長在他方面為氏族的成員，在最下層為奴隸。

『隱存於家族內的奴隸是逐漸地和人口及需要之增長以及和外部交際，戰爭及貿易之擴大一齊發展起來。

『古代公社的及國家的財產是財產的第二種形式，此種財產之發生，由於經過契約或征服，將幾個氏族統一在一個城市，并且在這種財產之下保存着奴隸制度，動產以及後來不動的私有財產已經和公社的財產一同發展起來，但都是絕對的屈服於公社財產的一種形式。國家的公民祗是集體地在自己的奴隸之上操有一種權力，而且已在這一點上同公社的財產的形式相連繫。這就是古代公民之集體的私有財產，他對待奴隸不得不維持這種自然的聯合形式。因此一切都依據在此種社會的解體上而人民的權力就同社會一齊在不動的私有財產發達起來的那種情形內消失了。

『這時分工已經更加發達。我們已經看到城市與鄉村間之矛盾，隨後就看到代表城市與鄉村利益的國家間之矛盾，而在城市內部則有工業與海外貿易間之矛盾。自由民與奴隸間之階級關係已經十分發展了。

『同私有財產之發展一起，我們在這裏首先就遇到我們後來在——祗有在更廣大的範圍之內——近代的私有財產內所遇到的那些現象。一方面我們看到私有財產之集中，此種集中很早就在羅馬開始了（列琴尼土地法就是明證，從國內戰爭時期起。而特別是在帝王時代發展得很快；）

另一方面和這些情形有關的則爲平民及小農轉變爲無產者，可是他在有產的自由民及奴隸之間，由於自己的中間的半分的地位不會得到完全獨立的發展。

『封建的或等級的財產爲財產的第三種形式。如果古代是從城市及隣近城市的小區域出發，那末中世紀便是從鄉村出發。原始的，散布在廣大地面上的居民——從征服者方面得不到大的增殖——限制了這種變遷於出發點之內。

『這些思想一再重複於與斯特勒的爭論中：

『……其實財產在資產階級統治之下像在一切其他的時代一樣和顯著的——首先就是依賴於生產力及交通之發展階段的經濟的——條件，相連繫這些條件不可免地獲得政治的及法律的表現』(見同上二五四頁)。

我們在德意志思想一書中，看出馬克思後來在政治經濟學導言及政治經濟學序言內所作成的根本論據之萌芽及未發展的形態。但是這一時期馬克思的全部著作中就充滿了這些思想，這一基本的概念。如果仔細地研究德意志思想一書之思想進程，那就十分明顯的，馬克思在這一時期區分了有一定性的三種社會形式：古代的，封建的及資產階級的。要確信這種說法，就得充分地指出上述關於財產的引文，分析在不同的社會形式之下的階級關係，指出城市與鄉村間關係之特徵。馬克思詳解這些問題使其適合於所有這些社會形式。

在一八四六年十二月二十六日給阿林柯夫信中，我們看出還更開展的，還更明確的馬克思的論據。這裏要完全引用這封信，因爲在這封信內青年的馬克思以極偉大的能力已經提示出他的概念之一般輪廓，提供出他的歷史哲學。在普魯東歷史哲學一書的新的印象之下所寫成的信中，他反對普魯東其主要的非難就是說普魯東不了解人類歷史的發展，他不能分解經濟發展的過程。馬克思提供出他自己關於經濟發展的概念：

『什麼是社會，牠的形式又是怎樣？——牠是人類相互行動的產物。人類在選擇社會制度之此種或彼種形式是否自由？——一點也不自由。你以人類生產能力的某一階段爲前提，你便得到交換及消費之一定的形式。你以生產，交換消費之發展的某一階段爲前提，你便得到社會結搆之一定的形式，家庭，等級或階級之一定的組織，一言以蔽之，即是公民社會之一定的形式。你若以公民社會之某一形式爲前提，你便得到一定的政治制度，此種制度僅爲公民社會之正式的表現而已』（見哲學之貧困一九二八年俄文版，一七〇頁。）

馬克思關於經濟形式之歷史的及變動的特徵的論說，也在這封信內形成：

『這樣看來，經濟的形式——人們在牠的範圍以內生產，消費及完成交換——是變動的和歷史的。由於新的生產能力之征服，人們就改變自己的生產方法，而同生產方法一起又改變一切的經濟關係，牠們祇是這一一定的生產方法之必要的關係而已』（見哲學之貧困一七二頁）。

這裏發揮了財產之歷史的及變動的特徵，以及財產和社會關係的連繫。

『末了，財產為普魯東先生體系中的最後一個範疇。在現實的世界內恰恰相反，分工及普魯東先生的其餘的範疇祇是那種在現時叫做財產所搆成的社會關係；在這些關係之外，資產階級的財產只是玄學的或法律上的自欺而已。另一時代的財產，封建的財產是在完全別的社會關係中發展起來的。把財產當作了獨立的關係的普魯東先生完成一些比簡單的方法論的錯誤更壞的一些錯誤，他明顯地表明他幷沒有說明將資產階級的生產的所有形式聯合起來的那些連繫，他不懂得在一定時期生產的形式之歷史的及變動的特徵』（見哲學之貧困一七五頁）。

在一八四七年作成的哲學之貧困一書內，馬克思更發展了幷確立了他的概念。但是根本上他只是確定其原有的論據。

『經濟學者普魯東先生很好地了解了人類在一定的生產的關係之下製造出羅紗，布，絲織物及其他的東西。但是他不會了解這些一定的社會關係，像布麻之類一樣也是為人類所產生的。社會關係和生產力緊相連繫。人們得到新的生產力後就改變自己的生產方法，而由於生產方法——保證自己的生活的方法——之改變，他們便改變其一切的社會關係。手磨機給你以君主爲首的社會，蒸汽磨機則爲工業資本家的社會。

『同是這些人，他們設立社會關係以適合於自己的物質生產方法，又創造出原則，觀念及範疇以適合於自己社會關係。

『這樣看來，這些觀念，這些範疇像牠們所表現的關係一樣很少是永久不變的。牠們是歷史的及變動的產物。

『生產力發達之運動，社會關係之破壞，觀念之發生不斷地完成，不變的只是運動底抽象。

『在每一個社會內生產關係搆成一個整體』（見哲學之貧困一九二八年俄文版一〇五——一〇六頁）。

馬克思在其勞動與資本一書中又回復到這一問題，而且在這裏他已經不僅提供社會形式之定義，而且對他自己區分的那幾種社會形式提供出十分確切的毫無疑義的指示。我們引用這個——在我們看來——對這一時期有決定意義的文句：

『在生產的時候，人們不僅對於自然界，就是人們彼此間都如是。爲着要生產，人們就得共同行動，并且進於彼此間一定的關係以內。他們在自然界中的相互行動——他們的生產只有在這些社會關係的範圍內才有牠的地位。

『生產者所互相進入的這等社會關係，和他們用以交換他們的勞作，且參與於生產總體的結果之諸條件，自然要按照各種生產工具的性質不同而有區別。隨着新武器——銃砲之發明，軍隊內部的組織必然會全部變更，各軍隊相互間的關係尤隨之變更。

『這樣看來，社會的生產關係隨着物質的生產工具之發展隨着生產力之改變而同時改變。生產關係之總和構成我們所稱爲社會的那個社會關係，構成那在一定歷史發展的階段中而且有一定的性質的一個社會，古代的社會封建的社會及資產階級的社會是生產關係之總和，這各個社會各劃分人類歷史上的發展之特定的階段，（作者加重的）（見僱勞傭動與資本一九二四年俄文版一〇——一一頁）。

如果拿這個地方和馬克思對這一問題之更晚近的指示比較，如果拿牠和政治經濟批判導言中的最典型的綜合的論題對比，那末我們就可以說明在一八四七年馬克思就已經完成他的歷史進程之觀念，他的社會之經濟發展的學說。同時我們要指出，在這個時期馬克思已經十分明顯地確切地區分出三種社會形式：古代的，封建的及資產階紙的，幷以爲其中每一個社會各劃分人類歷史上發展之特定的階段。在這一點上不會有而且也不能有任何的懷疑。

馬克思十分清楚明晰而確切地說到這三種社會形式。并且在一八六五年，當社會民主報的編輯請求他對普魯東作精密的批評的時候，在他的學說發展中他已經更前進了的時候馬克思在批評普魯東時就敘述到這三種社會形式，并且寫道；

『這一著作（指普魯東的什麼是財產一書）的缺點已經在牠自己的書名中標明了。問題提得這樣不正確，對這問題之正確的答覆是不會有的。古代的「財產關係」消滅了，承繼其位的是封建的（財產關係）後者又轉變爲「資產階級的」。歷史的本身就如是地將自己的批評加諸殘存的財。。。。產關係』（見哲學之貧困二〇頁）。

所以無疑地，在一八四七年時馬克思區分了三種社會形式：古代的，封建的及資產階級的社會。如果研究共產主義的宣言并仔細地探究歷史發展之陳述，那就很明顯的，馬克思和恩格斯所說及的正是這三種階級的社會。當時他們歷數階級的矛盾，於是他們指出這三個階級社會內的階級鬥爭。

四

從一八四八年到一八五九年馬克思繼續研究他的社會形式學說并提供最後的公式。這些最後的公式是提供在政治經濟批判導言及政治經濟批判序言內。現在我們已經知道，馬克思的手稿——政治經濟學批判導言一文就在手稿內——所記的日期爲一八五七年八月二十三日，政治經濟學批判的『序言』，馬克思所記日期是從一八五九年一月開始。我們不再引述馬克思社會形式學說的這些主要文件。牠們已成了古典的，牠們是人所共知的。在牠們裏面馬克思不僅形成他的方法論，而且將他對經濟的發展——像自然的歷史過程一樣——之見解綜合在簡括的幾點之內。導言及序言以及馬克思對這一問題的以前的著作之間的連繫，是顯而易見的，即是這一連繫之現實不需要任何的證明。導言及序言最後形成着展開着確定着一直到底以活的內容充實着幷發展着那些我們在青年的馬克思著作中看到在萌芽中在未發達形式中的思想。馬克思自己指出這種連繫：『我們的基本觀點在用來反對普魯東的我的哲學之貧困一書中已經敘述過，雖然是用一種爭論的形式』(見政治經濟批判五七頁)。他又在這一連繫中指出他的僱傭勞動講稿。可是導言及序言同馬克思原先的著作一對比，不僅說明基本論據之相同，方法之共同的根源，而且還說明馬克思自己在研究歷史唯物論在應用辯證的唯物論及完成社會形式的學說中所完成的偉大的發展。在這一連繫中使我們感趣味的主要的是在第一點，即馬克思關於社會形式之最後的公式。馬克思在導言中關於這一點敘述如下：

『資產階級社會是生產之最高發展的與多方面的歷史的組織。表現資本主義社會關係之諸範疇，資本主義社會組織以之領會之理解，可以一切過去社會形式的結構和生產關係，資產階級社會就是從過去社會形式之廢墟與要素上建立起來的，一部分繼續牽連着不易克服的殘餘，一部分原先只有一種提示，而現在是發展爲完全的意義了。人的解剖就是猿的解剖的鎖鑰。但是低級動物中所含蓄着的向高級者的提示只有在那種場合卽高級組織的動物已經顯著的場合以內才能夠了解。資產階級的經濟是古代經濟的鎖鑰。可是完全不是像那些經濟學家——他們漠視一切歷史的差異而且在一切社會形式中祗看見資產階級的形式——所了解的那種意義。如果我們知道地租，則人頭稅，什一稅等等均可爲我們所了解，可是不能說牠們是一樣的。

所以，資產階級社會本身只是對立的發展形式，那末一些屬於前社會的形式之諸關係在牠裏面是可常常看見的只是一種畸形的或者是一種假面的形態，如公社財產。所以，資產階級經濟的範疇對於一切其他社會形式是一個模範，這話卽使是眞實的，那是要加上一些折扣的，資產階級社會自然可以包括一切其他社會形態發展畸形或諷刺化等等但總是有一種本質的變化。所謂歷史的發展一般地撐持在那種情形上，卽最後的形式把先前的形式視爲走向自己的一個階段而且常常是片面地把握着，因爲是很難而且要在一定的條件之下牠才能作自我批評；自然這裏並不講及這樣的歷史的時代，牠本身表現出自己是崩潰的時代。基督教達到了客觀的理解過去的神學，只有當牠的自我批評準備到一定的限度，即所謂 dyn amei（能動的）的時候，同樣資產階級的經濟學只有在資產階級的社會之自我批評開始了的時候才達到了對封建的，古代的及東方的社會之理解。』（作者加圈）見政治經濟學批判四二——四三頁）。

所以，在一八五八年時馬克思已經區分出四種社會形式：東方的，古代的，封建的，及資產階級的社會。在這裏馬克思第一次以全然一定的形式指出東方社會之存在同古代的，封建的及資產階級的社會之存在是同等的。

兩年後，在一八五九年馬克思形成那種思想，茲述之如下：

『在大體的輪廓上，亞細亞的，古代的，封建的及現代資產階級的生產方法都可以被規定為社會底經濟形態之進步各個的時期（作者加圈）（見政治經濟學批判五六頁）。

這裏我們又看到馬克思分出四種生產方法，即是四種社會形式，就是：亞細亞的，古代的，封建的及資產階級的生產方法，都是社會底經濟形態之進步的時代。

所以，我們可以斷定，在一八五七年及在一八五九年馬克思已經十分明顯的，沒有絲毫懷疑而區分出四種生產方法，四種社會形式，四種社會。東方的社會，亞細亞的生產方法為馬克思所提出，牠與古代的，封建的及資產階級的社會同等，是社會底經濟形態之進步的時代。

這裏極其自然地要發生下述諸問題

一、黑格兒在神秘的外罩之下說過四種社會。馬克思很懂得黑格兒，何以會有這樣的事，從一八四五年到一八四八年馬克思完全確定地祇敘述了三種社會形式，而關於東方社會，關於亞細亞生產方法我們沒有看到馬克思的敘述呢？

二、什麼刺激了馬克思去「承認」東方的社會及亞細亞的生產方法呢？

三、馬克思後來是否沒有改變了他對於東方社會，對於亞細亞生產方法的觀點呢？他後來是否不會將他的論據——東方的社會表現了社會底經濟形態之整個時代——放棄了呢？

四、末了，馬克思把東方社會，亞細亞生產方法視爲特殊的社會形式，難道不錯嗎？

我們現在很簡括地分解這幾個問題。

一、馬克思沒有敘述過東方社會的存在雖說直到一八五三年有黑格兒的明顯的指示，因爲馬克思在這一時期還不能把黑格兒的概念顚倒過來，還沒有尋出理解東方的鎖鑰，沒有找出理解東方社會生產關係的鎖鑰，沒有尋出一種原則不從絕對唯心論的觀點——卽黑格兒的觀點，而是從生產關係之總和的觀點把東方的社會從一切其他的社會中區別出來。我們不難斷定，在這一時期馬克思很少從事於東方問題之研究，不甚知道東方而且在一切場合之內，還沒有尋出理解東方的鎖鑰。馬克思自身在發展着而且在嚴格的自我批評中在不倦的工作中發展着，直到他的生命終結爲止。

二、從事於東方問題之研究就刺激了馬克思去承認或發現特殊的東方社會。我們讓馬克思的傳記作者去確定，馬克思在一八四八年一八五七年關於東方問題究竟讀了那些書，那些雜誌和論文。馬克思關於自己研究的結果在他於一八五三——一八五七年時期所寫的信和論文中他自己講過。

我們在馬克思於一八五三年六月二日給恩格斯的信中看到在那些結論——馬克思和恩格斯從自己對東方問題的研究中做出的——上第一次確定的指示，在那些結論中馬克思列出如下的論據：

『一、在所有東方的人民方面都可以——從這一過程發生的那時候起——列舉出在這些種族一部分定居的與其他部分繼續游牧之間的一般的相互關係。

『二、到謨罕默德時從歐洲到亞洲的商路就大大地改變了，而且明顯的參與和印度及其他國家貿易的阿剌伯的城市在那時候在貿易方面已處於衰落的情況之下，自然也給了一次推動。

『三、說到宗教，那末問題就更普遍地開展起來而且更容易附帶的解決：爲什麼東方底歷史採取一種宗教的歷史形式。

『關於東方城市之組織沒有再比佛蘭蘇亞貝爾尼——在奧林格柴伯時候做了十年的醫生——的舊書（佛蘭蘇亞貝爾尼：『旅行記內容記述大蒙古等國家』）更顯明清楚而能再駕越其上的了。他又很好地描寫戰爭的情形，這些厖大的軍隊之給養的方法以及諸如此類的事件。

『……貝爾尼正確地考察出來東方一切現象之基本的形式——他考察土耳其，波斯，印度斯坦——說在那些地方并不存在有土地私有財產。理解東方的世界的實際關鍵就在此』（馬克思加圈，見馬克思和恩格斯文集第二十一卷，一九二九年俄文版四八八——八九——九〇頁。

對於馬克思的這封信，恩格斯在一八五三年六月五日覆信內發展并確立馬克思的思想，茲述之如下：

『土地私有財產之不存在實際上就是理解整個東方的一個關鍵。那就是政治的及宗教的歷史之根源。但是用什麼來解釋在東方未曾達到私有財產，甚至連封建的都未達到呢？在我們覺得，主要是由於氣候，由於土地的性質，而特別是由於那些極大的曠野，由撒哈拉經過阿刺伯，波斯，印度及韃靼伸長到亞洲最高的高原。這裏農業主要是建築在人工的灌漑上，而這種灌漑已經是公社，地方或中央政府的事。東方的政府常常只有三部財政部（强奪本國的居民），軍事部（在國內及國外去强奪）及社會事業部（關心再生產）。不列顛的政府在印度組織了第一及第二部多少是為使無智識的人和睦，而第三部則完全放棄了，印度的農業從此就沒落了。自由競爭在那裏已猖獗起來了。此種土地之人工施肥，馬上停止了，而水道也很快腐壞了，這說明一些特異的現象，即是整塊土地，過去常常為美麗的植物所覆被，（帕米爾，彼得羅，約門的廢墟，及在埃及，波斯，印度斯坦內的許多地方）現在都是一片不毛的荒土。這些又可說明那個事實，即是一種專一破壞的戰爭可以把一個國家變為幾百年無人煙的荒土，而且消滅那個國家的全部文化』（圈是作者加的）（見馬克思恩格斯全集第二十一卷一九二九年俄文版四九三——四九四頁。）

關於這一問題的通信還繼續着，馬克思對於印度問題寫給恩格斯信內容如下：

『下述的兩種彼此互相助長的情境就是完全解釋亞洲這部分之停滯的特性的原因、一社會事業是中央政府的事。二除後者（中央政府）外全國——兩三個大城不算——分散為許多鄉村，成為完全特殊的組織而且是閉關自守的。

『Potail（村長）的職務通常是世襲的。在有些鄉村公社中土地是共同耕種，在大多數場合之內每人耕種自己所有的一塊地。公社內部繼續存在有奴隸及等級制度。……婦女從事於家庭紡紗織布的工作。這些和平的共和國——祗保護自己公社的境界不使隣近的公社侵入——直到現在在印度西北部（英國人在不久以前才到達了的地方）還有很完好的形式存在着，我以爲對於停滯不前的亞洲的專制政體很難設想出更强固的基礎。英國人雖然「愛爾蘭化了」這個國家（印度）——其實這些刻版的原始形式之破壞是使她歐州化的必要條件。一個收稅吏是不能完成這件事的。對於這事必須還要消滅原始的工業從這些公社方面去掉他們自給自足的性質。

『在巴里（爪哇東岸的海島）此種印度的組織和印度人的宗教一同保存下來，此種組織的遺跡——一般的講來是印度人的勢力——在整個爪哇上都可發現。說到財產的問題，那末對於牠的淵源在著述印度問題的英國學者中間進行着很大的爭論。此外，在橫斷了的多山的地方從克利斯南到南方土地私有很明顯地，已存在了。在爪哇，則與此相反，——照拉佛來斯的話（拉佛來斯是爪哇的英國總督，參看他的爪哇史）——在那裏土地提供了一些値得注意的地租，土地爲國王的財產。在一切場合之內，謨罕默德敎徒，很明顯地，在全亞洲未曾規定土地私有不存在底原則。

『根據上面所說的公社我還要指出牠們在美魯還表現着而且牠的整個組織建立在牠們上面：十個處於最高收稅吏統治的地位，其下爲一百，再下爲一千』（見馬克思恩格斯全集第二十一卷，一九二九年俄文版五〇〇——五〇一頁。

馬克思和恩格斯的這些信件給我們回答了那個問題——什麼刺激了馬克思去承認，去發現東方的社會，亞細亞的生產方法。就在這一個時期馬克思論印度的信發表了，（見馬克思的年譜）在這封信內形成了那些基本的論據，這些論據在信內都已研究出來。爲着要確信這一點，祇要熟讀從論印度的信中引來的一些文句就夠了。（我們不再去引用因爲那些文句是人所共知的。此外，其中的一部分在柯金的著作中國古代社會一書中已引證過——作者附註。）

的確，馬克思和恩格斯在這些信件及論文內沒有提供出東方社會，亞細亞生產方法之開展的分析。但是他們既沒提供出古代的，也沒有提供出封建的社會之開展的分析。馬克思遺給我們的只是有產者的社會，資本主義的生產方法之詳細的分析，甚至連這一分析都沒有完結。恩格斯完全正確地指出，『政治經濟學乃是論各個不同的人類社會中生產品之生產及交換之條件和形式幷論這些生產品之適當的分配的一種科學，——這樣的政治經濟學，就這一字的廣義言，還得要創造。那末在現時政治經濟學提供給我們的差不多只限於資本主義生產方法之發生及發展』（見恩格斯反杜林論一九二八年俄文版一三八頁。）

我們覺得，恩格斯的這種說法很少計及或者可說完全沒有計及關於政治經濟學的對象之爭論。馬克思和恩格斯會以爲政治經濟學不僅應當研究資本主義生產方法，而且應當研究各個不同的人類社會內生產，交換及分配之條件和形式。這樣的政治統濟學還沒有創立起來。她是必需的，因爲就是對於資產階級經濟學之理解，都必須研究以前的或和牠一同存在的諸形式。但是恩格斯正確地說『這樣的研究和比較一般的特徵當時都在馬克思的著作內，因此我們特別將這件事歸功於他，就是他在那時以前對於資產階級前期理論經濟學之主要的根源的說明已經作過了。』（見恩格斯反杜林論一三九頁）

我們可以附加一句，不僅馬克思就是恩格斯對於資產階段前期經濟學，前期資本主義生產方法之理解也提供了不少。但是也只有在一般的特徵上才可以在馬克思和恩格斯著作中找出資本主義前期社會形式之主要的根源。

如果我們現在將黑格兒敘述的東方社會和馬克思的指示對比一下，那就很明顯的，爲什麼在一八四五——一八五三年時期馬克思不曾講及東方的社會，爲什麼他在一八五三年以後「承認」牠爲特殊的社會形式。這種偶然的事，是因爲他在一八五三年才尋出東方的宇宙，東方的全部宗敎的及政治的歷史以及理解東方社會的生產關係之關鍵。

我們可以斷言，馬克思一直到他的生命終結時爲止他并沒有改變了他對東方社會的見解，并沒有再審察他的四種社會形式存在的學說，反過來說，我們可以斷言，這四種階級社會的形式之存在之思想貫注在馬克思和恩斯格的全都著作內。我們可以斷言，馬克思在研究資本主義前期社會關係時差不多常常把東方當作特殊的問題。

首先，即是說在語言學上必須說明這個問題。馬克思祇在導言內說及東方的社會，說及亞細亞的生產方法，而在他的晚年的著作內則放棄了這一命題，這是否是可信的。不，這是不可信的。我們在馬克思晚年的著作中都可找出這一名詞。即如在資本論裏面，馬克思研究在資本主義前期社會形式之下商品的作用問題，他敘述如下：『在古代亞洲的，古代的以及諸如此類的生產方法之下生產品之轉變爲商品，也就是說，人們——商品生產者之生存起着從屬的作用，可是共同生活的組織之沒落去得愈遠，則這種作用亦愈顯著』（見馬克思資本論第一卷四七頁一九二三年俄文版）

馬克思將這一名詞放置在馬克思在生時出版的最晚的德文版資本論裏面。再則在資本論最後一版內——是馬克思在生時用法文出版的，牠的翻譯本來就是由馬克思編輯的，我們找出那樣一個公式：Daus Les mades de Production de La Vieille Asie, de L'antibuité on général La transformation du Produiten Marchandise ne joue qu'un role subalterne''（在古代亞洲的，古代的生產方法之下生產之轉變爲商品是起着從屬的作用）以及諸如此類的話。

在資本論第三卷商業資本史一章內，馬克思在牽涉及印度和中國方面時就說到『俄國的商業同英國的相反，牠沒有觸到亞洲生產的經濟基礎』(見馬克思資本論第三卷第一部，三一八頁)。就在那一章內在涉及中國和印度的地方他說到『資本主義前期的民族的生產方法之內部的穩固及結構』(見資本論第三卷第一部三一七頁)。而馬克思敘述商業資本在資本主義前期社會形式內之作用，正是從他的社會形式學說出發。

但是這些理由我們以為是形式的，如果有些人他們的熱心不是企圖去否認這白紙上寫的黑字，我們就不會去敘述他們了。

我們以為那種無可爭論而且簡單的事實是更重要而且決定的理由，就是馬克思在分析資本主義社會的全部經濟範疇時，特別提出在其他的社會形式之下，而尤其是在亞細亞生產方法之下，這些範疇之作用與意義的問題。

我們已經指出，馬克思在分析商品時就發揮商品在古代亞細亞的，古代的生產方法之下的附屬的作用，并且非難資產階級的政治經濟學，『所以社會生產的有機體之資本主義前期的形式為資產階級政治經濟學所薄待，大抵是在這樣的精神之內，就是把早期基督教當作教會之父一樣』(見馬克思資本論第一卷第一編四九頁)。

馬克思在這一方面指出商品的形態在資本主義前期的社會形式內『不是佔統治的，而恰是一種特殊的形式，而且牠的拜物教的性質還比較容易觀察』（見馬克思資本論第一卷第一編五〇頁）。

當馬克思分析協作一問題時，他特別分析東方社會內的協作問題，在這種情形之下他對這一問題的推論，事實上就是馬克思和恩格斯的通信及論印度的信中所說的那些思想之開展的公式。

『簡單協作的意義在極大的範圍內是表現於那些巨大的建築物上，那些建築物是爲古代亞洲的人民，埃及人，愛特魯人等所建立的。

『……亞洲和埃及的帝王或愛特魯的僧侶底這種政權在現代社會內已轉到資本家方面了，在這種情形之下後者出現爲個別的資本家，或出現爲股份公司中的聯合的資本家，都沒有什麼差別。

『那些協作的形式——我們在人類文化的第一個階段上就看到牠（協作）統治勞動過程，例如在游牧民族方面或在印度的農業公社內——一方面是依據在共同佔有生產條件上，另一方面是依據在那種情形上，即個別的個人還不曾切斷那條將他和氏族或公社聯繫起來的臍帶，而且很緊密地和他們粘連着，就像蜜蜂之於蜂巢一樣。這一方面和那一方面都將這些協作的形式從資本主義的協作形式中區別出來。協作分散的（此爲唯一的場合）應用於極大的範圍內這在古代的世界內在中世紀及在近代的殖民地內都是依據在直接的統治及服從的關係上，通常都是依據在奴隸制度上。反之，資本主義的協作形式則一開始就以出賣自己勞動力於資本的自由僱傭勞動者之存在爲前提』（見馬克思資本論第一卷三一一頁）。

當馬克思解說再生產及資本積疊的問題時，他就特別提出在各種不同的社會經濟形式之下的再生產問題。

『在極不同的社會經濟形式內不僅有簡單的再生產，而且有擴大的再生產，雖然後者之完成並不在同一的範圍之內。隨時間的變遷，生產愈多，消費亦愈多，也就是說生產品之轉變爲生產工具亦愈多。可是，這一過程不是資本的積疊，其次也不是資本家的機能，當時他的生產工具，恰當些說他的生產品和他的生存資料還未以資本的形態與勞動者對立。』（見馬克思資本論第一卷五八四頁）。

當馬克思解說商業資本的歷史時他特別提出在古代生產方法之下商業資本的勢力一問題他會指出，在『古代的世界內商業之勢力及商業資本之發展其結果經常地發生奴隸佔有的經濟；有時，依從出發點牠祇達到依賴於直接生存資料之生產的奴隸之家長制轉變爲奴隸佔有制，而剩餘價値之生產就是牠的目的。反之在現代的世界內牠却引起資本主義的生產方法。』(見馬克思資本論第三卷第一部三一六頁)。

這裏他指示出在亞細亞生產之下商業資本之特殊作用，隨後爲着要解說在從封建的生產方法過渡到資本主義的生產方法之下商業資本之作用一問題，他指出這個過渡由兩條道路來完成，即是生產者之轉變爲商人及資本家，或各生產直接屈服於商人。(見馬克思資本論第三卷第一部三二一頁)。

當馬克思指出生產成本費和市場價格比較在資本主義之下是加在工業資本主義的身上的時候，他又附加上一句，『在以前的諸時代這樣的比較差不多絕對加在商人身上而且就這樣地保證商業資本統治工業資本』(見馬克思資本論第三卷第一部三二一頁)。他指示出，在資本主義前期的生產方法之下『商品之貿易價格的高低決定於1.生產價格之高低，即是勞動之低度的生產力2.;一般的利潤率之不存在，因爲商業資本將剩餘價値之最高的部分據爲已有，比在資本的一般變動之下他所得的那部分還大。因此，從這兩方面所觀察的這種情況之停止是資本主義生產方法發展的結果』(見馬克想資本論第三卷第一部二九二頁)。

當馬克思解說高利貸資木及其對各種生產方法的影響一問題時，他特別解說在奴隸佔有制度——即古代的制度之下高利貸資本之可能的作用的問題。

『僱備勞動的奴隸完全和眞正的奴隸一樣，他的地位被規定在那種條件之內，即使他——最低限度，在生產者的資格上——沒有可能成爲債主的奴隸；確實他只可以成爲消費者。』（見資本論第三卷第二部一三六頁。）

他在那裏又指出，『在亞洲的形式之下高利貸可以很長期地存在着除掉經濟的衰落及政治的腐敗以外，不會引起別的現象。祇有在那個地方和那個時候即資本主義的生產方法之其餘的條件有了現實性的時候，高利貸者才是創立新生產方法的一個工具，一方面破壞封建主及小生產者，另一方面集中勞動的條件并且把牠們變爲資本。』（見資本論第三卷第二部一三七頁。

後來又提出在封建制度下商業資本的作用的特徵，馬克思確定在封建制度之下高利貸資本正和商業資本一樣，他說，『高利貸像商業一樣，剝削某種生產方法，牠并不創立這種生產方法，牠以外部的形式對待這種生產方法。高利貸企圖直接地保護這種生產方法，爲的是有可能一而再再而三地來剝削牠：高利貸只保守地破壞現存的生產方法。』（見資本論第三卷第二部一五六頁），

當馬克思解說土地的財產一問題時，他就重視土地財產與社會形式之依屬及關係，他在資本論中所建立的論據更其說明那些思想，——在德意志的思想一書中即已見其端倪。馬克思對於這

個問題在附註中回復到他和黑格兒的爭論，這不是偶然的，他以爲黑格兒的私有財產學說是滑稽的，并且取笑黑格兒說他不懂得『土地的自由的私有財產——這完全是不久以前發生的事實——照黑格兒的意見表現着不是一定的社會關係，而是人類之絕對的關係，像個人對「自然界」一樣，是人類將一切物事據爲己有之絕對的權利。』（見資本論第三卷第二部一五六——一五七頁）

在分解這個問題時，馬克思也指出在古代社會內土地私有財產是在特殊的條件之下發展起來的。

『法律的概念也祇是說土地的私有者有自己的土地可去耕作，就像每個商品所有者各有自己的商品一樣，此外就不會再有更多的意義；這種概念——自由的土地私有財產的法律概念——在古代也祇在有組織的社會制度解體的時期才表現出來，而在近代則隨着資本主義生產之發展而表現。』

他在那裏又特別證明『這個概念——自由的土地私有財產——在亞洲祇是在歐洲人移入的幾個地方』（見資本論第三卷第二部一五六頁）。（自然，從馬克思寫這幾行字的那時候起，情形就完全改變了，就是在亞洲的那些地方自由的土地私有財產在馬克思在生時還沒有存在的地方，現在土地已經成爲私有財產了。）

當馬克思解說地租論時，他就預先防止足以使分析糢糊的三種主要的錯誤，他指出第一種錯誤是混淆與社會生產進程的發展的不同階段相適應的各種地租的形式。

馬克思寫道：『地租之特有的形式無論牠是怎樣，有一種場合是地租的一切形式所共同的，就是取用地租是土地私有財產實現的經濟形式，而地租則以土地的私有爲前提，即以一定的個人在一定的土地上之私有爲前提，在亞洲，埃及等處農村公社的代表人物爲土地所有者在奴隸制度或農奴制度之下土地的私有祇是代表直接生產者的人的財產的結果，或者土地私有是在自然界不事生產者之純粹私有的財產，是土地的私有財產之簡稱，或者對於土地是這樣的關係，這種關係是以直接生產者在一定的土地上生產品之佔有及生產爲前提，直接生產者的勞動是孤立的而且社會情形不甚發達，如在殖民者及小農的土地佔有的場合便是如此。

『這種情形對於地租的各種形式是共同的。。。——即有一種場合，一般地講來牠（地租）表示土地私有之經濟的現實，法律的規定在法律上一定部分的土地之絕對的佔有權屬於各個個人——這種情形的共同點就是使形式的差異不顯著』（見馬克思資本論第三卷第二部一七四頁）。

這裏我們看到，馬克思個別地敘述亞洲，埃及等處，即東方的社會，奴隸佔有的社會，農奴制度及資本主義。在論絕對地租及論農民的小土地私有（第三卷第二部）各章內另一方面，在殖民地論那一章內指出，爲什麼在某種場合之內特別分出農民經濟及殖民者」地租在農民經濟的場合內有牠自己的特點，在移民方面則完全沒有地租。

馬克思解說資本主義地租發生的問題後，又分述古代社會及東方問題；他指出在自然經濟下大產業的生產品及剩餘生產品絕不只是農業勞動的生產品，剩餘生產品『也包括有工業勞動的生產品。家庭手工業及作坊的勞動（是農業方面的一種副業）是自然經濟依據在牠上面的那種生產方法的條件，如像在古代及中世紀的歐洲，在現時則在印度的農村公社內，在那裏牠傳流下來的組織還沒有破壞』。（見資本論第三卷第二部三二二——三二二頁）。

這裏我們又看到三種資本主義前期的形式之概要。

當馬克思指出，在資本主義前期的關係之下剩餘勞動對於土地所有者只能以超經濟的强迫去榨取時他又特別地敍述到東方。

『如果不是私有土地的所有者而是國家以土地所有者及帝王的資格直接和牠對立，像在亞洲所看到的一樣，那末地租與賦稅是一致的，或者正確些說，那時幷不有任何的賦稅會同這種地租形式有分別。在這樣的情況之下，可以說從屬的關係在政治上及經濟上不會有比那種決定一切臣民對於這個國家的關係更嚴峻的形式。在這裏，國家是土地之最高的所有主。在這裏最高權就是在國家範圍內集中起來的土地財產。在這種場合內任何私有的土地財產都不存在，可是却存在有土地之佔有（私人的同公衆的一樣）及使用』（見資本論第三卷第二部三二七頁。）

當馬克思敘述資本主義地租之發生一問題時，他又附帶指出三個問題：

『現刻跟着發展着：一、從封建的土地佔有過渡到其他爲資本主義的生產所調劑的商業的地租；二、在像美國這樣的國家內地租是怎樣發生的，在美國這樣的國家內，土地原先幷不是私有財產，最低限度在形式上一開始資產階級的生產方法，就佔着統治；三、還繼續存在着亞細亞的土地佔有的形式。』（見剩餘價值論第二卷第一部一三六頁。）

此地又提出亞細亞的土地佔有形式的問題，作爲特殊的問題。

事實上，可以而且必需繼續收集馬克思對於適合各種生產方法的各種經濟範疇的說明。適用於各種生產方法的全部政治經濟的範疇之嚴格的劃分及歷史的具體化之方法，甚至在馬克思的說明上都帶有直然很可驚異的連續性。

當馬克思確定資本主義社會人口律時，他馬上指出這一規律不適用於其他的社會形式。

『因此，勞動的人口，生產了資本的積壘，尤其是以更大的限度製造工具，工具使勞動人口成爲相對過剩的人口。這就是資本主義生產方法所固有的人口律，就像各種特殊的歷史的生產方法實際上都有牠特殊的有歷史意義的人口律一樣。抽象的人口律祇是對於動植物才存在，而人類在歷史上幷沒有混入到這方面』（見資本論第一卷一九二三年俄文版六二二——六二三頁）。

當馬克思提出資本主義下工業生產之循環的進行時，他又指出在先前的生產方法下幷沒有這樣的循環。

『現代工業底這種特殊的生活方法，——我們不能把牠視爲先前人類的一個時期——就是在資本主義生產之幼穉時期都是不可能的。』（見資本論第一卷六二四頁）

這就不難證明，馬克思敍述城市與鄉村間相互關係的問題也是在同各種社會形式的依屬及聯繫中來說明的。可是這一點，我們已在別處證明了，這裏我們無須詳細地再來確定這一斷言我們又不難證明，馬克思對於對外貿易的問題在他的視角之下也是觀察這種問題在各種不同的社會經濟形態之下的作用。我們以爲馬克思指示底這一——雖然是極不完全的——概要已經很夠用來證明，恩格斯說的話是如何地正確，恩格斯說，在馬克思著作中我們可以找到基本的原則不僅可以用來研究資本主義的生產方法，而且可以用來研究一切的生產方法，這又證明，馬克思以極嚴格的連續性來連貫他對於適合四種階級的社會形式的各種經濟範疇之分析。這又證明馬克思從來不會放棄他的關於東方社會之存在的提綱，恰恰相反，在他晚年的著作中已確立了他關於東方社是存在的提綱。

現在我們要答覆第四個問題：馬克思曾提出他的四個階級社會形式之存在，而特別是關於東方社會，亞細亞生產方法之存在的大綱，這不是錯誤嗎？有些人以爲馬克思錯了，視爲特殊的社會形式的亞細亞生產方法幷不存在，於是，他們設法寬恕馬克思的「這種錯誤」說馬克思關於東方問題知道得很少，在馬克思著作的時候，東方問題一般地講來還很少有人研究，馬克思很少讀過關於東方問題的書籍以及諸如此類的恕詞。我們以爲問題像這樣提法是頂可笑的，但是我們總得考究一下這個問題。

什麽决定生產方法！

我們首先應當囘答這個問題：什麽决定生產方法？馬克思對這一問題給了十分明顯而無二義的囘答：

『社會的生產形式無論是怎樣，勞動者及生產工具總是生產形式的因素。就即使這一個同那一個處於分離的狀態，但這兩者（勞動者與生產工具）都是生產的形式之唯一可能的因素。爲了要一般地進行生產，牠們就得結合起來。那種特殊的性質及方法——這個聯合所賴以存在的——就區分出社會結構之各個經濟的時期。』（見資本論第二卷一一二——一一三頁。）

馬克思在資本論第一卷第七章內更具體地回答經濟結構之實質的問題：『把價值簡單地視爲凝聚了的勞動時間，具體的勞動，這對於價值的理解却有决定的意義。同樣把剩餘價值簡單地視爲凝聚了的剩餘的勞動時間，簡單地視爲具體的剩餘勞動。對於剩餘價值之理解有决定之意義。祗有那種形式——剩餘勞動在那種形式內是從直接生產者，從勞動者榨取出來的——分別出經濟的形式，例如分別出奴隸社會和僱傭勞動的社會』。（見資本論第一卷一八八頁。）

最後，馬克思在資本論第三卷中又重複着這種思想。

『那種特殊的經濟形式，——在這種形式內，無報酬的剩餘勞動是從直接生產者榨取出來的，——决定統治與服從的關係，這種關係直接從生產本身生長出來而其本身對於生產又表示出一定的反的作用。從生產關係本身生長出來的社會之全部的經濟結構以及牠的特殊的經濟結構都建立在這上面。生產條件之所有者對於直接生產者之直接的關係——這種關係，牠的某一種形式每一次自然而然地適合於勞動方法發展之一定的階段，即與後者的社會生產力相適應，——這就是我們要暴露出一切社會制度，最高權力與服從的關係之政治形式，簡言之，國家之某些特殊形式之最深刻的秘密和神秘的基礎。這并不妨礙一個同一的經濟基礎，——從各方面主要條件，由於無限差異的實際經驗的環境，自然的條件，種族的關係，受到外來的歷史的影響等等——可以在牠的表現中表現出無窮的變態和等差，而這些變態和等差只有藉助於這些實際經驗的一定的環境之分析才能夠了解。』（見資本論第三卷第二部三二七頁。）

所以，我們要想分析社會經濟的結構，我們首先就要回答一個問題：無報償的剩餘勞動是在何種特殊的經濟形式內從直接生產者搾取來的？我們如果發現出生產條件所有者對於直接生產者之直接的關係，那末整個社會制度之最深刻的秘密，神秘的基礎也就被暴露出來了。換句話說：每一種社會經濟的結構祗決定於牠所固有的所特有的階級的關係。馬克思的社會結構學說之本質就在此。

如果從這個唯一可靠的，唯一馬克思主義的，唯一辯證法的觀點來考察四種階級社會的形式，那末古代生產方法之極深刻的秘密，神秘的基礎就被發現出來，就是奴隸主從奴隸身上吸取無報償的剩餘勞動，生產條件的所有者——即奴隸主對於直接生產者就是處在這樣的直接關係以內。因爲『奴隸制度和一切其他制度一樣祗是一種經濟範疇。』（哲學之貧困一〇七頁。）古代制度——奴隸佔有的社會之實質包括在那裏呢？這種實質就在於『奴隸主及奴隸是第一次階級的大的分劃，前一個集團（奴隸主）不僅佔有一切生產手段、土地、工具，（無論如何微弱，在當時牠們幷不是原始的，）——而且還佔有了人。這一集團就叫做奴隸主，而那些勤勞不倦幷以勞動供給別人的人則叫作奴隸』（見烏氏新論文及書信集一九三〇年俄文版九七頁。）

奴隸主佔有了生產工具和奴隸，在這種情形之下奴隸本身也是一種生產工具。『奴隸直接被強迫做生產工具。』從這裏便發生如下的情形：

『我們試舉奴隸佔有的經濟爲例。這裏在奴隸身上所支付的價格不是別的，而是預定的和資本化的剩餘價值或利潤，這種剩餘價值或利潤是隨時從奴隸身上抽取來的。但是在購買奴隸時所支付了的資本并不包括在作爲從奴隸身上搾取利潤，剩餘勞動的一種工具的那種資本內。剛剛相反。這種資本——奴隸主用去的資本是從他在實際生產中投置下的那種資本中付出的。牠（資本）對於奴隸主之不存在，完全像購買土地所耗費的資本對於農業之不存在是一樣。這頂好用那種情形來證明，便是牠對於奴隸主或土地所有者又重新存在，要在他轉賣奴隸或土地的那種場合之內。但是那時購買者又是處於同一樣的情形。那種情形就是他買了奴隸；但還沒有給他以可能去剝削奴隸。祗有被他放置在奴隸經濟本身中的那部分資本才給他以這種可能。』（見資本論第三卷第二部三四六頁。）

馬克思將這一思想形成於更開展的形態以內，他說：

『在奴隸制度時代購買勞動力所耗費的貨幣資本起着固定資本之貨幣形態底作用，這種固定資本是在奴隸一生中的活動時期逐漸補償的。所以販賣商的利潤——奴隸主獲得這種利潤或者直接由於使用自己的奴隸於工業方面，或者間接地將牠貸給其他的工業家（例如作礦山工作）——直然被視爲預付了的貨幣資本的利息，——這完全像在資本主義生產之下剩餘價值的一部分加上固定資本之消耗歸諸工業資本家作爲他的固定資本的利息及補償是一樣；這完全像出借固定資本（房屋、機器等等）的資本家所有的一般情形一樣。普通的家庭奴隸，他們是否做一種必要的服役或祗做裝飾品，這用不着去注意，他們祗是一種僕役階級。但是奴隸制度——在農業、作坊、航海等等方面奴隸制度是生產勞動之統治形式，如在希臘各國及羅馬是，——保存着自然經濟的成份。奴隸市場之不斷地得到牠的商品——勞動力——之補充是由於戰爭，海上搶刼等等手段，這種搶刼本來就省掉了流通底過程以直接體力的强迫而自然的佔有外方的勞動力。甚至在美國，僱傭勞動的北美各邦與奴隸制度的南美各邦之間的中間的區域已變爲南方奴隸的區域以後，被投到奴隸市場上的奴隸本身就這樣的成了每年複生產底因子，這種情形隨時代變遷而感不足，隨後非洲奴隸買賣長期地儘可能地繼續補充奴隸市場』（見資本論第二卷四五五頁）。

在古代社會內，奴隸主與奴隸間之階級的矛盾是根本的階級矛盾；奴隸佔有的剝削是基本的，主要的剝削方法，國家，不管牠的統治形式如何差異（如君主專制，共和政體，民主的共和政體，貴族的共和政體之類）牠都是奴隸佔有的國家，這是不是說，當時就沒有其他的剝削方法嗎？絕對不是的。貴族剝削平民，商業高利貸資本剝削貴族和平民，奴隸佔有的國家征服者從被征服的國家搾取貢稅。但是奴隸主之剝削奴隸是吸取無報償的剩餘勞動之基本的主要的剝削形式。奴隸主對於奴隸的關係是基本的主要的社會關係，奴隸主與奴隸間之鬪爭是階級鬪爭底主要的基本的內容。這是不是說，階級底鬪爭已盡於奴隸主與奴隸間的鬪爭？絕對不是的。在古代希臘及在古代羅馬，殘酷的階級鬥爭在沒有奴隸的營壘內發生過。但奴隸制度是眞實的基礎，是主要的矛盾。在古希臘及古羅馬的某一時代就發生土地私有財產。商業高利貸資本十分繁榮。但是奴隸佔有的經濟仍舊是主要的基礎。馬克思嘲笑謨木生在羅馬貨幣經濟內發現了資本主義生產方法，（參看馬克思資本論第三卷第二部三二三頁），馬克思預見虛假的形式上的雷同，并指示出，『甚至在古代的那些農業經濟內都表現出和資本主義農村經濟有極大的類似，在喀頳基（Karfagen）及羅馬在牠們裏面同種植場的經營相似處比同實際上適合於資本主義剝削方法的形式相似處更大。在古羅馬時代就有了無產者并有了大量的貨幣資本。但是資本總是沒有創造出資本主義的社會，而是鞏固了奴隸的（社會）』（見資本論第二卷三二三頁）。馬克思關於這一點寫道：『在資本論各處我曾做了一些對於古代羅馬平民的命運的提示。起初這種平民是自由的農民，各自耕種自己私有的一塊土地，在羅馬歷史的延續中他們逐漸地被剝削了，在這種情形之下這同一的變動，使農民和生產工具及生活資料隔離，牠不僅引起大的土地私有之形成，而且引起大的貨幣資本之形成。於是，在這裏一旦間就表現了一方面是自由的人，他們除了能夠勞動以外，什麼都喪失了，而另一方面是剝削這種勞動的一切財富之佔有者。這會發生什麼呢？羅馬的無產者並不是僱傭勞動者，而是好吃懶做的平民，是站在甚至比北美南部各邦的「貧窮的白種人」還更低的道德水平線上的平民（mob），而同這種情形一同積纍起來和繁榮了的不是資本主義的生產方法，而是奴隸的（生產方法）。』（見馬克思和恩格斯書信集二八〇——二八一頁）

在每一個社會內生產關係形成一個整個的東西。奴隸主和奴隸的關係在古代社會內是完全決定的(關係)。這種關係在數量上是如此，『在波斯戰爭時期在柯林佛總計有四〇〇、〇〇〇奴隸，而在愛吉克有四七〇、〇〇〇奴隸，每一個自由的居民約有奴隸十人』。(見恩格斯反杜林論一四九頁) 這種關係在質量上亦是如此，因爲奴隸佔有注定了土地的私有，而尤其是注定了農民經濟的命運。

在封建社會內榨取無報償的剩餘勞動之主要的經濟形式就是地租，——這種地租不管是物品地租或爲物品地租的變形的貨幣地租，這從經濟的觀點來說完全沒有區別。封建主與奴隸的農民間之關係就是勞動條件之私有者與直接生產者間之基本的主要的關係。

『封建的法律之基本的標誌就是農民（在當時農民是大多數，城市人口不甚發達）要固着在土地上，——從這裏就發生了一種觀念，——封建的法律農民可以拿出一部分時間在地主給他的那塊土地上替自己勞作；其他一部分時間農奴要替地主勞作。』（見烏氏新論文及書信集一九三〇年俄文版一〇二頁）

封建主與農奴間之關係，是眞實的，完全决定的關係，决定了城市的經濟，因爲『在古代及封建社會內工業本身牠的組織及與牠相適應的財產形式，或多或少地有像土地佔有一樣的性質；社會或者完全依賴農業，像古代羅馬人的一樣，或者模倣在牠裏面纍積起來的關係，如像在中世紀的城市組織內。甚至資本——因爲牠還不是純粹貨幣資本——在中世紀，在手工業者世代相傳的工具的形態等等之內都帶有這種農業的性質』（註）在封建社會內一切都决定於地主剝削農奴的方法。對於這一剝削方法之分析馬克思在資本論第三卷第四十七章『資本主義地租之發生』內就提供過。我們在這裏不再去敍述馬克思關於這一問題之顯着的命題。

這可以說，地主與農奴間之矛盾是封建社會之根本的階級矛盾。

〔註〕見馬克思政治經濟學批判四四頁。

這是不是說其他的階級矛盾就沒有？

絕不是的。行會老板與學徒間之鬪爭，城市有產者階層間及封建主間之鬪爭城市「下流階層」反對一切城市制度的鬪爭，手工業者，農民、商人、甚至於封建主反對高利貸者的鬥爭，——由一條紅線貫穿着中世紀的全部歷史。可是，封建主與農奴間之鬪爭是階級鬪爭之基本的內容，是這一鬪爭之完全確定的原則。有產者在封建社會內還不是階級。她祇是一個階層并且『一切階層之取消是第三階層解放的條件。』有產者祇有在資本主義社會內才成爲一個階級。封建社會的學徒和師傅并不是近代無產階級的前輩，而是封建社會的階層。恩格斯以爲考茨基的錯誤就是他把封建社會的這些成份叫做無產者。

『你說的無產階級，——名詞不同，你把職工包括在這裏，牠的主要意義你說得十分正確，——但是祇有在非階級的，非行會的職工兼農作人出現了的那時候起，你才可以把他們算作你所說的無產者。』(見馬克思恩格斯書信集三七四——三七五頁。)

恩格斯本人以爲祇有站在封建的等級制度以外，處在公社之外，封建主的依靠之外及行會制度之外的分子是近代無產階級的前輩。因爲每一個社會形式都有牠自己固有的和特殊的階級關係，并且一種結構之階級的範疇向別種形式之推移是超歷史的時代錯誤。恩格斯十分正確地指出：

『資產階級的社會才是階級的社會。因此，誰要是把無產階級叫做「第四等級」，他就陷於歷史的矛盾中。』（見馬克思哲學之貧困一六五頁。同樣也可以說，誰把資產階級叫做封建社會的閥族而把行會的學徒叫做無產者，他便陷入歷史的矛盾中。可是，誰要是把資本主義社會的工程師和古代埃及的僧侶混同，這祇證明他的愚昧無知。

我們幷不要去分析資本主義的生產方法及其階級關係。這裏，似乎一切問題都很明顯而不會引起爭論的。

我們目的是在分析東方的社會。我們知道，馬克思和恩格斯在自己最初的著作中引了下述東方社會的幾個特點：

一、土地私有財產之不存在。

二、人工灌溉之必要及與此相適應的極大範圍的公共事業的組織之必要。

三、農村公社。

四、專制政體爲國家的形式。

這些特徵其本身還沒有啓發出從直接生產者榨取剩餘生產品之方法，然而牠們却是去啓發亞細亞生產方法之最深刻的秘密底關鍵。這些特徵是啓發東方社會階級關係的一個關鍵。爲着要找出這個關鍵，我們必須以農村公社作出發點，因爲東方社會是從牠裏面發生幷把牠作爲基礎在牠上面發展起來的。我們在黑格兒書上看到關於農村公社的記載，我們在馬克思於一八五三年六月十四日（見馬克思恩格斯全集第二十一卷五〇五——五〇六頁。）寫的信及在資本論第一卷中（三三六頁）也看到這一類的記載。馬克思指出農村公社爲一種社會經濟的組織，他說：

『這些古代的社會生產組織就其結構講比資產階級的更其簡單而明瞭，但是牠們或者停留在還沒有割斷和別人發生的自然的種族關係的臍帶的各個人底幼稚上面，或者停留在統治與服從之直接關係上面。他們生存的條件——勞動生產力之低度的發展以及在創造他們的物質生活的過程中人與人關係之相當的聯繫，此外還有他們相互的及對自然界的一切關係之聯繫』（見資本論第一卷四七頁。）

可是，這樣的公社在羅馬人，迦里特人，日耳曼人都有過，照恩格斯的說法，牠們從印度到愛爾蘭都存在過了。我們可以加上一句，就是在美洲澳洲都有過，牠們在世界的各部分都存在過。人工灌漑之必要豫定了這些公社在東方發展的特徵。馬克思在資本論中就指出這一點，他說過，『水的供給之調劑是在印度彼此間無聯繫的小生產組織上面的國家政權底物質基礎之一。』（見資本論）

恩格斯指示出這一點，他從階級及國家發生的觀點指出調劑水的供給之必要的很大的意義，他說：

『從一氏族公社之自然生長的集團發展出來的國家初時的目的在滿足他們共同的利益（如在東方就是灌漑）及防禦外部敵人之侵襲，以後國家就有了專門的名稱以强力保護生存的條件及剝削階級對被剝削階級之統治』（見恩格斯反杜林論一三七頁）。

階級與國家怎樣從公社中發生出來的呢？恩格斯回答這個問題道：

『在每個這樣的公社中一開始就發生一些共同的利益，保護這些利益當然是委託個人，然而是在全社會的監督之下：即如解決爭端；壓制個人强奪份外的權利；管理貯水池，尤其是在炎熱的地方，以至於宗教的機能。我們在各時代的原始社會內——在古代日耳曼的馬克內一如在近代的印度一樣——都可看到像這一類的公務人員。不言而喻的，這些公務員握有一種權力及初形的國家政權……

『……這些機關以集團的公共利益的代表者資格而在某種場合之下對於每個個別的公社已經佔有了特殊的，甚至是仇視的地位以後很快地就得到更大的獨立性，——一部份由於職務的世襲，這是在大權獨攬的地方，必不可免要發生的事態一部份是因爲參加同其他集團的衝突，遂引起加强這些機關的必要。我們無須在這裏解說社會職務之此種獨立性對於社會何以加强到了統治社會的地步;公僕何以在有利的條件之下逐漸地變爲支配者而且就環境說何以會有東方的專制君主,有希臘的族長,有迦里特人的酋長之類……

『我們只要列舉出那件事實,就是政治的統治到處都起於社會的職務并且要在執行了他的社會職務的時候政治的統治才會穩固。在波斯和印度過去興起和衰亡的許多專制國家都明白地想到了牠的最初的職責關懷着低窪的灌溉,否則在這些國家中經營農業就不可能,祇有文明的英國人才不注意印度的這種情形。在他們統治之下灌溉的河流及水門已廢弛了并且祇有經常重複着的饑饉才打開了他們的眼睛看到他們對於一致行動之忽視,這種行動最低限度可以給他們在印度的統治上像他們的前輩所有的一樣的權力』(見恩格斯反杜林論一六五——一六六頁。)

這樣,我們便看到,人工灌溉之必要從公社中造就出一批人,他們是公社的公僕執行着社會的機能,而握有相當的權力,以及公社的這些公僕變爲公社的統治者,他們表明自己對於公社的關係是一個統治階級。政權從婢女變成了女主人了。尤其是過去公社的公僕成爲公社的統治者後,就成爲公社的剝削者了。馬克思說到埃及僧侶的統治就在這種意義上。(見馬克思資本論第一卷)恩格斯於一八八二年八月九日給伯恩斯坦的信中在這種意義上斷言,『小暴君或稱總督就是主要的東方剝削形式』(見馬克思恩格斯文存第一卷六二〇頁。)

在這種情形之下我們還得要顧及一個重要的場合：『使手工業成爲世代相傳的，把牠硬化爲等級及行會的形式，某些歷史的條件造出不容許等級形成的個人之變易。等級和行會發生於像調節動植物分解爲諸種類及相異形態的同一自然規律的影響之下，——不過有一點差別，就是在發展的某一階段上等級之世襲及行會之特權，除那種情形以外，被制定爲社會的法律』這種趨勢與資本主義前期的社會形式相適合。（見資本論第一卷三一七頁。）

在古代的及封建的社會內分工之刻版化無論何處都沒有達到了等級制形成的那個階段。然在大多數古代東方的國家內生產力之發展及分工却達到了等級制度之形成。這在埃及就是如此。『在柏拉圖的共和國內分工是國家建立之基本的原則，牠表現出埃及等級制度之阿芬的理想化；埃及對於其他的著作家——例如對於依梭克拉特（柏拉圖同時代的人）——則是工業國家之模範，他在羅馬帝國時代的希臘人眼目中還保存着他的這種意義』（見馬克思資本論第一卷三四六頁。）

在印度亞述（古時的一個大國）甚至在波斯都是如此。在中國企圖在佛教勢力之下採用等級制度是不成功的，但是社會分爲士、農、工、商，這在古代中國已經起了很大的作用。分工既被制定爲社會的法則，於是便造成這一階級爲別一階級所剝削的先決條件。

所以，東方社會之根本的階級的分劃是發生於聯合在公社內的基本的農民羣衆之間以及在從公社中造成的過去公社的公務人員——把自己規定爲統治階級——之間。（例如埃及的僧侶，古代中國的士大夫之類。）國家底形式就是專制國家。土地的私有財產制度幷不存在。國家是土地和水——生產之基本條件——之最高的所有主。主要的經濟的剝削形式是賦稅，牠同地租相符。統治階級剝削公社，以賦稅——地租的形態榨取剩餘生產品。以賦稅——牠和地租相符——的形態吸取剩餘生產品之經濟的形式，無疑地使這種剝削方法和封建的（剝削方法）相接近。封建的私有財產及封建階級之不存在便造成東方社會與封建社會間之原則上的區別。

在這裏必須指出東方社會內階級鬬爭的內容幷不盡於公社的農民和租稅取得者的國家之鬬爭反對商業高利貸資本的鬬爭在東方社會內也起了很大的作用。而且鬬爭常常在各種等級之間發生。因爲等級制度及整個社會制度一般的講來不僅被制定爲社會的，而且也被制定爲宗教的法則政治的鬬爭在這些社會內是在宗教的外罩之下發生的。在印度佛教與婆羅門教間之鬬爭是爲減弱等級制度而鬬爭。在印度佛教戰勝婆羅門教是因爲民衆援助了佛教進行減弱等級的屏障之鬬爭，而謨罕默德教戰勝了佛教是因爲謨罕默德教一般地不承認等級的劃分。在中國專制皇帝就是天子。

這就是在四種階級的社會經濟形式之下馬克思關於階級關係的學說之共同點。不言而喻的，這些形式中沒有一個是以純粹的形態而存在的。不言而喻的，在具體的歷史的實際中這些形式中之每一個都在無限的變化及等差中存在着，不言而喻的，在這些形式中之每一個形式內都存在有前一形式的殘餘和未來形式之暗示。不言而喻的，『在社會的生產方法中之轉變，這個生產工具中變革之必然的產物是在過渡形式的混亂中經過的』(見資本論第一卷四五三頁)。不言而喻的，生產力之發展，尤其是生產工具之發展牠是社會經濟形式發展之基礎，而且每一種形式對於牠都有牠的特殊的勞動工具。

『勞動工具之遺骸對於已消滅的社會經濟形式之研究就像骨骸的構造對於已消滅的動物種類的組織之研究有同樣的重要性。經濟上的時代之區分不在於生產什麼，而在於怎樣生產，用何種勞動工具。勞動工具不僅測量出了人類勞動力之發展而且測量了那些社會關係——勞動就是在這些關係之下完成的——的指數。至於講到勞動工具的本身，那末其中機械的勞動工具，牠們的總和可以叫做生產之骨骼與筋肉系，表現出社會生產之某一時代之特殊的標誌，祇是作為貯藏室內勞動的對象幷且牠們的總和可以叫做生產之脈管系，比這樣的勞動工具還大，例如管、桶、籃、杯、碗之類。牠們只有在化學工廠內才起着重要的作用』(見資本論第一卷一五一頁)。

末了，不言而喻的，資本使一切先前的社會形式屈服於自己，然而都是使牠們各自不同地屈服於自己。

在這一點上還得要研究許多的問題。家庭的組織極緊密地和社會的形式相聯繫，牠從社會結構中發生，和社會結構處於相互影響及相互關係之中。我們可以斷言家庭關係反映出社會基本關係的縮影。在東方社會內家庭在分工的意義上和在家庭成員彼此間相互關係的意義上其自身就是一個氏族公社。家長就是家族的小皇帝，這在中國就可看到。在古代社會內家長就其對於本族的家庭成員的關係而言是奴隸主，這在羅馬法中很可以看到牠的完成的表現。在封建社會內家長就其對於自己家庭成員的關係而言是本族的封建主。在資本主義社會內家庭的內部組織和她的解體反映出商品貨幣關係的影響及資本主義的統治。每個社會結構都有牠自己的軍隊和這一結構所固有的軍隊的內部組織。東方專制政體，他沒有在種族的原則或在宗敎的公社之基礎上建立了他的軍隊，他在貨幣關係發展的某一階段上組織起僱傭軍隊，這種軍隊完全和民衆隔離。古代社會底軍隊是從自由民組織而且祇有在古代制度瓦解的時期在商業高利貸資本的影響之下才出現了僱傭軍隊。封建社會從封建的領地中組織起自己的軍隊并且軍隊之內部的組織反映出封建的關係。每一個社會形式都有牠的社會的并且祇是牠所固有的宗敎，藝術，思想。

可是這些問題之解析不在本文範圍之內。

我們的序言只限於較爲迫切的範圍，就是說我只能在最共同的幾點上及很概括地說，一說馬克思以後馬克思的社會形式學說之發展。在這一點上我們所要指出的有如下述：

在馬克思的社會形式學說方面考茨基甚至在他自己以前的著作中都犯了許多錯誤。恩格斯已經指出考茨基不正確地了解封建社會底階級關係，把當時行會的師傅叫做無產階級。我們看到考茨基的很有趣的企圖他想去分析東方的社會。在一八八七年在”Heüe Ueüt”上刊載的他的著作,,Die moderne Nationalitat''內，考茨基正確地指出灌溉社會事業之作用，指出東方社會內同游牧民族的鬭爭同時又正確地指出這些社會中商業之最早的發達。在他最近的著作唯物史觀一書中考茨基把馬克思的社會形式學說，完全庸俗化了而且已到了完全否定東方社會內階級鬭爭的地步。

蒲列漢洛夫完全接受了馬克思的社會形式學說。我們以爲，社會底經濟結構諸時代底演進之正確解釋的意義而言蒲列漢洛夫加進馬克思學說中很有價值的意見。就我們在蒲列漢洛夫的著作馬克思主義底基本問題一書中就看到這一點，他說明馬克思關於社會形式的基本概說幷且有如下的補充：

『據馬克思的意見，東方的，古代的，封建的和近代資產階級的生產方法一般地可以視爲社會經濟發展之連續的(演進的)諸時代。但我們又不妨承認着馬克思後來看到了謨爾干(Morgan)的古代社會一書後，他就多分地改變了他對於古代的生產方法與東方的(生產方法)之關係的見解。事實上封建的生產方法之經濟發展的邏輯歸結到社會的革命，即資本主義的勝利的表現。然如中國或古代埃及底經濟發展的邏輯完全不會引起古代生產方法之發生。在前一種場合，就有前後繼起的兩種發展的階段。而第二個場合就表現給我們有兩種幷存的經濟發展的形式。古代社會代替了氏族社會的組織，而此氏族社會的組織也在東方社會制度發生之前。這兩種經濟結構的形式中的任何一種都是那種在氏族組織的胚胎內的生產力發展之結果，牠最後必不可免地會使氏族組織歸於破滅。如果這兩種形式彼此有很大的區別，那末牠們的主要的區別點乃產生於地理環境的影響之下，在一種場合生產力發展到某特定的發達階段之社會的自然地理關係支配着某種特定的經濟組織，而在另一種場合自然地理關係又支配與前者完全相異的生產關係』(見蒲列漢洛夫馬克思主義基本問題五四頁)。

我們以爲蒲列漢洛夫的這一註釋是完全正確的。

可是，在應用馬克思社會形式學說到俄國的歷史上，蒲列漢洛夫就犯了很大的錯誤，列寧很正確地把這種錯誤叫做自由的民粹派理論之誇大。蒲列漢洛夫的此種錯誤就在於他以爲在彼得前的俄國曾有過亞細亞的生產方法（見俄國社會思想之發展）

蒲列漢洛夫在斯托霍里姆大會上討論俄國社會民主工黨的土地政綱的時候又犯了另一種更愚蠢的和宿命的錯誤，當時在反對列寧的土地國有化的提綱的鬪爭中他混淆了在亞細亞生產方法及在資本主義生產方法之下的土地國有化，即是說他機械地把這一種社會形式的範疇搬到另一種社會形式上。列寧在斯托霍里姆大會上他的結論中指出了蒲列漢洛夫的這種錯誤：

『要是在莫思科的俄國有了（或者說如果在莫思科的俄國有了）土地國有，那末亞細亞生產方法就是牠（土地國有）的經濟基礎。其實在俄國資本主義的生產方法從十九世紀後半期就鞏固了，而在二十世紀已經無條件地佔着優勢。

『從蒲列漢洛夫的論據中還剩下些什麼呢？他把根據在亞細亞生產方法上的國有化同根據在資本主義生產方法上的國有化混同了。因爲字義相同，他就忽略了經濟的生產的關係之根本的差異。』

恰好，我們要證明，列寧底這個意見是十分明顯用不着有絲毫懷疑的，至於列寧是否「承認了」

亞細亞生產方法，這是學院派的和不重要的爭論。列寧底這些話以十分明顯的和難以駁倒的證明列寧完全同意馬克斯「承認了」亞細亞的生產方法。

話是沒有的，在研究馬克思社會經濟結構學說方面之最重要的一個任務就在於要探索和研究這一問題在列寧各種著作中之提法。這一問題列寧在他自己最早的著作誰是人民之友一書中就已經提出來了。

列寧的講演國家論一文表現出他對古代的，封建的及資本主義的社會之最後的分析。社會經濟結構的問題在列寧底整部著作中佔着很重要的地位。我們在列寧的著作國家與革命一書內看到社會主義生產方法——共產主義底第一個階段——最完成的分析。（我們剛好在這裏指出，要不致將社會主義和共產主義區別爲兩個在原則上互異的社會形式只要基本地認識列寧底這些分析就夠了，而杜布羅夫斯基對這一問題在其熱心修正馬克思列寧主義中却將牠區分爲兩個原則上互異的社會形式。）列寧提供了從資本主義到社會主義的過渡期底經濟之最後的特徵。列寧提供了分析資本主義範圍內資本主義前期社會形式的殘餘及渣滓之最典型的模範，并且遺留給我們按照他的完善的方法論去研究這些問題。空言是無用的，一個最重要而有效果的任務就在於研究列寧著作中這些問題的提法。我們在這裏并不企圖提供一般的暗示，以及從這一觀點去研究列寧的一個簡括的提綱。我們個人也祇是在研究這些問題的最初階段上而且理論的誠實需要很仔細的去研究列甯的這些問題的處斷；我們祇指出列甯在這一方面充實了幷發展了馬克思主義。我們祇指出列甯對於這些問題的研究曾提供了最卓越的方法。

我們以爲羅沙盧森堡在她的著作政治經濟學緒論及資本積槩中屢次犯了同蒲列漢洛夫一樣的錯誤，機械地把這一種社會形式的範疇應用到另一種原則上不同的形式上。完全正確地批評了英國人在印度的土地政策之後，完全正確地斷定了中國已經有土地私有財產制度的存在之後——她還是不顧及土地私有財產制之不存在形成了東方的社會形式。羅沙盧森堡的另一個錯誤，就我們的意見說是在於她不計及從一種社會形式過渡到別種社會形式的辯證。因此羅沙盧森堡把帝國主義屈服資本主義前期的社會形式爲殖民地之進程簡單化了，她以爲資本在殖民地創造出純粹資本主義的生產方法。她不顧及資本常常祇把以前社會形式的殘餘屈服於自己之下，而且常常直接地造出封建的有時甚至是奴隸佔有的關係。我們懂得，我們的這些斷言還會繼續發展繼續確定，但是因爲我們的序言這樣冗長，我們不得不爲純粹的斷言所限。

我們在這裏簡括地指出馬克思社會形式學說之機械的曲解在波格達洛夫的著作中有了最開展的表現。他的經濟科學大綱在曲解馬克思主義對這一問題的意義上可算是最有秩序的著作。

政治經濟學對象底定義（『在人與人間之社會勞動的關係』方面〔註一〕）社會的變化祗引起人類對於自然界的關係之變化（『社會關係不是什麼經常的，不變的；牠們是不斷地變化着，就如在自然界中的一切事物一樣。在牠們的變化中表現出社會力量或者進化或者衰退，社會戰勝自然界或者自然界戰勝社會』，〔註二〕）社會關係之發展引起交換關係之發展，這種純粹自由資產階級的問題的提法（『在這些社會發展的道路上其根本特點到處都是相似的。直到現時有兩種主要的形式，在不同場合內發生部分的不同，但在實際上差不多是一樣，這就是自然經濟和交換經濟。每一種經濟又可分為幾個時代，各有特殊的經濟形式』〔註三〕）；最後方法論的定義（歸納法和演繹法：祗不是辯證法），十分明顯地說明波格達洛夫和馬克思主義對於這一問題之分歧。波格達洛夫關於歷史進程之整個概念與這一方法相符合。他把歷史分為下述幾個演進的時代：

I. 自然經濟，其中包括：

1. 原始氏族共產主義，

註一　波格達洛夫經濟科學大綱一九二四年版八頁。

註二　同上一一頁。

註三　同上一一頁。

2. 有權力的氏族公社，
3. 建封社會。

II. 自然經濟的及交換的社會，其中包括：
1. 奴隸制度，
2. 農奴經濟有城市手工業的制度。

III. 商業資本主義。
IV. 工業資本主義。
V. 財政資本時代，
VI. 社會主義。

我們沒有任何的必要來批判地審查波格達洛夫底這個概念。從第一點說很明顯的，她不是從社會關係出發，不是從人類生產關係出發，而是從技術組織的前提條件及從交換發展的程度出發。我們祇想指出，波格達洛夫起初把封建的和農奴的經濟視爲特殊的，原則上互異的社會形式。我們可以說，杜布羅夫斯基在這一「概念」上不能以獨創自居。波格達洛夫勝過了杜布羅夫斯基而杜布羅夫斯基却跟着波格達洛夫的尾巴跑。

無疑地，沙發洛夫的著作東方問題在分析東方社會的意義上是前進了一大步。革命的階級鬥爭之直接的需要引起了研究東方國家階級結構的需要而且沙發洛夫的功績就在他回復到馬克思和恩格斯，在分析東方國家時他從馬克思和恩格斯底基本概說出發。我們看出沙發洛夫著作底缺點就在他沒有說明在許多東方國家內亞細亞生產方法是怎樣解體的而封建的生產方法是怎樣發展起來的。我們以爲他把許多東方國家的社會制度定義爲「東方的封建制度」，而在他最近的著作中國歷史上的階級與階級鬭爭一書內他把中國社會制度定義爲「國家封建制度」，這是不妥當的。對於東方的灌漑，沃土經營，而尤其是近東各國社會制度底作用及意義之分析對於定居的農業及游牧的牧畜業之共同生活底作用及意義，商業高利貸資本在這些國家內底作用及意義之分析，——在沙發洛夫的著作中可算是無可非難的。我們以爲經過沙發洛夫的著作我們個人在我們的見解上說來已達到了正確的了解馬克思對於東方社會的概念。

從社會形式的一般理論的觀點說來布哈林的兩部著作歷史的唯物論及轉形時期的經濟學却表現出很大的趣味。在前一本書中布哈林下了一個社會形式的定義幷發揮他對於歷史進程的見解。在第二本書中布哈林採用他自己的方法論去研究從資本主義到社會主義的過渡時期底經濟。他把社會形式定義爲「人類在生產進程中之配置」這在原則上已和馬克思的定義分道揚鑣了。

在布哈林的整個概念中技術組織的機構超過社會關係，對於布哈林的概念在我們的文章中已予以批評的辨別，這裏我們不再詳細去說。

我們還得要說一說許多關於歷史唯物論的著作及晚近在馬克思主義歷史學家中間佔有一地位的那種爭論。我不願將這一序言擴大——我自己祗把牠視爲將來著述這一問題的一個提綱——我在這裏自然不能說得詳細。我以爲在積極的敍述馬克思的見解中我們就可看到對於一切爭論問題的答覆。我們以爲馬克思區分了四種階級的社會形式，這是完全沒有爭論的。我們以爲已經證明了的和無可爭論的就是馬克思承認了亞細亞的生產方法，東方的社會，爲特殊的社會經濟形式，和古代的，封建的及資產階級的（社會經濟形式）同等。所以，我們以爲像杜布羅夫斯基及其他的人，他們去否認古代的生產方法，這完全是荒乎其唐的。我們以爲在我們引證了馬克思的那些指示之後還去否認亞細亞生產方法，也是完全不正確的，我們以爲用馬克思的權威來掩蔽這一類的企圖是不容許的。馬克思見解之正面的敍述給下述的問題以完全肯定的答覆，這問題就是可不可以把商業資本視爲特殊的社會形式？馬克思對於這問題給了明顯而詳盡的回答：

『商業及商業資本之發達到處都在這樣的方面內發展着生產，就是交換價值成了牠的目的，增大牠的範圍，使牠成爲各種各樣的，使牠有四海一家的性質，發展貨幣爲世界的貨幣。所以商業到處都或多或少以分解的形式影響那些生產底組織，商業脅迫着這些生產組織并且這些生產在牠的各種形態內其目的主要是生產使用價值。但是商業影響舊生產方法的解體到何種程度，這首先要看牠的（舊生產方法的）堅固性及內部結構如何而定。然而這種崩解的過程歸結到什麼去呢，即是說何種新的生產方法出現在舊的地位上呢，這不是依賴於商業而是依賴於舊生產方法底性質。（圈是我加的，見馬克思資本論第三卷第一部三一六頁）

馬克思在另一處更明顯地寫道：

『商業資本之一切發展其影響於生產有如是，即更使生產帶有目的在生產交換價值的性質，更其把生產品變爲商品。可是，我們從往後的敘述中馬上就看到牠的發展，總合起來，都不足以引起一種生產方法轉變爲別種生產方法，并且給牠以說明』（圈是我加上的。見馬克思資本論第三卷第一部三一一頁）

馬克思承認，商業資本之發展是促進封建生產方法轉變爲資本主義生產方法的那些因素中之主要因素，他指出『世界市場之意外的擴張，流通的商品之增加，在企圖佔有亞洲的生產品及美洲的財寶中歐洲各國間之競爭，殖民地政策——這都是眞實地促進了封建的生產之破壞』（見資本論第三卷第一部三一七頁。

但是同時他指出商業的發展其本身并沒有創造出資本主義的生產方法：

『其實近代的生產方法在牠的第一個時期——作坊的時期——也祇是在這種生產方法的條件在中世紀就創造出來的那些地方才發展起來的。我們祇要拿荷蘭和葡萄牙比較一下就行了。在十六世紀而一部分還在十七世紀時期，商業之迅速的擴張及新的世界市場之創立在舊的沒落上及在資本主義生產方法之興起上表現了絕大的影響，這種情形是發生在已經創造出來的資本主義生產方法底基礎上。世界市場本身構成這種生產方法的基礎。另一方面，對於後者固有的必要性產生於經常增大的範圍之內便引起世界市場之經常的擴張，這樣說來，在此種場合內不是商業變革工業，而是工業不斷地變革商業。商業的統治現時已經和大工業所賴以發展的條件之多少優勢聯繫起來。我們祇要拿英國和荷蘭比較一下就行了。荷蘭——商業佔統治的國家——沒落的歷史就是商業資本屈服於工業資本的歷史』(見馬克思資本論第三卷第一部三一七頁)。

這已說得很明顯。在這種情形之下馬克思底理論的論證爲歷史的基本事實所證實了。在古代羅馬，而尤其是在晚近共和制的時代，在哥林斯(Chrinth)及歐洲其他希臘城市內以及小亞細亞商業資本在古代生產方法的範圍內及基礎上已達到很大的發展。在古代印度及古代中國商業資本底發展在某一時期已超過十八世紀前歐洲商業在無論任何時期商業發展的水平線以上。然而這種發展發生在亞細亞生產方法的範圍內和基礎上。商業資本在葡萄牙已達到很大的發展，這種發展是在封建的生產方法底範圍內和基礎上。可是商業資本祇在這些國家內破壞了舊的生產方法，牠并沒有創造出新的生產方法。

爲經濟發展的全部進程所確證了的馬克思的見解之正面的陳述便推翻了波格達洛夫論封建制度與農奴制度的差異爲原則上彼此互異的社會形式的整個概念。波格達洛夫考察封建社會的實質，有如下述：

『封建的剝削有兩種主要的形式，第一，根本的而且最早的形式是勞役；第二種推演出的形式是租稅。剝削底勞役及租稅的形式是最單純而露骨的形式；徭役就是一種直接的和明顯的擅取剩餘勞動，租稅則是擅取剩餘生產品』(見波格達洛夫經濟科學大綱三八頁)。

波格達洛夫決定農奴經濟的實質如下：

『由於交換關係之發展，封建主底主要傾向之一便是擴大他的私有的經營。由於這種目的他逐漸地削減了農民的土地面積并且縮小了從前農民和他共同利用的采地。這種情形在何時何地對於封建主還嫌不夠的話，他便直接了當地從農民手裏奪去一部分農民所從事的耕地并把這部分歸入到他私有的田宅之內，這樣就促進了農民經濟內土地狹小之發展而同時對於他的擴大了的經營則加重了農民的勞役。

『爲難以担負的重荷所壓制的農民常常逃開土地。建封主則要使他們固着在土地上，他利用自己的政治力量自己在立法上的勢力來達到這個目的。於是農民從半自由民——在那時以前農民在大多數場合內是半自由民——變成農奴了……這就是交換關係的力量引起了封建制度向農奴制度的推移』（見波格達洛夫經濟科學大綱八四——八五頁）。

從這些定義中就可看到波格達洛夫以交換關係發展的程度來考察封建制度與農奴制度間之原則的差異，并且他把封建制度之轉變爲農奴制度歸結到交換關係底發展。另一方面他考察原則的差別是在封建制度之下封建主似乎從農民身上最初榨取勞役，其次榨取租稅，而在農奴制度之下，地主從農民身上祇榨取租稅。但是這在歷史上是不的確的，因爲在農奴制度之下勞役也起了很大的而且在許多國家中還是佔優勢的作用，牠和生產品地租一同存在。另一方面，從經濟學的觀點，從剝削方法的觀點說來地租之榨取是以勞役地租的形態或以物品地租的形態，都沒有任何原則上的區別。『勞役地租變爲物品地租，從經濟學觀點看來并沒有絲毫改變地租底實質』（見馬克思資本論第三卷第二部三三〇頁）。

馬克思就是這樣說。此後杜布羅夫斯基在他的論亞細亞生產方法，封建制度及商業資本主義之實質一書中就大胆地宣告封建制度與農奴制度爲兩種不同的社會形式。他又大胆地考察封建制度與農奴制度間原則的差異就在於勞役地租原則上不同於物品地租。可是，他幷不大胆地宣告他對馬克思主義的這種愚蠢的「發現」。我們以爲沒有絲毫必要去講杜布羅夫斯基底經常改變的「概念」。這些「概念」恰恰祇證明一樁事實，就是杜布羅夫斯基幷沒有最初步的觀念關於馬克思的社會形式學說甚至關於在資本主義前期的形式之下的馬克思地租論，他都沒有最初步的概念：：

我們在這裏不能說到佛林和葉芬謨夫兩人底「理論」，這是在東方問題科學研究會和馬克思主義歷史家的研究社內討論的時候已說過的。這些「理論」是折衷的，這不值得去駁倒他們。人們「一承認」馬克思在事實上寫過亞細亞的生產方法（這無論怎樣都不能否認的，因而折衷地寬恕馬克思這種幼稚的錯誤）而同時又企圖證明亞細亞生產方法——祇是封建制度，世間的事沒有比這更滑稽的了。明顯的回答這些問題都需要理論上的正直和誠實。在折衷派的地位上沒有這種理論上的正直和誠實正如唯物論的修正派對於社會形式的問題——杜布羅夫斯基也在數——沒有連續性和明確性一樣。

可是，在沒有簡略的敘述有些資產階級和小資產階級的經濟學家企圖利用馬克思關於東方社會的學說來創立違背歷史的概念說東方有超階級的國家，說東方社會內沒有階級鬥爭以及諸如此類的概念時，我們不能將這一觀察就作結束。我們要駁倒這些可憐的，反動的和反革命的理論。

我們以爲不值得在這一類事情上多費時間。如果有些人自以爲是馬克思主義者而沉湎於這一類妄誕不稽的理論底影響之下，這祇證明他們徒勞地而且沒有一點根據把自己算作一個馬克思主義者。我們沒有絲毫的必要來證明馬克思關於東方社會的提綱其本身并不是說亞細亞生產方法在所有的時期和東方所有的國家內都存在過。馬克思自己指出，日本在十九世紀時有了封建的生產方式。

『日本由於她的農業之純粹封建的組織以及由於她的廣大發展的小農經濟便呈現出一幅歐洲中世紀的圖畫比我們的一切歷史書籍所提示的更可靠，因爲這些書籍大部分充滿了資產階級的偏見。最容易把中世紀當作「自由的」（見馬克思資本論第一卷七一〇頁）。

恩格斯更確定地說到土耳其人在他們所征服的亞洲那一部分內進行了本國的農業封建制度（參看恩格斯反杜林論一六九頁）。柯互賴夫斯基底最大功績——他對於這些問題無疑地是受了馬克思的影響，——就在於他用具體的歷史的材料說明封建化的過程在許多東方國家內如何發生。他寫了這幾行，在自我批評方面承認他自己的錯誤，就是正確地堅持了馬克思關於亞細亞生產方法存在的大綱，他却沒有指出東方各國歷史上這些封建化的過程，這是一方面，而另一方面他也沒有具體的敘述中國土地制度之史的發展。無疑地，這種錯誤是很嚴重的，在減輕錯誤的場合上我們祇能指出在具體的分析中國近代的土地關係時，我們大半可以歸咎於地主作用之減少。

無疑地，在現時絕大多數東方國家底土地制度內基本的矛盾就是農民與地主之間的矛盾。在現時不能說東方土地私有財產制不存在。在現時地主的私有制之現實是理解東方世界的鎖鑰，是理解這些國家革命動力的鎖鑰。在現時在全部東方的國家內反帝國主義及土地革命已是歷史底議事日程。祇有日本是例外，她是帝國主義國家，無產階級革命與乎資產階級民主任務之提高已是目前的事。在現時在所有東方的國家內——日本也在內第一以物品地租的形式其次以物品地租的變形的貨幣地租和勞役地租的形式從基本農民羣衆身上榨取剩餘生產品。不言而喻的，商業高利貸賦稅及帝國主義剝削主要的農民羣衆是起着很大的作用。但同時又是不可信的并且不適合於實際的情形，如果我們一般的在這些國家的社會組織內，而部分的在土地制度內僅止找出封建生產方法的殘餘并且動員工人和農民羣衆祇反對牠們的話。在中國廣大的領土上（湖北、陝西、山東某幾部分，廣西、山西以及湖南）地主的私有財產起着比較小的作用。在這些領域內以租稅的形式從農民身上榨取剩餘生產品。至於在地主私有財產制佔優勢的地方以榨取租稅的方法剝削農民却起着很大的作用。中國農民運動偏重於反對租金，賦稅及高利貸利息，這不是偶然的。中國農民運動提出口號：打倒土豪劣紳，這不是偶然的。而要說明紳士爲社會範疇，無論如何不能不正確的了解馬克思關於東方社會的學說。在印度的大部分地方英國人創立了——照馬克思的話——『農民私有財產制之諷刺畫』，以租稅的手段剝削農民，這已超過并且還起着很大的作用，雖然是在商業高利貸和帝國主義的剝削底交互作用之下在商品貨幣關係之擴大及加深底影響之下而且在這些區域內發生了，發展了并加速度地擴大了地主的私有財產。英國人甚至在印度的那些部分內他們創立了『大的英國式的土地佔有底漫畫』（馬克思語），而且在那些地方，他們把印度的經濟的公社和公共的土地變爲他自己的漫畫，宣告自己爲土地底至高無上的所有者而且是租稅之徵取者或者和柴明達爾，塔魯格達爾，馬尼古查爾查吉爾達爾——所有這些都是印度的地租獲得者——分取租稅。在印度，等級制度底殘餘起着很大的作用。在資本之許多新殖民地內，——那裏農村公社或氏族公社（是經濟的形式），而尤其是公共的土地佔有還保存下來——資本在改造社會制度方面的第一步就是宣佈征服者的國家爲土地之至高無上的所有者并且進行租稅制。不了解這些剝削方式就不能動員羣衆去反對這些剝削。這就是國際綱領上說的，在東方除了封建制度的殘餘以外還有亞細亞生產方法的殘餘。

馬克思主義者的東方學之主要任務就在研究現時東方各國底社會經濟結搆。對於帝國主義，工業的發展以及這些國家底土地制度之作用及意義的研究都在這個課題以內。研究東方問題的馬克思主義者的任務同這些問題一起的，并且和牠們有聯繫的就在於研究革命運動，研究這些國家內革命動力之馬克思列寧主義的概念。馬克思主義者底著作在我們的認識之這一最落後的方面只有在正確的應用馬克思列寧主義的方法底條件之下方能成功。關於方法論問題的討論引起了對於東方國家歷史動力底研究上的需要。事實上：愈往下討論馬克思社會形式學說的問題就祇有在那種場合內才是有效果的，這就是馬克思的理論要應用到東方國家底具體歷史上，要證實在具體的物質上。

我覺得，在列甯格拉東方學院任敎的柯金底這本引起讀者注意的著作是很有趣味的，他企圖把關於東方社會的概念應用到古代中國底歷史上。自然我寫了這幾行後并不能使我對於理解馬克思關於亞細亞生產方法的學說，如像作者敘述的，負完全責任。這件事的責任應由作者担負。尤其對於作者底個別的形式我不能負責。

我們以爲，在東方社會結搆底歷史進程之敘述內可以找出作者關於官僚，關於東方社會內離心力和向心力等等不能令人滿意的和錯誤的論證。我們覺得沒有疑義的，就是對於古代中國社會制度的研究，他們是利用了古代中國的史籍，而這些史籍的可靠性之遭人懷疑不是沒有根據的。無疑地，古代中國史之所有的研究者在這一方面都是捉摸不定的，因爲中國古代史的起源之批評還沒有得出結果。

我們以爲東方研究院出版這本書是正確的。柯金的這本書之最可貴的功績就在長期的和常常很抽象的爭論之後，他企圖把問題放在歷史事實之眞實基礎上。資產階級的東方學充分表現其不能了解中國的歷史事實上牠的一切結論都在企圖把早先歐洲的封建制度機械的搬到中國去。資產階級把自己的宣敎師和自己的科學同鴉片，商品及資本一齊輸入到中國。而在殖民地市場上通常銷售質量極壞的商品。資產階級歷史家方面之研究中國歷史就是這樣。帝國主義的資產階級不能正確地了解和批判中國的歷史，因爲他一開始就建立了自己剝削和壓迫中國的機關，採取舊的剝削中國勞動羣衆的方法再加上新的資本主義的剝削方法。

馬克思主義的「東方學」只做了他的第一步，我們的成就在這一方面是很有限的。我們理論的和研究的工作還跟不上革命的階級鬪爭之急鉅增加的需要。

最愉快的是有些青年的馬克思主義者在開始研究東方歷史及革命動力之基本問題。但在這種工作之下，我們不應忘記列寧的遺敎：國際應規定幷在理論上確立一種論題，就是落後國家要有最先進的國家底無產階級之幫助，才能轉變到蘇維埃的制度，并且經過一定的發展階段，達到共產主義，完結資本主義發展的階段』(見全集第二十五卷三五四頁)。

我想，在研究東方問題方面一個最重要的任務，就是在準備來解決這些重大的問題。在這一意義上，柯金底著作之問世，是一個愉快的現象。

柯金的著作表現出一個大胆的企圖，他要拿根據在馬克思關於東方社會之發生和發展的理論的概念來和資產階級對古代中國歷史的概念對立。這種企圖在許多方面都是有益的。至於個別的錯誤并不減少作者此種企圖底價值。作者又冒險去研究很複雜很困難的問題，我們自然承認作者有權去設法解決偉大而困難的問題，我們當然也承認他有時也會犯錯誤。

導言

中國歷史底遠古期，包括所謂的夏、商、周三代；夏朝及商朝的前一部分直到現在還是傳說的，因為任何關於這一時期的可信記錄是沒有的。因此，說到夏、商時代的土地制度，我們就得藉助於一些假說，根據中國的傳說所給予的那些材料，根據關於最晚近時期的文書，最後根據於比較的歷史的材料，這些材料是從和古代中國處於多少相同的條件內的人民生活中引用來的。

古代中國史底啓蒙時期之土地制度，就是所謂的『井田』制度。我們從那些根源——這種土地制度是在牠上面生長出來的——之發生與發展的觀點來考察整個的遠古時期。〔註一〕『井田制度』在

〔註一〕 沙哈洛夫在其中國之土地私有財產一書內指出此種制度之殘餘在高麗還有。

中國歷史底晚近時代（漢、唐等朝代）佔着很重要的地位，在贊成恢復井田制的人與反對者中間產生了大部的著作及熱烈的爭論；很顯然的，有些恢復井田制度的企圖結果都是失敗了，因爲『井田』制度在新的條件下是不會存在的。總之，重要的是這一制度在幾世紀來耗盡中國很好的才智，且在孔子學派中佔很重要的部分。

孔子學派的學者把『井田』制度理想化了，把井田制的研究弄得異常地困難，因爲井田制的眞正的實質已爲理論的結構，理想的計劃，等等之帷幕所掩蔽。我們的任務就在於啓發這一制度之實質，說明什麼東西在實際上是實現了的，而什麼東西是最近虛構底產物。

本書分爲兩部分：上篇爲緒論，在說明歐美近代科學思想底概況，同樣也說及近代中國思想的概況；下篇則企圖根據從那時候保存下來的材料及最近的著作來敘述古代中國底土地制度。

上篇

文獻考

什麼是『井田』制？我們在中文字典辭源內（上冊，子集一三二頁）尋到這一概念之一般的定義：『井田爲周朝（紀元前一一二二——七七一，七七一——二四九年）制定授田之法。以地方一里，畫爲九區，每區百畝，中爲公田，其外八家各受一區爲私田。形如井字，故稱井田。公家但收其力以助耕公田，而不復稅其私田也。』我們又找到關於這裏所遇到的兩個名辭公田及私田之解釋：『古井田之法，中一區爲公田，其外八區爲私田』（辭源上冊子集二七九頁）及：『古井田畫九區，中爲公田，外八區爲私田』（下冊，午集二〇六頁）。

所以我們在這裏有一種何等特殊的土地分配制度。在這種制度之下，很顯然的，貢稅爲自然物，八家聯合爲一團體，幷共耕公田，公田所出之生產品歸諸公家。我們覺得，這樣的制度——研究這種制度可爲理解中國古代史之鑰—當然會引起現代學者的注意，可是歐洲關於這一問題的文獻却很不充分。

歐洲的學者（也和中國的大多數學者一樣，關於中國古代史曾著作專書（如希爾特、陳煥章、及其他諸人），他們對於這個制度幷不十分注意。卽如希爾特在其所著的中國古代史中說『井田制』祇是孟子的學說，而完全沒有證明出他自己的意見之根據。

『他（孟子）贊揚……井田制度……，在這種制度之下全國當然是被分劃爲這樣畝數相等的方場，每一方場以境界線和隣近的方場分隔，形如中國象形字井字。

『其中外田八區則爲人民的私有財產，人民則以共同勞動爲政府耕種中區公田。這種情形自然是一種空想，而且究竟很難表現出牠會能夠見諸實行』（二九六頁）〔註一〕

爲什麼『自然是一種空想』呢，在當時曾有許多指示—其所給的根據可疑的就在於這些根據對於我們不完全明顯。但是這樣不辯曲直的解決問題不是希爾特一個人的特點，就是李永彬—他是中國歷史普通敎科書的作者—在其中國史大綱一書內〔註二〕說及徵稅制度時，他以爲商朝

〔註一〕　哥倫比亞大學出版。一九〇八年，三八三頁。

〔註二〕　上海商務印書館出版。一九一四年。

底租稅制度『要求將全部能夠用作耕種的土地劃分爲區，每區爲六百三十畝，區又分爲方地，各爲七十畝而分給八家，其條件即爲八家須共耕中區的公田而將生產品繳給政府作爲租稅。分配的計劃最好是以象形字井字作說明，這就是爲什麼牠被稱爲「井田」制。如果將這個井字圍成囲，那末我們看見這裏有九塊方地，一塊方地在中，而其餘的方地則環繞着中間的方地』(二四頁)

我們看到，李永彬也一樣不懷疑。但是他所不懷疑的是『井田』曾實現過。在這裏我們看到對於那種材料之非批評的態度，中國史學家利用那種材料表現出他們沒有擇取『贊成』和『反對』的一切理由而列舉出——以不懷疑的態度——這個或那個作者的意見。沙發羅夫可以歸到這一類的作者，他在其中國歷史中之階級與級階鬥爭一書〔註一〕中說，『孔子學派的封建官僚創作了「理想的」井田制度已經是在最近的時期』……而在別的地方又直接認井田制度爲一種物語。

我們看到馬斯培羅有完全另一種意見。在他的著作中，〔註二〕（我們還不立刻來引證他的著作）他敘述了『井田制度』是無疑地在古代中國實現過的制度後，就做出下述的異常有趣的註釋：『有些過分理論地敘述了的整個「井田」制度都遭遇着著名的中國和日本學者方面的懷疑，

〔註一〕一九二八年出版。此書已由李俚人譯成中文，書名改爲中國社會發達史，由新生命書局出版。

〔註二〕La Chine antique……Histoire du monde第四卷，一九二七年巴黎出版。

他們以爲井田制直然是空想而不是實際。但是，恰恰相反，古代的原文及漢朝底註解以及牠們的特殊的細自，明顯地指示出事實是有過這樣實際的社會制度，而關於避免革命及變革的這種制度之追念，在漢時還是很有生氣的。』

馬斯培羅底意見却有特別的價值，就是因爲馬斯培羅精密地熟識了『井田制度』實現之反對者與擁護者底一切論據，他研究了那些他所引證的舊時的原文及漢朝的註解。同樣也可以評價俄國精通中國語文學者沙哈洛夫底著作，〔註一〕他在十九世紀下半期就提示說明中國土地使用問題，而特別是『井田制』問題的原文材料之分類。他的著述明顯而詳盡，我們認爲引證他的著述不是無益的。

『在最古的時代……土地爲社會公有的財產……土地—在當時爲每個人的食料與財富之唯一的源泉—屬於社會，社會將土地分配於自己的成員；……國王使用某一釆邑內土地的收入，諸侯則從他的釆邑內的土地得到收入……官吏當其在職的時候，在報酬他的服役上可使用從他們服務的那一釆邑的土地所得來的收入。平民在公有財產—土地方面則祇有一份。他要能有益於社會，他有健全的體力及成年，能夠耕種土地、納稅、養活家庭，分出一部分爲社會

〔註一〕 中國土地私有財產第二卷，一八五七年版。

的需要并且在公共事業及作戰的時候要以自己的能力服務社會——一言以蔽之就是要二十歲到六十歲的人……』

沙哈洛夫往下又說：

『臣民中誰也不能佔有土地：但是所有的人都從諸侯手中暫時得到一塊土地。這些土地都是一樣大小，使每個人在生活資料上一律平等，而且在勞役及租稅方面也是一律的。在整個帝國內有這個目的……，土地之分界都是以同樣的形式及同樣的方法進行：

『方地一里為九百畝，分為九區，其式如下：

『中區是公家的，公田由住居在牠週圍的八家合力耕種，其中每家作為自己使用的，則從這一方地中各分一百畝。公田百畝中祇耕種八十畝，其餘二十畝則給予住居公田周圍的八家，每家各2½畝作為住宅及園圃之用。對於田地的灌溉，則在每一方地之間開鑿溝渠，而從在十百千萬這樣地區間所築的大小河道中將水引入溝渠之內。

『在授田的時候……則注意年齡男子二十歲，爲有力勞作而且已經成立家室的人則得田一百畝……并且他可以佔有到六十歲……』那時收回去的土地又給予他的兒子或他的親屬，『一定要養活老人到他生命完結的時候。因爲土地底本質不一樣，全部耕地就分成三類……如果分得的土地是最下等的質量或從壞的轉移到好的土地，如果所有者是一個人數很多的家庭，在他的家庭成員之間有很多男子已經能夠勞作及能勞役，那末農民有時得到百畝以上的土地。除了農民得到土地以外其他的階層，商人及手工業者衹能得到很小數量的土地，即爲農作人的五分之一——二十畝，這樣的數量有時是給予農家的青年，如果他們能夠勞作的話……。任何人都不能得到在上述的數量以上……任何人都不能隨自己的意志去處置土地如將土地以出賣，抵押等手續讓給別人以及在播種時給予別人之類。

『田地之如是編制及分配就稱之爲公有的田地（公田）。又稱之爲井田，因爲分界給耕地一種形式，很類似中文書寫的井字。在這個制度上，就是在這個基礎上建立起國家之一切上層建築。在當時人民的技術及智力的情況之下，關於公田制度計劃之實行進行到何種階段——所有耕地及田地之正確地分界是否像「象棋盤」那樣好看及田地之如是授受及佔有是否正確

「關於這些古代幷沒有保存下來完全而又最詳盡的指示。其次這一類的制度之實現是由土地私有財產中的那種轉變來證明，這種轉變隨後是發生在秦國的……。甚至在現時在高麗還存在着周朝初期所建立的古代公田制的遺跡。」

我們引用了這一段極長的文字是因爲第一，牠在共同點上給「井田制」以十分可靠的說明，（然而這幷不是說在細目上，牠與某些原文所給予的那些材料相適合）；第二，指示出沙哈洛夫正確地提出了井田制度之實現的問題；第三，沙哈洛夫的意見很有價值，因爲他以批評的態度對付他所利用的那些材料。沙哈洛夫的著作還有更大的意義。如果我們計及沙哈洛夫的著作第一次對於作者認爲是中國土地使用之最重要的制度——「井田制度」的材料，予以這樣全盤的考察。

本來可以祇限於上面所引的原文，但是爲充實解說起見，我們再引證德人精通中國語文學者柯蘭吉的意見。在他的大作中國一書內，他祇表皮地說到「井田制度」：

他說：「各家聯合爲一大集團，他們的首領爲法律的主持者，於是最後就發生『井』的制度，依據這個制度全部有居民的地方被分爲若干方地。這些方地順次分爲九區更小的方地，其中八區授予納稅人，他們必須共同耕種有井的中間的方地，中間的方地則歸諸公家」（五一七頁）。他往下又說：「從這一區（第九區）得來的收入一部分作爲國家的需要之用，另一方面則儲藏起來作爲年成不好時的播種之用；……這種土地分配隨後就構成了對於行政的區分及軍事的一種基礎，牠根據在所有從十五歲到六十五歲的人之軍事服役上』（五三四頁）。

根據維特佛蓋兒的證明，〔註一〕不僅是柯蘭吉，就是一般新近德國的支那語文學者，確實并沒有詳細的考察問題就一致地承認『井田』制度之實現及其重要性。

我們所引用的文句明顯地表示出對於『井田制』的觀點之極不相同以及在大多數場合內，沒有『詳細的觀察問題』。尤其是從上述的引文中表明出往往指出『井田制』特徵的地方在各個作者都全然不同。這充分地指示出在那時如沙哈諾夫，馬斯培羅及其他的人，都以為這一制度的名稱是從田地的分界同『井』字相類似而發生的，柯蘭吉則堅持那種意見，認為名稱發生於在中區所有的井。再則我們有時會遇着極可驚異的現象，即是在同一頁上的材料，在把牠們歸到共同點的時候，也完全不一致。我們可以引用日本支那語學者高桑駒吉的著作中國文化史（由李繼煌譯為中文，商務出版）來說明他在『周朝兵制』（四一頁）一章內引出下述的材料：〔註二〕周的王畿方千里（即為一•〇〇〇•〇〇〇『井』，）其中祇有六四〇•〇〇〇井（為什麼恰恰就是六十四萬井

〔註一〕 *Pflugk-Hartungsche Weltgeschichte* 關於東方問題的那一卷。四五九——五六七頁。

〔註二〕 『中國經濟史問題』，一九二七年第二十期，一七七頁。

呢？著者），可作耕種。十六井—卽一百二十八家（因每井有八家）爲一丘而四丘（卽五一二家）爲甸。『丘出戎馬一匹牛三頭，甸出兵車一乘戎馬四匹牛十二頭，甲兵三人步卒七十二人，夫役二十五人，總計凡百人』（四十一頁）。全國共有一萬甸（因一甸爲六十四井，共有六十四萬井）。國家的兵力爲兵車一萬乘，戎馬四萬匹，牛十二萬頭（！）及兵卒一百萬人。（其中甲兵三萬人，步卒七十二萬人及人夫二十五萬人。）這就是最初的數字。在同一頁上高桑駒吉又說天子有六軍，每軍一萬二千五百人，卽合計有七萬五千人。這樣看來，一方面是百萬人，而另一方面則爲七萬五千人。這種差異就很不小。

我們轉過來觀察中國作者的著作。

我們以爲選擇中國的材料必須分爲兩部分：（一）中國的作者用歐洲文字寫成的著作，（二）近代中文的著作。

在第一部分內，我們將李炳華的著作 *The Economic History of China*（中國經濟史紐約哥倫比亞大學一九二一年出版四六一頁），陳炳章的 *The Economic Principles of Confucius and his School*（孔子之經濟原理及其學派，哥倫比亞大學一九一一年出版，第二卷七五六頁），袁崇善的 *La philosophie moral et politique de Mencius*（孟子之道德及政治哲學，巴黎，一九二七年版三〇一頁）及黃漢梁的 *The land tax in China*（中國的田賦哥倫比亞大學一九一八年出版）等書包括在內。第二部分則爲中文的著作，卽與胡漢民的論文中國哲學史之唯物的研究所引起的爭論有關的著作及其他著作。

李炳華的書自然作過極精密的考察，因而這是第一部著作，卽使不把牠當作中國經濟史看，却可當作中國農業史看。況且我們所取材的只是那些和『井田』制有關的問題，僅佔中國經濟史三十頁的篇幅（三三—五五及一三九—一四八頁）。說到李炳華著作底方法論問題，就和估計全書底價值一樣，那末我們可以引証我們所已經提及的維特佛蓋兒專一論及李炳華著作的論文。

『井田』制底歷史，據李炳華的意見，是怎樣的呢？

李炳華區別了較可信的來源後，就把『井田』底歷史分爲五個時期。她說：『在黃帝統治之世（紀元前二六九八—二五九九年）『井田』制就開始了，』因爲土地『由於時代的潮流及農事的智識和耕作土地底技術之增加』就成爲更有價值的了（三六—三七頁）。堯舜時代（二三五七—二二〇六年）給中國的農業以灌溉的方法，幷『爲指揮農作人及爲徵稅的便利起見』將土地分類（三八頁）。『井田制』歷史之第三階段就是夏朝（二二〇五—一七六六年）及商朝（一七六六—一一二二年）時代。關於這一時代，作者就說『井田』制在這一時期內定然是發展起來而達到我們在周朝時代看到的那樣高的發展階段（四一頁）『井田制之完成是在周朝時代』（四三頁）作者指出土地分配之新的方法土地分配中之揉性，土地分配之數量視土地的質量而定同時也視一家人口數量而定農業之改良及發達以及灌漑之重要，牠『是「井田」制度底一部分』周末是『井田』史之最後的階段，『井田』已不適於當時的條件』（五一頁）『由於農業之衰落，『井田』制也就瓦解了……農民祇有少數的收成，不能維持他的生存……，他就不能不逐漸出賣他的土地於較有幸運的鄰人』（四九頁）。『農作人不得不出讓和放棄他的土地』（五一頁）。『井田』制度——是經濟的及政治的制度——完結了牠的生存』（五一頁）。「商鞅完結了『井田』制之破壞，并開了土地私有制之新紀元。『井田』制在外表上以一紙政治的文告像來時一樣就這樣地去了，而實際上是在經濟條件壓制之下消失的」（五二頁）。我們要指出，作者并沒有常常充分地迫切地證明他的這些或那些結論，這當然就減少她的著作之價值。

我們也必須說一說那些原文，牠們在李炳華書中却佔重要的一部分。除了原文的翻譯不見得怎樣好之外，作者有時將兩種原文併合在一段譯文之內而沒有指出那一部分是從何處引來。原文之摘引不十分有系統，并沒有利用這樣的材料，如『考工記，穀梁傳』及其他的文件，雖然作者表示『在研究材料來源的時候我努力利用一切可能來啓示所研究的對象，并且我所搜集的材料都是發揮在這樣的限度以內，卽是牠們製成與農村經濟及經濟政策有關的各種材料，而這些在中國的百科全書（那一種？）中都可看到。』

李炳華之極不可解的過失（像維特佛蓋兒在他的論文一八四頁中正確地指出）就是『她把偉大的政治哲學的權威者—孟子對「井田」制度之見解棄而不講。』有兩本著作是貢獻這種見解的（一本是部分的，另一本是整個的），我們現在就來觀察這兩種著作。

在孔子之經濟原理及其學派一書內陳煥章敘述說『井田』制之實現一事實雖爲某幾個歷史家所否定，『井田』制總是實現過了，雖然不像孔子底敎示那樣完善，然而在敘述這一制度之實質的時候作者却忘記這一點，幷且『井田』制在作者方面却採取一種很完備的形態。照陳煥章底意見，『井田』制之初期與英國底條地制度相類似，不過有一點差別，就是『人民底狀況在「井田」制度之下不像在條地制度之下那樣的悲慘』（四九七頁）。論『井田』制的那一章作者分爲以下幾段：一，『井田』制史；二，孔子的井田制；三，井田制破壞史；四，恢復井田制之失敗的企圖之歷史；五，井田制之革新史；六，對於井田制之諸見解；七，結論。

我們把井田制之敘述的部分放在一邊，我們祇指出陳煥章對於這一制度之實現沒有絲毫的懷疑他把井田制當作無疑的事實，他幷不引用任何證據來說明井田制的實現；固然，他的書名幷不限於這一問題，但是因爲他做出一些結論，因爲他說到『井田』制之優點，那他就必須證明這一土地制度之實現（因爲作者是知道許多歷史家都在懷疑這一制度）或者就必須辯明以上所引的推斷似乎祇是孔子學派底空想。

所以，我們以爲無須詳細地引證『井田』制那一章之全部內容，牠在許多地方都和李炳華的敍述（我們在上面所引證的）相似，可是我們要推斷的就是我們所要指出的某些地方是很可懷疑的。

陳煥章以爲『在自己之間締結婚姻』（卽在一井的範圍之內）是井田制底原則之一（四九三頁）。要是結婚是在一『井』（卽八家）範圍之內，我們覺得是很可懷疑的，沙發洛夫指出這一點，他說，『在完全是血族的一丘以內結婚是受禁止的』（八一頁）。

陳煥章說，（五〇〇頁）『在好的土地上，丈夫和妻子得到五畝之宅，百畝之地及五十畝之閑田；餘夫則得良田一二，五畝。』

關於誰建築住宅幷將住宅供給『丈夫與妻子』之用的這一問題，我們將牠放在一邊，我們要問，照陳煥章的意見，作爲閑田及給予『餘夫』之土地在何處去配置？如果是在『井』以外，那末整個制度就混亂了，如果是在『井』底範圍之內，那末這是不可能的，而且可以說關於給予商人、士子、官吏等類人的土地，陳煥章對於這些問題全然沒有予以答覆。

作者指出（五〇一頁）『井不僅是農業的，而且是商業的公社；因為以勞動生產品作交換是很不重要的，於是在每一『井』之內設立一個市場』在井與井之間可以發生『勞動生產品』之交換—但是在一『井』的成員之間就沒有交換，因為一『井』的全體成員生產出同一的生產品，而對於和別一『井』交換幷不是在每一『井』—照陳煥章自已的話，就是專一從事於商業的城市與商人—之內設立一個市場。

陳煥章所引用的而作為證明的市井一名詞—直到現在都被用來說明大城市內之商業區域—據我們看來是很難令人心服的，因為這一名詞是在晚近才發生的。

這樣的矛盾（五〇三頁）是值得指出的：『每隔三年各家底土地及住宅交換一次；照這個制度誰都不會永遠享受好的土地幷且誰也不會永遠忍受壞的土地。』而陳煥章在這上面又說：『在土地分配之下還有一種原則：土地之質量與一家之人數相適合。好的土地則給予八人至十人的大家庭』（五〇〇頁）。這兩種狀況怎樣連起來呢？作者在這裏幷沒有解決我們的懷疑。

我們且引下述的地方『每家有五隻鷄二頭猪』（五〇三頁），這可作為對於原文一種非批評的態度之例證。為什麼有這樣的限制，幷且全部家禽的增殖藏匿到何處去呢？如果牠被當作了賦稅那末爲人所讚頌的什一稅及從公田所得的收成又到什麼地方呢？一般的講來，我們覺得很奇怪的是工作獸之缺乏。爲軍事單位的『井』出一定數量的馬和牛；如果在像陳煥章描寫的經濟之內沒有牲畜，那末在動員的時候在什麼地方去取得牠們呢？

作者在五〇五頁說：『每一鄉有一所學校，牠可作廟堂之用，也可作對於社會及政治事件集議的地方，「井」是社會的和政治的公社。』要是反過來說，即是說因爲這是社會的和政治的公社，於是社會及政治事件之集會就在學宮之內舉行（而在每一鄉之內才有一個學校，這當然是可疑的了）這樣的邏輯可說是很大的，然而思想仍舊是一樣的漆黑一團，不知他把社會及政治事件作何了解？

說到『井田』制之沒落，陳煥章指出是『到周末在孔子後二〇二年（紀元前三五〇年）秦國取消了「井田」制度』（五〇六頁）——這就是說在孔子那時候這一制度實現了，其實我們祇有孔子自己及其門徒所理想化了的土地制度——『井田』制而並沒有『井田』制的記載。

『他（商鞅）破壞了「井田」制度，井田制是在古代創立的，并且在用作廣泛耕作的田土內開闢了道路及經界』（同頁）。很明顯的，破壞的溝洫似乎不是祇爲美觀而設的；顯然牠們是有實際的意義的，并且牠們之破壞無論如何都不能引起秦國的那種幸福，關於這一點陳煥章往下還說到這樣複雜的制度之破壞不能以商鞅底一紙法令就可馬上完成。

作者總括如下，他說：『實質上「井田」制要是沒有封建制度便不能存在。孔子不喜封建制度，但是如果井田制和封建制度是相關連的，他怎麼能夠愛好這種土地制度呢？因爲封建制度造成了政治的不平等，所以他不喜歡牠；然而因爲「井田」制度造成了經濟的平等，所以他喜歡井田制』（五二九頁）。

令人全然不了解的是，何以在政治不平等的制度之下根據於經濟平等的土地制度會能夠存在，在以什一稅，公田，及其他等等形式將農民剩餘生產品集聚起來的地方，何種才是經濟的平等呢？

作者在五三〇頁又說：『商鞅之改革不是因爲經濟，而是因爲戰爭，』而戰爭——照陳的意見，則『因國家之榮譽』而發生！

我們在同一頁上又讀到，『同商鞅同一時代的孟子曾想使『井田』制成爲完善的制度；』進一步說，如果商鞅破壞這一制度是在孟子那個時候，那末可以說孟子一定確切地知道什麼是『井田』制度而且就不會將古代——當時正因爲有了這一制度，一切都生活於幸福之中——理想化了，因爲在他那時候是有過井田制的。

作者說（五二二頁）——『社會主義底本質與「井田」制度之本質沒有區別，』他忘記了他自己曾說過『井田制度祗有在封建制度之下才能存在。』我們還可以幾十次地指出這樣的不謹嚴。

孔子底幾個後繼者的見解之敘述爲『井田』制那一章底特殊部份（批評牠們不是我們任務以內的事。）

陳煥章指出宋玉（孔子後六九九—七六〇年）〔註一〕他以爲『井田』制是最正確的土地分配制度，他承認『井田制在地廣人稀的時候是可能的』，但是他畢竟尋出這一土地分配制度之各別的原則可以採用，例如禁止土地之買賣，限制土地私有財產以與一家中之人數相當等等。

蘇洵（孔子後一五六〇—一七一七年）〔註二〕說：『井田廢田非耕者之所有而有田者不耕也。』蘇洵以爲恢復這一制度是不可能的，他提議採用有限制的制度，即是規定土地底標準，誰都不能有在這標準以上的土地，那時照他的意見就會重現窮富之間的平等。

朱熹（有名的古典集註家）一般地與宋玉一致，但他反對土地數量之規定。照他的意見『井田』制度之恢復祇要在大戰的時候是可能的，那時所有的人都拋棄自己的土地，土地就轉爲國家的財產。

晏殊和馬端臨則和這些空想家相反，他們把『井田』制度與封建制度相連，認爲這一土地制度

〔註一〕紀元後二二〇——二八一年。

〔註二〕紀元後一〇八一——一一三八年。

之恢復是不可能的，而且也不必要，因爲井田制不適於時代的需要。〔註三〕

一般的講來，孔子之經濟原理一書，其陳述孔子學派之經濟原理是很饒趣味的，但是作者之結論及意見，而尤甚是對於所解釋的材料底批評之完全缺乏。便大大地減少牠的價值。

我們現在轉來說孟子之道德與政治哲學一書。此書的作者（袁崇善）祇陳述『土地制度—井田』一章。我們往後還不止一次地引證中國偉大哲學家孟子之見解—井田制是他的學說基礎之一！現在我們只限於袁崇善著作所涉及的幾點。我們要指出作者之很狹小的眼界，作者祇提出很狹小的範圍。他說：『我們在敘述中祇根據孟子，』因爲『許多註釋會使我們陷於無止境的，甚至矛盾的爭論之中：……牠們（註釋）把孟子底體系和漢朝學者所說的別種體系混雜着』（二八一頁）。關於孟子之註釋者這不是完全可靠的判斷，袁的任務只在於簡單的敘述這一哲學家之見解，但是作者在這裏并沒有完全完成了他的任務。袁崇善在寫述這一著名的制度後曾設問：『爲什麼孟子發明了這個土地分配方法呢？當時孟子見滕文公說『周制一夫百畝』，於是我們的作者自己以爲（雖然他不會相信）『與孟子的制度相似的土地制度在以前已經就存在了』（二八四頁）。土地分配法在此以前就已經存在了，又怎麼能夠發明呢？作者想儘可能提高孟子不僅強迫他『去發明』

〔註一〕　馬端臨，宋東平人，字貴與，博極羣書，著有文獻通考，大學集傳，等書。

而且大開其玩笑說，『很難確定在商朝時候的制度是否像孟子底制度一樣。』十分明顯地，事實上的制度不能像口頭上那樣的完善，孟子底制度對於所有的著作家老早就成爲一種原則了。袁崇善把孟子底制度叫作『井』制，而夏，商，周——孟子描寫出這些時代的共同點——之土地制度則照徵稅制度稱爲『貢』『助』『徹』。在此以後，我們已經知道關於這些制度，（雖然根據沙哈洛夫的著作）這樣的區分是不妥當的。

但是作者在其敍述底項目中，并沒有免除了此等缺點。我們試舉例來說：袁崇善之全然無根據的（尤其是對於解說孟子之見解）意見，就是給予所謂的『餘夫』之二十五畝爲私田之一部分。在有四個『餘夫』的時候，他們就共同耕種一百畝地。在孟子書上對於這一類的結論無論什麼地方都沒有這樣的根據。

我們只說一說這幾個例證。這本著作沒有多大益處（我們只說井田制一章），牠不僅沒有提供絲毫新的東西，而且有時牠拋棄了歐洲支那語學者對這一問題所得到的那些論據。

黃漢樑的中國之田賦一書中，敍述及中國土地稅史之概要。在他的著作中的那一部分內——作者所說的時代是使我們感到趣味的，——我們看到他從文獻通考引來的新奇的材料。在作者認爲『無疑的土地（在夏，商，周，的時候，他把這三代聯爲「封建時代」）不屬於各個人，不屬於天子，不屬於封建諸侯，而是屬於全體人民』（二一頁。）三代間之差別就在於在夏朝時候徵取土地生產品十分之一——即爲貢，在商朝也是徵收什一稅，但是『幫助國家』（即『助』制）——即是共同耕種公田，在周朝也是出什一稅，爲應納之稅（即徹。）在商朝時候『可作耕種之用的全部土地分爲六三〇畝一區，一區又分九塊方地各爲七十畝』其中八塊方地給予農家，而『中間方地之一部分——約爲十四畝——則留爲耕作全區的八家底住宅之用；』中田之其餘的五十六畝『由八家共同耕種，而其生產品則作爲全區之賦稅，繳給政府』二三——二四頁。

在周朝的時候『井田制度』還保存着，不過代替六三〇畝爲一區以劃分法……現在一區爲一〇〇〇畝，牠們又再分爲九方地，每方地爲一〇〇畝（二五頁。）作者在二六頁上說『個人或家庭獲得土地後，必須使用土地，這是授田的重要條件之一。當時有一種法律，就是得到土地的家庭，自已不去耕種土地，就要繳三倍的稅』等等。除了土地生產品什一稅之外，人民還得要供給國家『以一定的服役及供給軍事的裝具』（二九頁。）

黃漢樑指出破壞的時期，他描寫周朝東遷後各個封建國家間之鬬爭及『井田』之荒廢。『宣公（魯國）即位十五年，按畝數徵收土地稅，以補充他從人民共同耕種的公田中徵收來的稅』（三二頁）隨後『魯國之君又增加了別的稅，』例如增加所供給的馬牛及人底數量到四倍之多（同頁。）

商鞅之變法—開了土地私有財產之新紀元。在當時，像杜佑通典上說的『所有土爲賦稅之主體』在井田制的時候『土地爲賦稅之主體』—在中國之田賦一書中佔有牠的地位。照作者所引的商鞅的意見，『井田制是浪費的因爲在井田制之下大部分的田地必然被拋棄而不去耕種……，牠（井田）限制了人民底生產的勞動之完全使用』（三三頁）。在秦國統一全中國的時候，他將『徵收土地稅之新制度普遍到全國』（同頁）『井田』制底歷史就這樣的完結了。

黃漢樑的著作祇注意到專門的問題—土地稅問題；在這一方面他提供了許多材料，這些材料是李炳華所不會注意的。除此以外，作者利用文獻通考；他從文獻通考中引出很不少的材料，但是其他的作者對於這些材料所加的注意力是不充分的。中國之田賦是可以補充以歐洲文字陳述古代中國之土地制度的著作。

我們對用歐洲文字論述井田制度的文獻之概括觀察，可告一結束，現在我們轉來說近代中國的著作。牠們表現的特徵不僅是更完全的利用原有的材料，而且還企圖將中國農業之發展和在歐洲很有地位的相似的過程連貫起來。關於『井田』制的爭論的著作，都饒有特殊的趣味；胡適之，廖仲愷，胡漢民，及其他的人都參加這一爭論。一般的講來，最近幾年在中國出版的關於井田制的所有著作，差不多都和這一爭論有關的。

關於井田制之爭論，就是從胡適之，廖仲愷，胡漢民，及其他作者底論文及他們的通信中構成的。這些材料一部份是在胡適文存內，一部份在一九一九—二〇年時的建設雜誌內。

我們要以牠們發表的次序來考察這些著作；在這種情形之下，我們要選擇的祇是他們中有最大趣味的那幾篇著作。因此我們便從胡適的論文開始；他是寫來回答胡漢民的論文中國哲學史之唯物的研究，在這篇文字內作者表明他自己是井田制在古代中國存在底擁護者。這種思想引起了胡適之反對。

照胡適之意見，胡漢民的主要錯誤就在於『他承認古代眞有井田制度』；這在胡適認爲是『很可懷疑的事』（胡適文存，二四八頁）。

胡適自己提出幾個論點，這些論點當然是說明他對於胡漢民所提出的問題的見解。我們很詳細地來敍述牠們。

胡適底第一個論題說及『古代的封建制度決不是像孟子，周官，王制（胡漢民所引證的）所說的那樣簡單，……無論如何，那幾千年中決不能有『豆腐干塊』一般的封建制度』（二四八頁），即是說不能有照井田制度那樣的分地制度。這樣看來，胡適否定照孟子計劃那樣圓滿的封建制度，而尤其是否認根據在土地均分上面的共產制度。胡適底第二個論題就說到這一點。

『豆腐乾塊的井田制度也是不可能的井田的均產制乃是戰國時代的烏托邦，』因爲像胡適所說的在這時候（戰國時代）以前『從來沒有人提及古代的井田制。』詩經中所有的引句—胡漢民所引用的—照胡適的意見都不是明白而不引起懷疑的證據他說，『我們沒有任何證據證明井田制度的存在。』

所以豆腐干塊的井田制不僅在理論上是不可能的，就是事實上也沒有根據認爲牠是眞實的。

胡適反駁胡漢民的第三個論題就是在秦以前並沒有統一的國家。『夏、商、周大概都是較强的國家。兵力盛時征服的國家也許派自己的子弟去做「諸侯；」……故封建制度一名詞是最容易惹起誤解的，是最能阻礙新歷史的見解的，不如直用「割據制度」的名詞』（二五〇頁）這樣看來胡適得到的結論就是夏、商、周時代的中國，可以說是殊特的封建制度時期，『有較强的國家』任令諸侯臣服於這一國家的區域內。

胡適底第四個論題就注意到『社會各階級相互關係』的問題。胡適斷定，『在古代中國底制度之下，『下層階級……承認上層階級的特權，』（二五〇頁）表現出一幅『奴隸行樂獻壽』圖。作者以詩經上的引語證明自己的意見，他引了幾句詩句說：『他們自己（卽農民）『無衣無褐』却偏要盡力『爲公子裘』『爲公子裳。』他們頌揚自己的主人說：『曾孫之稼，如茨如梁。曾孫之庾，如坻如京，乃求千斯倉，乃求萬斯箱』

照胡適底意見『古代并沒有均產的井田制度，』故有「無衣無褐」的貧民，有載玄載黃的公子裳，有「狐狸」的公子裘（七月）有「千斯倉萬斯箱」的曾孫，有拾『遺秉滯穗」的寡婦』（二五一頁）。『因爲古代本沒有均產的時代，故後來的「封建制度」的破壞并不是井田制的破壞』（二五一頁）胡適從上面所說的論點出發，而且也從『古代不但諸侯以國爲私產，卿大夫也各有采地，各有「屬大夫」，各有「家臣」』這一論點出發，於是他就總括說這一制度『與歐洲中古時代的封建制度根本相同』。（二五一頁）

這是有很大意義的結論。胡適以爲夏、商、周的制度乃是封建制度，有農奴及封建主的階級，有封建社會的采邑及僧侶，并沒有各種公社，并沒有均產，即是說并沒有井田制，而胡漢民則在他自己的論文中盡力證明井田制之存在。所以，胡適甚至忘記他在前所指出的古典的中國底那種特殊制度，雖然他很謹慎地說這種制度和中世紀歐洲的封建制度根本相同。

胡漢民之最明確的思想，爲井田制存在之另一個擁護者——廖仲愷在一九一九年十二月十九日給胡適信的前一部份內所說明。

這裏我們步作者之後塵來探討這封信。

胡漢民在孟子與社會主義一文中說，『古代井田制度，除了孟子再沒有可靠的書。』總之，照胡漢民的意見，孟子的話『絕不是憑空杜撰』的（二五三頁）在那時候『當土曠人稀的時代，人民以一部落一地方共有田地，不是希奇古怪的事。』

胡漢民於援引日本支那語學者服部宇之吉的意見以後，——服部宇之吉在其井田私考內說『詩經的「公田」是屬於公家的田，叫人民來佃作的，不必是行助法的「公田」』——接着就引另一個日本學者加藤繁的反對論。加藤繁在其支那古田制之研究一書內說，如果屬於公家的「私田」就叫作「公田」，那就什麼人都不敢將「雨我公田」一句做助法存在的證據；加藤繁在他的書中就問，『孟子怎麼能夠提出來在藤國國君前混說呢？……藤文公和畢戰怎好采納呢？』

此外，照他的意見，在遠古時期，中國之全部土地分為同是人民享有耕種的普通田地，此外並沒有公家當作私有財產所有的田地。加藤繁的意見：『詩經和左傳內，都未曾發見這樣田地的痕跡。』

直到漢代，『指井田一區做公田的話，一變為公家的私產的意味。』

所有的引文，說到土地之贈與，說到『蕭何買民田自汗』，說到『貢禹被召賣田百畝以供車馬』等等——照胡漢民的意見，『這都是晚周所無的事。』

胡漢民以為不應懷疑到孟子及古代其他作者的話，因為他們都祇愛說簡單抽象的話，很少具體的說明一件政制的。他說當時生活很簡單，『各人有耕作便有生活，經濟的基礎，沒有什麼波瀾。』

但是井田制度崩壞了。胡漢民看到這種制度崩壞的原因是在階級之發生。他引馬克思的話；『階級鬥爭之所由起，因為土地共產制崩壞以後，經濟組織都建在階級利益對立之上。』所以，胡漢民把井田制度視為未有階級以前的社會的土地制度，當時土地是人民的財產，當時所有的人都耕種土地，並沒有任何刺激使私有財產發生。

最後我們要指出胡漢民自己的見解是極不正確的，此刻，我們不來詳細的批評這種觀點，我們上來說廖仲愷的意見。

廖仲愷指出各種假設的危險性，他找出一些可以作為對古代制度認為是正確觀點之根據的標準。這就是（一）要有這一制度殘留的痕跡；（二）那時代政府的記錄的直接證據；（三）在外國同階級時代中有類似制度的旁證；（四）有證明反證之不符的反證。

在井田制方面廖仲愷指出井田制之存在的懷疑，發生於『井田制度相隔年代太遠』在這樣長遠時期內『牠的痕跡不會存留到今日；就是當時政府的記錄，也不會存下數千年』（二五六頁。）

可是廖仲愷把魯國著名的編年史——春秋，視為政府記錄之一種，即是說，視為比較可靠的史料。在春秋內有宣公十六年『初稅畝』一項記事。引證左傳，公羊傳，及穀梁傳，引論語所載哀公和有若的談話後。廖仲愷認爲這就是井田制度在哀公以前曾存在的明顯證據。據廖仲愷的意見，有若『曾勸哀公規復徹法的井田制』孔子回答季康子田賦問說（國語）『先王制土藉田以力而砥其遠近』照廖仲愷的意見此地明顯的證據是『贊成』井田制度，這個井田制度『不能斷牠全是孟子的「託古改制」「戰國時代」的烏托邦了』（見胡適文存二五七頁）。

廖仲愷假定井田制度『是上古民族由遊牧移到田園由公有移到私有，當中一個過渡制度。』作者繼續說在那一個時代——胡適所謂『半部落半國家的時代』，——井田制度『是自然會發生的制度』古代歐洲土地制度的材料和這種制度並不矛盾。

引證了邁恩(H.S.Maine)的東方及西方之農村公社(*Villege Communities in the East and West*)及拉維萊 (E. de Laveleye, *Primitive Property*)的著作後，廖仲愷就斷定『土地的均產制是原始時代各民族通有的制度。』

廖仲愷同意胡適的是詩經的『雨我公田，遂及我私』不能作爲無疑的證據，可是他對於幽風，七月，信南山等詩，不同意於胡適底解釋。因爲這是很重要的問題，我們要引作者的話。『無衣無褐，何以卒歲？』我以爲是農人以勞力自勉以懶惰自警的話，而不是「自己無衣無褐，却偏要盡力爲公子裘爲公子裳。」充其量這章詩所能證明的，也不過是當時情形類似歐洲中古封建時代，人民對於君主者執役的義務，却不能證明井田因此也不存在。』（見胡適文存二六二頁）。

上面曾經指出胡適將『曾孫』一名詞轉釋爲『田主』廖仲愷引證通說上的話來反駁胡適，他說曾孫通是指『後代的』成王，（Legge 將這一名詞譯爲『後代』『遠代的孫子』）（註一）此外，廖仲愷指出，『尋常的田主就不應有敦弓了，』而在那時，曾孫却有敦弓。如果胡適把田主了解爲國有土地之主，那末廖仲愷同胡適在見解上就沒有什麼岐異。至於『千斯倉萬斯箱』等等——據廖仲愷的意見——『是社會富裕的景象。』（見胡適文存二六三頁）

因此，廖仲愷以爲井田制是有的（甚至指出井田制取消的日子是宣公十六年），井田制給社會以富裕，在井田制之下社會內沒有不平等，而且各民族在他們的發展之某一階段上都有過這一類的土地制度。此外，廖仲愷指責胡適對詩經的解釋，證明他的不正確，但他又承認國君貴族等等。他的見解不十分明顯：他既不認爲井田制存在於封建時代，又不像胡漢民一樣把井田制當作共產制度。

胡適在一九二〇年一月答覆這封信中寫了一段與爭論有極有趣的意見。在牠裏面他反駁胡漢民和廖仲愷。

〔註一〕　見Legge, *The Chinese Classics*第二卷，三七四頁。

胡適說：『現在我們所爭的：乃是古代是否有井田制度的問題』(見二六四頁)，他在他的覆信中就在這個方向來說他所提出的問題。他以爲，『古代沒有那樣「整齊」的井田制度，孟子卻偏說得那樣整齊，這便是憑空杜撰』引證孟子〔註一〕後，胡適就根據這些引文斷定。照孟子說惟助爲有公田—即是在商朝的時候。胡適根據引文的後一句斷定『孟子實在不知道周代的制度是什麼』，於是一個很自然的問題就從這裏發生：『孟子不能知道周代的制度，他怎麼能夠推斷一千多年前的「助制」呢？』(見二六五—二六六頁。)

胡適從孟子上還引了幾個地方。他指出孟子所說的『不過是把滕國貴族的「世祿」制度略加整頓，不過是一種『分田制祿』的經界記劃，井不是什麼土地公有的均產制度』(見二六六頁)據胡適的意見，公田是屬於國家的田，而私田不是農民的田而是鄉大夫的「祿田」，是貴族的私產。

〔註一〕『夏后氏五十而貢，殷人七十而助，周人百畝而徹。其實皆什一計。徹者，徹也。助者，藉也。龍子曰，「治地莫善於助，莫不善於貢。」。貢者，校數歲之中以爲常，樂歲粒米狼戾，多取之而不爲虐，則寡取之。凶年糞其田而不足，則必取盈焉。爲民父母使民盻盻然將終歲勤動不得以養其父母，又稱貸而益之，使老稚轉乎溝壑。惡在其爲民父母也？夫世祿藤固行之矣。詩云，「雨我公田遂及我私。」惟助爲有公田，由此觀之，雖周亦助也。』

『種田的農夫乃是佃民，不是田主』(見二六七頁)。孟子所主張的是『把當時佃戶所種田劃清彊界……使佃戶都有平均的佃田』這些佃田就是『一種可靠的「恆產」，不致隨着田主轉來轉去』(見二六八頁)。孟子的計劃是要使佃田『只管換主而佃戶不換』。胡適說，『後來的人不仔細研究便把孟子的井田制認爲一種共產制，這便大錯了』。

把孟子的話引完後，胡適就轉來引證加藤繁所說的在詩經及左傳內『未曾發見這樣田地的痕跡……爲公家當作私有財產「所有」的田土』，並且認爲加藤繁這段話不的確。他引詩經上的話：

『人有土田，
女覆奪之』

胡適又從左傳中引出許多話：

成二年衞人賞仲叔於奚以邑。

襄二十六年，鄭伯賜子展八邑，子産六邑。

襄二十七年公與免餘邑六十，辭曰，唯卿備百邑，臣六十矣。

又宋左師請賞，公與之邑六十。

又二十八年，與晏子邶殿其鄙六十，與北郭佐邑六十。

又三十年子產爲政，伯石賂與之邑。

他在論語中也找出證據，說管仲奪伯氏駢邑三百。所以，胡適說，這種隨便賜人，隨便奪取，隨便用來作賄賂的土地－藉加藤繁的話『就是當作私有財產「所有」的田土』。胡漢民認爲『這是晚周所無的事』，胡適則認爲顯見的事。

胡適將他自己對胡漢民的反駁，總括起來，做出他自己的結論：

(一)『孟子自己實在不知道周代的田制究竟是個什麼樣子，故只能含糊混說。

(二)『孟子的土地制度是想像出來的，沒有歷史的根據。

(三)『無論詩經的「公田」應作何解，孟子的「私田」并不是農夫享有的公田，而是貴族的祿田』。

(四)『孟子的井田制度不過是一種「經界」的計劃，并不是「根本解決的」共產制度』。

胡漢民之根本錯誤，除以前所說的－他之相信井田制的存在以外－就在於他『把古代的社會狀況看得太簡單了』，而在那時候『中國（東周以前）……有了二千多年的文化，……經過了多少戰爭，經過了多少豪强兼併』（見二七〇頁）。

因此，胡適仍舊在自己原有的立場上更堅決地表示自己對於井田制，對於孟子以及對於古代中國社會的意見。在他對廖仲愷的反駁中，我們看到他更詳述他自己的觀點。

我們已曾說過，廖仲愷引春秋的話作井田制存在之證明，春秋記着宣公『初稅畝』的話。胡適一開始就申言『初稅畝』三字『本來和井田毫無關係』，而這三個字——據他的意見——是涉及在當時『魯國第一次徵收地稅』。胡適說：『稅是地租——純粹的地租，』這在古代是沒有的。後來國用增加，『於賦之外另加收地租』（見二七一頁）他重複說根據春秋記載下來的話，『其實和井田毫無關係』。胡適從左傳出發，解釋『藉卽是賦，或者平時的徵收叫做藉；』至於『賦』則引起胡適的懷疑，他依據這個字之構成而不完全確定地解釋牠爲『軍與時的臨時徭役車徒』。

胡適對於廖仲愷所引用的書指出穀梁傳及公羊傳是在孟子之後；他以爲『我們不能引公羊，穀梁，來證孟子，也不可拿來證古代有井田制。』胡適很好地證明孟子是公羊傳作者的一個根據，故公羊傳引用大貉小貉的話。孟子說到在北方蠻族『貉』的區域內徵收的稅，少於什一稅，因爲貉的生活程度很簡單。在中國什一稅爲最低的賦稅，因爲中國的生活程度很複雜。這些話都轉載在公羊傳內，胡適從那裏就做出結論說孟子是公羊傳的根據（雖然他在這裏很愼重地說：他認爲原文某一部分是後來增加到前幾句上去的——那便承認前幾句是眞的。）（見胡適文存二七三頁）

說到穀梁傳，胡適指出穀梁傳中『以公之與民爲已悉也』一句完全不可懂，重要的一句爲

「去公田而履畝十取一」可作許多種說法。於是，胡適指出根據徐邈的解釋，則公田還在，井田之制還在，不過徵稅法變了。孔廣森的解釋，公田雖廢而井田制仍舊存在；這一類的解釋（他們不能作別的解釋因爲有『稅取其什之一的話』）是不可信的。

像在他自己對胡漢民的反駁中一樣，胡適在這裏也做出他自己的反題的結論．

（一）『春秋上初稅畝三字與井田制毫無關係。』

（二）『公羊穀梁兩傳中了孟子的毒，作繭自縛惹出許多無謂的爭論。』

（三）『公羊穀梁絕不是孟子以前的書。』

（四）『因爲孟子的井田論實在太糊塗了，不容易懂得，故公羊穀梁說來說去總說不清楚。』（見胡適文存，二七六頁）。

隨後胡適還提出一個很實在的理由反對廖仲愷將春秋和井田制連繫起來。他說，『若是春秋裏有井田的根據，孟子又何必不用呢？』但是這種引證什麼地方還有比詩經上的詩句更可信的呢！他又說——『古人談賦稅爲「什一，」「藉，」「徹」等等都只是稅法，於井田不井田毫無關係，』……因爲『稅法是稅法，田制是田制』（見二七五——六頁）。

說到廖仲愷引用西洋和日本學者（如邁恩及拉佛萊諸人）的話，胡適說他不能同意這些話，

『有了二千多年政治生活的有史民族還是在「原始社會」的。』（見二八一頁。）關於詩經上所說的曾孫兩個字的解釋，胡適一部分地同意他的反對者的話一指出『不能明確地證明曾孫是指成王。』

胡適就此就結束他的論爭。但是在他的信內，他涉及許多與井田制有關的而又有興趣的問題。這裏引一些他的思想，不是無用的。

胡適正確地指出：『從前學者的大病在於一口咬定井田是有的，學者的任務只是去尋出井田究竟是個什麽樣子』（見胡適文存二七六頁。）學者在自己的結論中，都是根據這本書去說明別一本書。卽如拿孟子來注王制，周禮，又拿王制，周禮，來注孟子。這樣以訛傳訛，總是走不出這個圈子。尤其是很難將井田制說得一定，因爲在孟子，穀梁傳及公羊傳中，關於這一制度說得模糊不淸。只有在周禮裏面我們看到詳細的明確的叙述這一制度，但是周禮一據胡適意見一是漢朝學者僞造的，故亦不可信。

在漢朝的時候，有改革之必要，因爲當時『富貴的越富貴，貧困的越貧困。』於是井田制的烏托邦就在這一時期表現出來。王莽企圖恢復這一土地制度是空想的，是豫定要失敗的。胡適以爲井田制度是『漢代的有心救世的學者依據孟子的話，逐漸添補，逐漸成爲「像煞有介事」的井田論』（見二八一頁）。

★ ★ ★ ★

在建設雜誌上（一九二〇年第二卷第五期），刊載的季融五的大著井田制有無之研究一文，也與這一次論爭有關。

作者指出井田制問題之混雜，并同意胡適的意見，認爲必須事先研究歐洲的封建制度。他的研究祇限於甄克思社會學一書；他無條件地相信這本書，并拿歐洲中世紀的材料『和周朝封建制』比較，謂牠們之間，『頗多吻合的地方。』

在解決這一問題上可資參攷的書，季氏提出有論語，孟子，左傳，國語，史記等，認這幾部書『較爲可信。』引了許多文句後，作者就證明封建制度并不是——而且也不會是——什麽『整方塊頭』的土地分配制。

作者并不復述胡適說過的話，他祇補充胡適的話。他說：『現在吾單把胡適沒有談到，或談到而沒有具體說明的幾點，略略討論。』

敘述了胡漢民和廖仲愷的意見『那時代的人民程度還不會有土地所有權的觀念』以後，季融五便懷疑到牠的正確性，并且以爲有研究這個問題的必要。對於這個問題，季氏求敎於『想像力可算豐富用做證據的例可算確實』的甄克思的書。

他同意甄克思的話而歸納出『產業私有觀念發生極早，共產社會是古代從來不曾有過的。』季氏指出這種情形和近代經濟學家所說『畜牧時代始有動產私有制，進至農業時代，人始土着，始有不動產私有制』的話，完全相同。從此就發生土地私有的觀念，這種觀念『發生的時代不會甚遲，一定在知道土地可以利用的初期。』到周朝時代，『至少已經過了兩千多年，還沒有發生土地所有權的觀念，眞是一大疑問。』

作者把『古代社會的階級制度』之斷定拿來做他自己的基本觀念。作者自問，階級的社會是什麼時代發生的？作者又是從甄克思書上去找回答；從作者所引的極長的文句中就得出結論說：『階級制度的發生遠在牧畜時代。』因爲井田制發生在牧畜時代以後，因此階級既已存在，井田制就不會是共產制度。誰佔有了土地呢？在各個時代誰有土地所有權呢？——『土地所有權，當然在種族酋長手裏，等到部落進爲國家……這個所有權不消說就在國君和貴族手裏了，』他引國語上的話來作證明，國語上說：『君食貢大夫食邑士食田庶人食力。』詩經上說到土地所有權：『雨我公田遂及我私。』這裏的『公田』『私田』是『淸淸楚楚的土地所有權的界限。』詩經上『曾孫之稼』『曾孫之庾』的曾孫亦可作爲證據，因爲這個名詞無論他作田主（胡適說的）或是作文王的後代解（據廖仲愷所講）都沒有區別，—他指出這都是土地所有權。并且詩經上的話：『溥天之下，莫非王土，』左傳裏頭：『天子經略，諸侯正封，封略之內，何非君土？』—這都是作者底思想之證明。的確，我們看到君王在土地上的權力。但是『土地實際上屬於貴族，名義上則屬於王和諸侯。』在名分上天子有確定土地所有權的義務，對於臣下，在權力上有確定土地所有權的權利。左傳又證明（作者引出二十九條）『諸侯都有「所有」田地的權利，都有處分田地的權利；』後來這種田地，世代相傳—一代傳一代—成爲私有的土地。

在說完所有權問題後，季融五就說到胡漢民。他引胡漢民的意見，這『是采地食邑的爭來奪去，采地食邑仍許立在人民享有耕種的普通田地之上，他們的利益轉移，只有這點收入……，』作者就責咎胡漢民，說他（一）忘記了古代的階級制度，（二）過於相信孟子。

爲了要證明他的前一個命題之正確，他就引證奴隸底情況，奴隸是戰爭的結果—戰爭獲俘虜而歸要他做什麼用呢？並不是要給他們和本籍的族人有同等分田的權利！有了奴隸—他們自己沒有土地—這就是階級，但不是胡漢民的井田制度。

作者用孟子上前後矛盾的地方來證明他的第二個概說。季融五憤慨地說：『你想公田既是屬於公家，私田又是屬於野人（即農民）那末卿大夫除了圭田五十畝之外，他的祿田又在什麼地方呢？」照作者的意思，對於卿大夫的封邑頒賞，絕無限制，後來竟弄到『許瑕求邑無以與之』的地步。

作者斷言，『私田』不是農民之田，而是『卿大夫之祿田』（他引證惠士奇禮及孟子的話——據作者自己的話『雜引古書，不盡可靠』——作證據），農民祇是以佃戶的資格去耕種牠們（私田）。因為土地不夠，貴族出租土地，是誰納的租多，就給誰種，并且在佃戶之間發生了競爭。『儘管有許多不願意加租的人，要想「逝將去女適彼樂土」，然而散之四方，終究不是安土重遷的百姓所願意的。況且天下老鴉一樣黑，不是眞的要轉乎溝壑，……只好挨凍忍餓，受資本家苛刻的加租條件。屢屢調佃，屢屢加租便會成「民有饑色，野有餓殍」的景象了。』

孟子說的『什一』制是怎樣的呢？這似乎到處都指出是徵收總生產品的十分之一，這很顯然和季融五的增加租金的斷言是不相容的。但是作者引出許多證明於他有利的證據。照他的話，在齊國齊景公時『還不能算十分無道，然而徵斂無度，竟至於「民參其力，二入於公，而衣食其一」……而且不單齊景公如此，同時的晉國也是「道殣相望，而女富溢尤」……晉語：「與荊人戰於鄢陵，大勝之，於是乎君伐智而多力，怠教而重斂。」』這都證明『宣公初壞井田之說，眞不可信』。不但春秋時為然，詩經上說『不稼不穡，取禾三百廛』，『不稼不穡，取禾三百億』，『不稼不穡，取禾三百囷』，『無食我麥』『無食我黍』之類的話，就可想見老百姓的日子是這麼難過。在鄭國有兩個賢大夫在饑饉時「

齊國人粟戶一鐘』，因爲他們有『千倉萬箱』，這就證明，那時采地食邑的粟之徵取爲數之巨。這兩點明顯地證明胡漢民的意見是不對的。證明這點後，季融五就把他自己批評的針鋒轉向廖仲愷。

廖仲愷說到過去有過均地制度。作者以爲均地未必就是『絕對的均產主義。』甄克思自己說到過去曾有佔有極大土地的富人，因爲『貴賤等差，成於游牧時代，他日進爲耕稼階級大抵如初。』甄克思明顯地指出『歐洲古代均產制度確是有的，但不是絕對的，也不是普遍的，是限於某階級的，所以不是共產，也不是均產。』因財產的不平等就迫使這個人出租自己的土地（『他們要把田地種熟，實在不能不借重人民，』）別個人則成爲佃戶。所以，胡漢民說『農夫對於土地有用益權』以及廖仲愷說『人民不能有地，却無不能用地的』話，都是不可靠的。

作者準備好他的立場幷鞏固了他的地位以後，便進而直接反對井田制度。他一開始就反駁他的反對者的意見說這一制度是在紀元前不久以前才破壞的。（據胡漢民的意見，井田制之破壞，開始於紀元前第八世紀，據廖仲愷的意見是完結於紀元前第六世紀。）因爲『稅法儘管變更，這樣縱橫重疊，成千盈萬像網絡一樣的河渠道路，斷不能一時剷除填塞，滅盡痕跡的』。此外，作者覺得孟子的話『諸侯惡其害已也而皆去其籍』是可笑的。作者以爲『就算孟子的話是千眞萬確，那麼去籍是很容易，要把海內九州八十一萬萬畝(?)田間的河渠一律塡平，道路一律剗去，滅盡井田痕跡，這筆工程怕很有些困難。』同樣，就算作廖仲愷的話是可信的，井田制破壞於宣公之時，那末何以『到戰國時代，相去不過百餘年，滕文公和畢戰連一點影響都不知道。』(朱執信指出宣公十五年與孟子見滕文公相去至少有二六〇年。) 作者以爲胡漢民的意見『大約是因爲生齒日繁……田的分配，不能應於人口……百畝之分，如何能夠』是顚撲不破的，並且作者也同意這個意見。

然而作者以爲『井田既然是夏禹時代的制度，夏朝經過四百二十二年，人口一樣繁殖，井田制都沒有崩壞，商朝經過六百六十一年，人口一樣繁殖，井田制也沒有崩壞，周武王到幽王，不過三百餘年，盡量繁殖，也趕不上夏商兩朝，何以忽然就容容易易崩壞起來?』

作者指出，說到井田制本身，韓詩外傳根據了孟子的話及詩經的『中田有廬，疆場有瓜』兩句話寫道：『古者八家而井田，方里而爲井……八家爲鄰，家得百畝……八家相保，出入更守，疾病相憂，患難相救，有無相貸，飲食相召，嫁娶相謀，漁獵分得，仁恩施行，是以其民和親而相好。』但是古書裏頭只有，「五家爲鄰」「五家爲比」的話，從來沒有說「八家爲鄰」的，所以韓詩外傳說個「八家爲鄰」，才使孟子的「鄉田同井，出入相友……」的話稍近情理。

『無奈照周禮講起來，還是一個講不通。周禮遂人「上地夫一廛，田百畝，萊五十畝」是每夫百五十畝。井九百畝恰恰夠六夫，應該是六家爲鄰。「中地夫一廛，田百畝，萊百畝」是每夫二百畝。井九百畝，只能派得四家半。「下地夫一廛，田百畝，萊二百畝」是每夫三百畝。井九百畝，恰恰夠三夫，應該是三家爲鄰。』這都證明『九夫爲井之說不能成立。』

作者以爲研究田畝尺步是反對井田制存在之又一證據。如果每百畝和現在的十五畝相當──季融五從這一點出發，便指出『二畝半……至多可以蓋上幾間屋子，再沒有場圃的地位。鬱薁葵棗，瓠苴茶樗都不能種，豳風七月的詩，都成疑竇了。』詩經上關於植桑有如下的詩句：

七月　遵彼微行，爰求柔桑。

定之方中　說於桑田。

東山　烝在桑野。

這些詩句證明桑樹都不像在牆下，像孟子所說的。『田中不得有樹，恐妨五穀。所以種桑，只能在邑宅的牆下。無奈在邑的二畝半也祇有三分七釐半，蓋了屋子，又築園牆，種桑的餘地，實在再沒有了。五十非帛不煖，豈不就要挨凍麼？』──這是季融五引證孟子後，說的誚皮話。

胡漢民斷言因爲土地狹隘，就弄到一夫十畝，這是受不起批評的，因爲這不能養活五人至九人。

胡漢民自己也說：『如果眞是拿這個多餘（農民養家活口之外的剩餘）來做卿大夫的祿，那卿大夫眞要餓死了。』作者也認爲『這句話眞是不差。』

季融五的結論就是：『如果古代眞有井田，井田眞像孟子王制周禮韓詩外傳漢書食貨志公羊解詁幾部書裏所說，要教我整理這種國故，簡直只好交白卷還是請別位效勞罷。』

我們可以歸結出幾點。

第一，我們應當指出季融五在確定他的這些或那些理由時，把甄克思的『社學會』一書當作最重要的資料，他從這本書上借用了全部社會學的智識。其實，我們並不看見甄克思的書有什麼特殊的價值，而況甄克思某些意見之明顯的不正確，就使我們根本懷疑他的著作之價值。這裏便是季融五那篇論文的方法論部分之弱點。這種缺點也就減少他的全部論文的價值。

作者根據極大數量新奇的材料，把關於中國古代歷史的材料放在一堆用以輕蔑『井田制有無的問題』，這絕不是帮助說明我們研究的問題，而是適得其反，尤其是作者底這些錯誤使他得出完全不正確的結論。

季融五的結論是怎樣的呢?

中國封建制度極似歐洲封建制度——作者這樣說，他忘記了井田制，他承認牠的存在，然他在甄克思關於歐洲封建制度的著作中，並未找出這樣的制度。這是第一點。其次，季融五的意見（也就是甄克思的意見）就是階級在任何時候都存在，也就是說從來不曾有過均地制度，即井田制度。此種判斷之不足取很顯然的就是證明牠沒有意義。第三，作者以爲土地私有制在過渡到農業以後馬上發生的，作者所引的關於在發展的某一階段上的近代人民生活的一切材料都和牠不相容的。

古代中國土地屬於——在土地所有權上——卿大夫，卿大夫把自己的田地租給沒有土地的農民，井且孟子說的『私田』，井不是別的，而是卿大夫的『祿田』。（關於這一點，我們以下再說。）

季融五以爲從夏到周差不多二千年時期井田制沒有改變，他忘記了井田制從很原始的發展到很發達的『像網絡一樣的』河渠道路。

季融五說到這三朝時人口的繁殖，他把古代中國的領域視爲經常的，其實大家都知道周的領土超過了夏和殷的領土。

最後，作者以爲像井田制這樣複雜的制度不會這樣容易剗除塡塞。我們完全同意這一點，但是問題是在這一制度沒落的過程——這是長期的過程，這過程是由中國社會發展的某一階段上的特定條件所引起的。

顯然的，我們以爲作者底大部分判斷都是錯誤的。最奇怪的是，胡適何以能完全贊同季融五從甄克思書上寫出的那些區區不足道的瑣事。我們可以說，這是因爲胡適和季融五一致，胡漢民和朱執信曾和作者爭論『井田制有無的問題。』

胡漢民在一九二〇年四月三〇日的信中指出，他並沒有承認過井田制之『豆腐干塊』，并且也自始沒有講及古書中所述的這一土地制度，究竟同不同精確不精確。此外，他『未有說周時是共產的社會和什麼絕對的均產主義』而祇是說『井田制是中國古代土地私有制未發生以前底一種土地共有制。』

據胡漢民的意見，土地共有制不必是滅盡階級而後許牠存在。并且在發展的某一階段上，『耕作也不是各做各的。是一團體協力來做的。因爲以個人的勞力，任你怎樣勤勉，由土地收來的食物，不能充給需要，多人來做，可以得比較多量的生產』但是這樣的生產方法不是因爲提倡什麼對絕平等的主義才發生的，而是因爲時代的需要所引起的。如果是如此，那末春秋時有無俘虜，俘虜得不到分田都和井田制不相干的。至於說到卿大夫出租自己的土地，季融五引甄克思的話來證明，是胡漢民所不能同意的。從租稅增加的事實中不能得出土地所有權存在的結論。恰恰相反，古書中所有的事實說明土地是向諸侯和貴族取來的，證明土地所有權不存在。

胡漢民以爲季融五的根本錯誤就在，『古人文學上用的字眼拿後人法律上的觀念來解釋他，是一件危險的事』。

胡漢民用這樣的意思結束他的信，就是說需要很客觀的解決問題，和『攷求古制用這樣簡單武斷的手段難得旁人的同情罷了。』

四月三十日朱執信也寫了一封答覆的信。

關於納稅一問題，他寫道：『納稅一層……橫豎拿公田的產出來做祿米，用不着在所私（不是私有）之田裏頭出百畝有多也好，十畝不夠也好，都不用分養人的去納稅。講到私田仍要納稅就是井田制不存在的時候的情形』了。

他又責難季融五，就是季融五把朱執信用的『處分』一語適用到『處分權』上頭，這種處分權是『所有權的特徵。』『所有權裏頭除去這處分權，恰是羅馬法的益用權了。』他做出結論說所有權的存在根據受辭、反致、歸幾件，未免太早，因爲只有限定的收益權的采地一樣可以受辭反致歸的。朱執信以爲有了收益權，但不是處分權的存在。

朱執信以爲把歐洲在土地所有權發生以後存在的農奴制搬到土地所有權發生以前的中國，是對的。

世襲的田也並不就是土地私有，因爲『當時世祿世卿的制度底下，食祿當然是世襲不要一定所有才能世享』季融五的理論說『私田』是卿大夫的祿田，更無法可以證明。

朱執信反駁胡適和季融五的判斷，他倆說耕種土地的農夫是佃戶。他以爲他們（農夫）不是佃戶，而是有用益權。朱執信結束道：『要解釋這個問題才有采地和私有地，公田是祿田，私田是祿田的爭論。其餘所生的小問題……犯不着去再提。』

我們覺得在這兩封信中精粹處就是作者底心得。他們能從季融五的長篇大論中分出重要的，根本的問題，而且又分出歐洲學者底極深刻的智識。胡漢民朱執信對於歐洲學者同季融五不同，他們敢於加以批評。然而，這兩個作者並不是沒有錯誤。我們往後再補說他們。

辯論僅止於這幾封信，這是因爲建設雜誌完結了牠的短期的生命。但是牠（這次辯論）激發了中國的專門家，引起他們研究中國古代經濟問題的興趣—并且到最近期間，我們在各處看到陳述與井田制有關的各個問題的新論文。我們在這一點就可看出辯論底第一個功績。

第二點要指出的就是問題提得很廣泛。關於共耕土地的問題，關於孟子底土地制度問題，周朝時代社會階級的結構問題，土地所有權問題，古代國家之性質問題，農民的狀況問題，中國封建制度問題，古代書籍之眞僞的問題，—所有這些問題在辯論中都談到了。我們以爲問題之廣泛也是這些辯論的功績。

關於井田制的辯論之第三個功績就是從古書中引出大量有價值的材料，這些材料在此以前歐洲學派的研究者不曾利用的。不僅是孟子和周禮，不僅是這些或那些經典，而且許多這類的書如穀梁傳公羊傳韓詩外傳及其他的書籍都在研究之列，並且和這些著作有關的如詩經春秋如左傳論語都提供了豐富的材料。

我們考察出辯論的第四個功績，就在牠把中國的學識和在社會科學中那些成就—歐洲的科學常以此自傲的—結合了。而且這種結合提供了唯一可能的解決問題的道路。有些建立在一個實際的材料上，並不列舉古代制度和晚近經過發展底某一階段的其他民族方面的制度之間的相似處。但是沒有實際的材料就什麼都不能做。

在井田制爭論的結果中，我們看到無數的材料，思想和概說，當然要把牠們加以整理，要把一切有價值的從這樣的現象—如對於材料加以惡意的態度，和對於引證的話不加以批評是—中分別出來。

然而所有這些都是有價值的而且祇要對於各種結論有用都可引用。

我們現在還要說一說黎世衡的大著中國古代均產制度考（一九二二年世界書局版一四二頁），劉大鈞的論文中國古代土地制度之研究及羅竹秋的中國古代土地制度之研究。

黎世衡底著作之有價值，主要是他取材豐富。他引詩經、周禮、孟子、論語、春秋、國語、左傳、韓詩外傳、漢書食貨志考工記、穀梁傳、公羊傳、墨子、荀子、等等。從註釋者底著作中又引了許多材料，這也是增加他的著作的價值。

作者—中國大學的教授—彙集了講述中國古代土地制度的講義。這個講義就是他出版的中國古代均產制度考一書的底子。黎世衡學識豐富，而且是熟讀中國經濟文獻的人，可是他並不是去說明此種制度是否存在過以及牠在實際上有何種形式，而是研究那些他所利用的關於這一制度的著作說了些什麼。從這裏作者便有調和各個矛盾的傾向，有時不顧客觀事實無條件相信材料的來源等等。

我們用不着詳細地說到黎世衡的著作，尤其是他所引用的全部材料，我們已利用過。爲要得到他的著作的一個概念，我們簡括地敘述他的著作的第一部分—『論周朝農民土地之分配』一章。

這裏作者（引了二十七條）說：『在周朝的時候授田的常法是授與百畝「不易」之田，而授與「一易」之田與「再易」之田則爲例外的事；而且這種田地之授與其質極低或離都市極遠，這是十分顯然的。』（見黎書第八頁）。

黎世衡說到三田換種法，說到田地的施肥，說到一家吃飯的人數在分田上起了何種作用，說到何時授田，何時歸還政府，說到結婚在分田上的作用以及諸如此類的事。我們到處都看到有幾十條引證說明。他差不多都是用引證來證實他的全部判斷。

他算是解決了所謂『餘夫』這一混亂的問題，他把土地劃爲幾個範疇，看土地授給誰，他又注意到在當時中國生產的菜蔬的名目。

在本書以下幾章內，就可看到黎世衡的書對於我們有很多幫助，而此刻我們只限於上面所說的，不過我們要引一下他的著作的目次，爲的是要給我們一個關於作者所提到那些問題的概念。

（一）周時及周以前土地之分配。

（二）分配土地時測量的單位之研究（『步』『畝』）

（三）稅制之推論與說明（『貢』『助』『徹』）

（四）這三種制度存在之時代。

（五）田界。

（六）宅地。

（七）園囿與園圃。

（八）牧場；山陵及沼澤。

(九)專一供公社使用之土地。

(十)結論。

我們重複說，大量的材料可以給作者以可能提出井田制的問題，但是作者把他的工作祇是(或者差不多祇是)限於敘述已知的事件。的確，黎世衡做過一些概括的意見幷說明這些或那些材料的企圖，但是這些企圖都沒有成功。固然他看他的任務並不在此，但是這些不重要的推論全然失敗了。牠們從這位在中國古代經濟方面愼密而又——一般地講來——誠實探究的引證者失去的印象比把牠做成較有價值的還快。

所以，這本著作祇可以視爲與中國古代土地制度問題有關的材料之選擇與分類底充分成功的企圖。黎世衡的書之狹隘處就在此。

劉大鈞的論文中國古代土地制度之研究（見清華學報雜誌，一九二八年第三期）主要是在解說周禮上所有的那些矛盾，幷包括作者的一些結論。我們可以指出這樣的矛盾，例如『九夫爲井』(見匠人篇)，『十夫有溝』，(通過井與井之間)，這就等於說十夫爲井，(見遂人篇。)在一個地方(遂人篇)，又說到除田野之外還授與住宅和荒地，而在別處(大司徒篇)則不是這樣說。

作者指出『孔子愛說制度，但不注意於實際』後，(見六八一頁)，他證明許多概說之不可能。在夏朝的時候，上田一夫得五十畝可以恰夠養活八口之家，但是下田又怎樣辦呢？』（見同頁）。

『一易之田』『與再易之田』的制度，作者解釋爲土地的廣耕制，實行廣耕制是因爲『在當時不知道人工肥田的方法……土地逐漸枯竭了而且……不得不將分地的範圍從五十畝增加到七十畝，從七十畝增加到百畝』（見同頁）。

作者其餘的思想並沒有多大趣味，除他把井田制與歐洲封建制度間作一對比之外。我們來分述劉大鈞所提供的這些比較點。

一、『土地爲封建貴族底所有，封建貴族隨時將土地給與人民——因之每一家都有一定量的土地……在中國……人民也一樣不能把土地當作私有財產去佔有。』

二、土地之質量上的差異反映於兩田制及三田制之存在。前一種制度以授田兩倍爲前提，三田制——爲三倍——這和周禮中大司徒的土地調整制度相符。

三、『除田地之外，還要授與荒地作爲牛馬的牧場……這和周禮中遂人篇所說相符，遂人篇中說一夫獲荒地五十畝至二百畝』。

四、『人民收獲的一部分納給封建貴族，這叫作貢或稅，但是在實際上這就是地租，而且租稅的數量納給教會的爲什分之一』，像在中國一樣。

五、除此以外，從人民身上徵收土地的賃金，還必要去做幾天的徭役，在戰事期間（農民）則爲支配者的前衞射手（軍隊）。』我們在中國也可看到同一樣的情景。（見六八二頁）

劉大鈞在結束他的論文時，就說到商鞅變法的結果，就是『富者田連阡陌而貧者無立錐之地。』

『從前的人……爭論了幾千年，都不知道井田制度無論如何不能和封建制度分開』（見六八五頁）。

我們覺得這種想法是正確的，因爲作者把井田制度和階級的社會聯在一起，放棄了這一制度沒有階級性的理論。這個思想是由劉大鈞指出的，他在提到中國古代土地制度問題上說得很明顯。劉大鈞論文的好處就在此。

在新生命雜誌上（第一卷第八期）刊載的羅竹秋的論文，題爲中國古代土地使用制之研究，主要是考察周代，而關於夏商時代只是表皮地說一說。夏代的資料就是禹貢篇，『而禹貢篇眞僞的價値如何似乎尚無定論』（見第五頁）。

『觀禹貢篇中「貢」「篚」「包」所用的諸物，也不過把漁撈狩獵時代，牧畜時代農業時代的各種產物網羅殆盡罷了。由此等情形推察起來，可知當時狀況是從漁撈狩獵牧畜等游牧生活逐漸移於農耕定居生活的一種過渡狀態。』（見三—四頁）作者以爲當時田賦不是由人民直接納於天子而是由諸侯徵收田賦再轉獻於天子；他從這一點就做出結論說不是中央政府和諸侯獨自管理自己的領土。至於說到土地的佔有，『由當時王道的精神看來，土地屬於私人所有當然是不行的，必要把牠作爲王者的支配物，人民不過許其平等利用收益罷了』（見第四頁）人民則納一定之租稅於支配者以爲報償，這種納稅方法就是所謂貢。土地私有制之不存在，作者說牠是『禹王完成治水大業的結果。當時洪水橫流，氾濫於中國，河川潰壞，沃壤湮沉，人民概走山地丘陵而作避難生活。』

作者利用從殷人居住了的荒墟所發掘出來的殷人遺物作爲資料來研究殷代的社會狀況。『在這些遺物中最著名的尤其是殷人用於卜筮的龜甲獸骨等卜辭。』（見第五頁。）根據這些龜甲獸骨他就做出當時農業發達的結論。殷代的土地像夏代一樣，都是屬於天子。至於說到井田制度，作者以爲在殷朝時代并沒有井田制度。夏和殷時代的概況大致如此，作者自己也說，關於夏殷時代並沒有充分的材料，即使有也不十分明確。

作者轉來就說周朝時代，這是論文的主題。這一時代的主要材料是周禮和孟子。周朝根本的經濟是農業，因之土地是主要的財富，但是土地并不是私有財產；『當時土地私有的觀念並沒有十分發生』（見第八頁），——作者說，『因此土地一物既非人民共同所有，亦非天子私人所有』（見同頁。）土地平均分配——一家（平均五口）獲得百畝；『易地』授與二百畝或三百畝——據作者的推斷——祇是在邊境才如此。作者否定『地界』之存在後便做出結論說，『周代的班田法不能算是絕對的公正平等』(見第九頁)。

周朝的稅制就是徹法，這就是計算每年現實的收獲而徵收其什分之一。至於助法，是有特色的稅制，卽將農地作成井字形，以周圍八井分與八戶農民使自耕作，中央一井則八戶之民共同耕作，以其收獲之全部盡納於官府。本來實行助法，必要有種種條件，第一在自然方面要土地多屬平原，缺少高低之別，地質的肥瘦也要大概相若。第二在國家方面要組織單純，財用不多，否則國家財政膨脹，公田的收獲，自然不能敷用，而且年久收入有增有減，國務也不能依計劃而行，若國務不能進行，農民對於共同耕作，自失原有的誠意，因此助法遂不得不從根本上破壞了。』(見十一頁) 隨後作者又轉述園圃幷以爲『園圃在原則上也是有收獲的，但樹木一項就和穀物菜蔬不同，非經長年月不可，若其利用者一旦死亡或老衰便不能取盡其收獲，所以也和宅地一樣不必退還官府，作爲永久的業產而承認其相續』(見十四頁。) 山嶽，森林，水都是供人民利用，國家任命專員去保護和視察。

作者在結論中描寫出周朝土地使用制與德國馬克之間的相似處，幷說儘管在外表上有些相似的地方，但在他們之間沒有一點共通點——德國馬克(一種農村公社——譯者)發生於血族並由人民自己構成的，然而周朝的制度是由天子遵『天命』(！)而設置的。作者說明周朝制度破壞的原因：

一、土地長期佔有。二、農民經濟困難——人口增加的結果。三、商業發達的結果。四、國家制度動搖。五、財政需要不足。

一般的講來，我們應當說作者關於周朝土地制度受正在發展的商業之影響而趨於破壞，關於殷代的狀況等等曾做出許多正確的假定；同時我們也要指出這篇論文的一些弱點，例如——解釋均等的土地利用之發生是由於『天子遵天命』而行，缺乏系統，許多邏輯的結構都沒有用自己的意見加以說明。

★　★　★

我們提出的課題，要提供一個概念，就是新近中國和歐洲關於井田制的議論提供了什麼，關於中國古書的問題，我們暫且把牠放在一邊。然而我們不能以靜默的態度避開這個問題不談，因爲這些書在牠們的眞僞方面很受人懷疑。我們應當說關於古書眞僞問題需要特別的，以年計算的堅强的和精細的研究，這些書籍而且也需要大量考古學的發掘，牠們的資料才是古書眞僞之實際的證明。很明顯的，這樣的工作不能包括在我們的任務以內。可是在研究古書的過程中關於古書我們有確定的意見，這個意見是許多中國語學者所堅持的。我們就引用對於那些書籍（牠們的眞僞是最受人懷疑的）研究很有權威的意見，這樣說來，詩經孟子論語春秋不會引起若何大的懷疑，我們無

須詳細地去說牠我們只注意搜集有極重要的井田制的材料的著作，這就是周禮；牠的眞僞是常被人爭論不休的。〔註一〕

『根據一般的傳說，周禮的作者就是極有名的周公，……他是周武王之弟而爲成王未成年時之攝政者。中國的作者把周朝發生的正當的機關組織歸功於周公……。據一般的傳說，他把牠們（機關之組織）搜集在成文的集錄以內以便以不變的形式使牠們傳之後世。這種集錄就是周禮，這樣看來周禮在紀元前第十一世紀末就出現了。』〔見 *Edouard Biot "Le Tchouli"*，（論周禮）第九頁〕。

但是這一本有名的著作是極受人懷疑的，因爲她是在漢代才出現。胡適就敍述過這一點，他說：『漢代是一個造假書的時代，是一個託古改制的時代。西漢末年忽然跑出一部周禮來。周禮一書，我起初只承認他是戰國末年的一部大烏託邦。現在我仔細看來，這部書一定是孟子王制以後的書，一定是用孟子王制作底本來擴大的。……作周禮的人是熟讀尙書大傳孟子王制等書的。周禮裏的井田制說得很詳細，很繁複，很整齊，確是中國統一以後的人的大胆懸想。』司馬遷作平準書已說：「當

〔註一〕 梁啓超在他的中國歷史研究法一書內說：『羣經之中如尙書左傳，全部分殆皆史料，詩經中之含有史時性質者亦皆屬純粹的史料。……論語孟子可認爲孔孟時代之史料』等等。（見該書第八十九頁）。

此之時網疏而民富役財驕溢，或至兼並豪黨之徒以武斷於鄉曲』可見文景時代的井田論已是有所為而發的了。武帝以後貴族外戚更強橫了。元帝成帝以後，富貴的越富貴，貧困的越貧困。加之天災水旱幾次『人相食』，故哀帝時師丹請限制豪富吏民的田產。師丹原議引井田的話，又說『君子為政，貴因循而重改作；然所以有改者將以救急也。亦未可詳，宜略為限。』可見當時有改革的必要，但是因為豪富的反對很大，故不得不用託古改制的方法，用『大帽子』來壓服反對的人。這便是周禮等書的動機』（見胡適文存卷二，二七八—二七九頁）。

這裏我們對於周禮的出現得到很可信的解釋。范伯爾（Ernst Faber）在他的著作有史以前之中國（*Prehistoric China*）一書中雖未提及這一事實之原因，却差不多也是這樣說『我們把周禮視為較晚編纂的（約在紀元前二百年）關於周朝的官職是講得很明白的。說周公親手寫過這些細目，這種思想可說是無稽的；……最大的特色……以及一切理論的和技術的智識都容納在牠裏面的簡短的公式，屢次指示工匠的事業……周禮都表示出這樣的完備性……，她祇能是道教及孔子學派的結果。』（註一）

（註一）：范伯爾在他書中所引用的很難置信的著作的目錄上，除以他的用語如『偽造的』『贋製的』等的來批評其他各種書籍之外，關於周禮他不甚堅決地說：『這書出現於西漢末年』（紀元前二〇六——二四年）。

范伯爾也是說『中國的批評並不把周禮視爲周朝時的著作，而是視爲漢代的產品』（見六二頁）。

周禮一書的譯者比奧(Biot)關於這事說的又不同。他指出他所引證的『搜集在皇家出版物的導言內的材料』以後，他就看出中國人之信仰周公的著作是一點也不奇怪的。在敘述那些天文學的測量——此種測量是用來決定『帝國新都……洛陽……（在紀元前第十二世紀末建立的）的地勢』——之後，比奧就指出拉普拉斯『在哥白尼的文書中找出這些材料，他把這些材料視爲紀元前一一〇〇年時代的東西，（引自比奧文集第九頁）以證明那些著作的眞實性』。

但是『孔子……在從他或他的門弟子傳流到我們的論說中並沒有講過周禮』而且祇有在中庸（第二十章）內他才說：『文武之政，布在方策，其人存則其政舉，其人亡則其政息』。這一段引語給比奧一個根據去忖想孔子曾見過王室的公文中像我們現在所有的周禮一類的集錄。孟子說：『其詳（指周室班爵祿）不可得聞也，諸侯惡其害己也，而皆去其籍』（見孟子萬章下）。

這一片段的話『就是認爲……周朝把所班的爵祿之制曾集爲專書……，牠的抄本都發送到臣屬的國家』（引自比奧文集第十二頁）。據比奧的意見，在孟子的時候『公文集錄的原稿存在於後者（臣屬的國家）的宮廷之內，』這是可能的。比奧指出，『這兩段引文是皇家出版物的編輯者所

不曾引用的』（見第十三頁）

比奥以爲中國歷代編製這一類公文集錄就可作爲周禮之眞實性的一個證據。

但是周禮遺失了。比奥說明周禮的遺失及出現如下：『秦始皇統一中國的時候，他想消除對於周朝規制的回憶以免學者把牠們拿來和他的革新對抗』那時他把舊書付之一炬。但是『有一部分學者救出了幾部，這幾部書很晚才被人發見』，在這裏是沒有絲毫奇怪的，因爲『在紙和墨未發明以前所寫述的這些舊書是刻在竹片上的……，牠們可以長期地保存在土裏面』（同頁）。在漢朝的時代『酷嗜舊時文獻……并且許多親王到處尋求古書』，（見十四頁）—於是在那時就找到了周禮。

比奥於是認爲周禮是周代寫作的眞書。呂赫霍芬（Rihthofen）（見他著的中國第一卷四一〇頁）和愛爾凱斯（Erkes）（參看他著的*Literaturgeschichte*第十五頁）兩人都堅持着這種觀點。

在我們看來是無疑的，周禮不能視爲完全在漢代製作的東西。很顯然的，這本書的底稿就是周代的公文集錄，而且很多舊的原稿都遺失了，這些原稿上的話，司馬遷都引證過。周公制定的禮法之喪失這一事實無論如何不能作爲懷疑現時周禮一書根據。

問題不在於現有的原文是不是『周公的紀錄』之眞正的原稿。這對於我們並不起特殊的作用。問題的重心是在於周禮——據有些作者的意見——是在漢代懸想出來的。很顯然，這本書是在漢初出現的。而且她含有許多語句無疑的是在漢代才有的（如說『三皇』『五帝』等等的字句。）但是這一記錄——周天子爵祿之分配——的根據，她是漢代學者的懸想嗎？

可惜否定周禮一書的人不能證明這一點。然而要拋開周禮不作算，那這一點就應當予以充分地證明。其實認這本書之基本內容為眞實的理由却很多。比奥引用過這些理由，我們引證了論語上的話。來補充最重要的理由據我們看來可以說只有兩個。第一就是河、洛的天賜、提供了殷代中國上層官吏之間很相似的，——雖則是最原始的——『分工』；無疑的，中國社會之發展當然是發展着河洛圖書指出的那些原則，把牠們發展為整齊的系統，這種系統『零亂地』詳細地寫述在周禮之內。這就是第一個理由。

其次就是懸想出很多的官階，還發明出這樣的官吏，他們一般的講來對誰都不需要的懸想出複雜的井田制度，為的是要『託古改制』——這像在漢代懸想一個官僚機關之極複雜的制度一樣多分是不可能的。

關於周禮一書的問題就是如此。

我們現在簡略地說一說其他的古書，牠們的眞實性，像上面所說的，差不多就沒有引起人們的懷疑。

春秋是魯國歷史事件的記錄。這書是孔子作的。可算是沒有爭論的一部書。是紀元前第五世紀的書。

左傳（孔子弟子左邱明對於魯國編年史——孔子作的春秋所加的註釋）是紀元前第五世紀的書。

公羊傳是漢朝學者公羊高對春秋的註釋。

穀梁傳也是春秋的註釋——是第一世紀學者穀梁赤的著作。

國語——包括很豐富的資料，這些資料與春秋時代其他國家——卽除魯國以外——有關的。此書爲左邱明所作（紀元前第五世紀）。

論語是孔子及其門弟子的對話。爲孔子門弟子——有子及曾子所集成的。後來找出的魯語等等就說明了論語一書不會引起人的懷疑。

孟子是一個最大的哲學家，這我們已經說過了。他的書得免於秦焚，因爲她（指書）長期地不曾列入古典的中國之經書以內。無條件地，這是一部眞書（紀元前第三世紀）。

詩經是從古代中國各地民衆的詩歌集成的，孔子删詩書選出最好的詩歌三一一首。此書可算爲古典的中國之無疑的和最古的記錄。

★ ★ ★

我們簡略地把上述的作一總結。歐洲的文獻涉及井田制度的不很多。而且不常重視中國古代的土地制度，這可用這一問題的意義之估計不充分來說明。這裏我們可提出這樣的作家如希爾特(Hirt)及柯蘭德(Konrad)以及一些庸俗之流如李永彬等的著作。和他們不同的對材料有深刻的分析以及誠實可靠處這都是馬斯培羅(Maspero)及查哈洛夫(Saharobv)的著作的特徵。因此在研究於我們有趣味的問題時不能丟開歐洲中國語學者不講。至於說到中國的著作，那末，無疑地，最有興趣的是與井田制爭論有關的那些文章。黎世衡，劉大鈞，羅竹秋，而尤其是前者提供了許多的資料。李炳華，陳煥章，袁崇善及黃漢樑諸人的著作則佔次要的地位。他們幷不曾提供許多新的提綱而祇是幫着分解材料。他們的最大缺點——而尤其是李和陳的著作——這是完全缺少方法，或者很可憐的企圖發明這種方法。對於材料缺少批評幷且不是常常客觀的整理這些材料這也就減少了這些著作的價值。

古書提供出極豐富的材料。在中國古代其他物質文化的記錄幾乎完全缺乏的條件之下應當以牠們爲出發。

★ ★ ★

我們就此結束本書的第一部分。她指出涉及井田制的材料是很多的。我們系統的引用這種材料，提供出中國古代土地制度——是那一時代中國整個社會基礎之一幅總的圖畫，幷說明這種制度是什麽，這就是擺在我們面前的任務。

下編

第一章　論亞細亞生產方法

中國是具有異常特殊的社會經濟制度的一個國家。但是這種特殊的制度不僅是中國的特徵——像這一類的生產制度我們在埃及亞述巴比倫、印度、等處都可看到。在這些國家內，農村經濟和灌漑（用萬其尼柯夫的術語就是『河流的文明』）是相聯的。大家都知道，馬克思涉及印度、中國等等國家時，他屢次用『亞細亞生產方法』這一名詞〔註一〕

既然我們要考察中國歷史的古代時期，我們覺得有先說一說一些方法論的緒論之必要；牠可以帮助我們在研究中國史時，去解析我們所碰到的那些特徵。因此，我們要考察亞細亞生產方法是

〔註一〕　雖然馬克思對中國沒有這樣直接的指示，如像對印度那樣，但是根據在單篇的論文內及在資本論所看到那種思想說來，無疑地，馬克思亦是將中國歸到用亞細亞生產方法的那些國家之列。

什麼意義？亞洲的社會是怎樣發生和發展起來的？我們既然注意到中國古代史，我們注意的中心便是在亞洲社會史的第一個時期，而外表上好像是注意牠的最近的形式。

我們應當說：『亞細亞生產方法』這一名詞，一點也沒有說到牠的存在，在這裏根本上不過是取其地理上的標記，因爲馬克思做了他的結論，主要是在研究印度以後，但是他把中國，波斯——即是說在亞洲的一些國家都歸到這一生產方法方面。或許正是因爲『亞細亞生產方法』這一名詞說得這樣少，有許多馬克思主義者一般地否認這一形式有存在的權利，他們說到封建制度的特殊形式——在原則上——和封建制度沒有絲毫區別等等。〔註一〕然而我們要說，馬克思說的亞細亞生產方法是特殊的，在原則上和一切別的生產方法不同的一種形式，她是發生在人類社會發展底某一階段上的具體條件中。

在過渡到家族的分配以後，由於氏族公有——牠『是所有權的第一種形式』〔註二〕——的沒落，由於過渡到家族的私有。在許多過程的結果中，就發生我們在下面所要敘述的社會形式。

〔註一〕馬加爾在其中國農村經濟一書的序言內容說：『中國的歷史描畫給我們一幅特殊的封建制度圖——原則上和其他國家的封建制度沒有差異——祇是在歷史上爲亞洲的專制政體之特點所混雜的封建制度』。

〔註二〕『馬克思和恩格斯論費爾巴赫』（見馬恩文存第一卷三〇三——三〇五頁）

她的特點就是社會分化爲兩個集團——農作人和機關早先就是公社，——諸侯、武士、敎僧之類，後來在發展的過程中，就從社會的公僕變爲社會的統治者。於是就有許多小王國分布在有居民的地方。『在原始文明的遠古期及許多小地方王國的時期以後，尼羅河畔文化的各中心已統一爲兩個王國』〔註一〕爲什麼發展底道路不是在同歐洲一樣的方向內進行呢？爲什麼這個社會制度不是生長爲封建的或古代的，而是形成特殊的形式——亞細亞生產方法呢？

我們不能不轉來說具體的自然地理的環境。

土地之特質，灌漑之大的作用，這是盡人皆知的，牠——照恩格斯的話講——是『東方農業底第一個條件』。現在我們要從這些條件中做出一些結論。馬克思說：『水之經濟的及共同的利用之初步的必要……在東方……需要政府的集中力量之干豫。所有亞洲的政府不得不執行的那種經濟的機能恰恰就是公共事業組織底機能』〔註二〕這些話是十分明顯的。統一的國家之創立底第一個基礎，就是和水底利用相聯的，或者——在某些場合內，如在中國——和豫防水災相關聯的社會事業底組織之必要。關於埃及，我們可以引普列漢洛夫的話：『在埃及……農業……若沒有有計劃的組織

〔註一〕勃萊斯台德等的埃及史（第一卷，一四頁）

〔註二〕論印度書四一頁。

和勞動的紀律便成爲無意義的，牠們─有計劃的組織和勞動的紀律─創造了古代的文化，又創造了古代的專制國家』〔註一〕『中國問題科學研究院』的編輯者在其爲馬加爾中國農村經濟之研究一書所作的序言中，其目的在─證明中國沒有亞細亞生產方法，但他不得不承認：『毫無疑義的，：社會事業中對於創造人工灌溉的需要在中國曾起着國家集中之物質基礎的作用』。這樣看來，很顯然的，東方中央政府底第一個機能就是社會事業。照恩格斯的話：『東方的政府常常只有三部：財政的（强奪本國的居民）軍事的（在國內及國外去强奪）及社會事業部（照顧再生產）〔註二〕

實際上，印度、埃及、亞述巴比倫、中國的歷史給這一思想以完全的確定。我們現在引幾個例。

印度─『水利之調節是印度國家政權統治小生產組織的物質基礎之一』〔註三〕在威爾遜（I. Wilson）的著作中，就可看到如下的話，─盧森堡在資本積壘一書中（三八六頁）所引的：『一切都不自主地爲那些偉大的古代灌溉的建築物所打破，牠們的遺跡還保留到現代。河岸築堤，鑿成整個的湖，從湖引出河道，可以將水灌溉到六十至七十哩的地面』。

〔註一〕論邁其尼柯夫的書，二一頁

〔註二〕反杜林論。

〔註三〕馬克思資本論第一卷十四章

埃及—舊約聖經申命記（第十一章）說：『你要進去得爲業的那地，（巴勒士登，）本不像你出來的埃及地你在那裏撒種，用脚澆灌』——這裏說到用脚踏的水車——這是一種工具，許多民族都有的，他們的農業是和灌溉相聯的。勃萊斯德在埃及史中寫道：『約在五世紀以集中的調節堅固的管理洪水的氾濫是藉助於築堤及疏通河道，於是就提高了國家的生產力到最高的程度因爲農業是文明之經濟基礎。』〔註一〕

亞述巴比倫，—馬克士威伯爾在古代農業史一書內指出巴比倫的經濟和羅馬不同『最顯著的……在漢姆拉伯第一要素爲以灌溉的利益爲出發』〔註二〕加里也夫在其著作東方古代君主政體中寫道：有些……亞述的君王……都因開鑿河道的公益事業而著名』〔註三〕我們在屠拉也夫的東方古代史一書內也可看到許多類似的指示。

就在中國我們也可看到這樣的情形。沿黃河兩岸的堤埂，在黃河流域的極大的灌溉網等等——這都可作爲中央政府從事於巨大工作的證明。因爲在他面前有進退兩難之勢：『或者她在合法的

〔註一〕勃萊斯台德埃及史九七頁。

〔註二〕維貝爾古代世界之農業史七六頁。

〔註三〕加里也夫古代東方之君主政體八一頁

經濟發展底意義上及方向內實行，……或者……在相反的地位，當時經濟的發展通常勝過她』。〔註一〕中央政權輕視她的工作，她就妨害了農業，農業在亞洲各國沒有灌溉是不行的。馬克思在論印度的書信中屢次指出這一點。

農業之如是依賴灌溉，而灌溉又依賴中央政權，這就會使政權成為專制的。『進行這種（灌溉）制度的中央政權獲得很大的勢力並且成為專制的政體』〔註二〕 所以集中的專制的國家發生的第一個原因就在於統一一切巨大的事業之必要，這些事業與水利相關聯的，如修築堤埂或開鑿運河。可是這種原因不是唯一的原因。在研究亞洲社會時必須計及那個場合──公社為社會之社會的基礎。

我們在這裏祇要指出一個契機：公社在各國都有一樣的用處。農業在各處都是根本的作業，不斷地和灌溉相聯，農業在各處又緊密地和家庭工業──紡紗、織布之類相聯。但是這一利益的公同點是由於公社之彼此隔離而結合成的。道路之缺乏，社會聯繫之薄弱──因為在原則上公社所需的一切都在公社範圍以內生產，公社彼此間之不相依賴，便產生公社間之孤立。每一個公社就是一個獨

〔註一〕恩格斯反杜林論一六五頁。

〔註二〕樸列漢諾夫，論邁其尼柯夫的書二一頁。

立的世界，牠全然不注意那些在牠的利益範圍以外發生的事件。然而，農業之發展，統一所有的公社之必要，牠保證了統一之最有計劃的經營（與築堤有關的社會事業），牠給以一種可能將這一區域的剩餘生產品移置到因種種原因（乾旱、害虫、大水等等）而受損失的別一區域內——這種情形正需要創立一個集中的政權。馬克思在其給查蘇李慈的信中寫道：『正是此種孤立，——這一公社與別一公社缺乏生活間的聯繫，這種限於一地的小世界，在他存在的地方，到處都在公社上生長出多少集中的專制政體』。恩格斯甚至於把灌溉一事放在一邊而說『古代的公社，祇要在他們繼續存在的地方——從印度到俄國——都構成最殘酷的國家形式——東方專制政體的基礎』〔註一〕很明顯的，有公社作牠的基礎的社會形式其本身就具有創立專制政體的先決條件。國家政權之集中的官僚的機關在發展的某一階段上就是公社的另一方面。恩格斯在論俄國社會的發展一文內指出這一點有如下的話：『祇要是在這樣的社會形式（公社）佔優勢的地方，牠便常常造成了專制政治……』這就是說公社制度是創立集中的國家機關之第二個原因，牠往前發展——在某種條件之內——便造成中央政府。

公社於是又作為那種基礎，從牠裏面——在繼續發展的進程中——生長出各階級。公社的特徵馬

〔註一〕恩格斯反杜林論一六三頁。

克思在其論英國的書信』〔註一〕中已講過，馬克思描寫棱特拉族的狀況後就列舉出棱特拉族與『古代亞洲氏族社會的組織』間的對比。但是這些組織還不是階級的組織，牠們祇是在以後才被順次進步的經濟的發展打破爲階級，而以國家的組織來鞏固此種分化。

選舉出的公社機關從『社會的公僕變爲社會的支配者』，已被恩格斯在反杜林論一書中異常顯明地描畫出來了。

『在每一個同樣的(卽是無階級的)社會內一開始就有某些共同的利益保護這些共同的利益當然是委託個人然而是在全社會監督之下的；他的任務就是解決爭端，懲罰過失，視察水源……最後，在原始的狀態中就是執行宗教的機能。像這一類的職守在原始社會內常常可以遇到……他們自然握有相當的全權並且成了國家政權的開端。生產力逐漸增長，人口的稠密在這一個地方造成各個公社間之共同的利益，而在別個地方則造成相反的利益，他們之集合成更大的個體，其本身又引起新的分工，創立新的機關來保護共同的利益而排除相反的利益。這些機關，已經以整個集團之共同利益的代表者之資格對於每個個別的社會佔有特殊的在某種場合之內甚至是相反的地位，牠們很快地成爲更獨立的機關，這一半是因爲職務之世襲相傳，一半是因爲社會的必需。這種必

〔註一〕馬恩文集第十卷八三——八六頁

需是隨着同其他集團爭鬥之增加而增長的。社會的機能之此種獨立性對於社會如何能夠達到統治社會的地位？公僕何以在有利的條件之下變爲統治者？就環境來講，這個統治者何以會有東方的專制君主、有希腊的族長、有迦里特人的酋長等等？何以他在這種轉變之下終究要求助於暴力？何以各個統治的個人結合成統治階級？——我們在這裏不去講牠。這裏我們只要列舉出那件事件，就是政治的統治到處都是起因於社會職務的活動並且要在執行了牠的社會職務的機能的時候，政治的統治才會穩固。

：但是同這樣的階級的組織一起的還有別的情形。農業家庭間之自然分工在景況好的時候可以容許使用一個或幾個局外人的勞動力來服役。這種情形尤其是在舊時共同（全公社）耕種土地退居第二素而由這些農業家庭獨自耕種自己的土地佔第一素的地方就可看到……但是原有的公社並不供給自由的剩餘的勞動力。隨後他們由戰爭來供給……奴隸制度就成了公開的了。」〔註一〕

這樣看來，恩格斯描寫出那引起階級組織的兩重過程。這就是選舉的公社機關之獨立及屬於公社的土地分散爲各個家庭的土地後——過程在某種條件之下——並不是引起奴隸制度之形成而

〔註一〕恩格斯反杜林論一六一——一六二頁。

是加强選舉的公社機關離開公社本身而獨立的過程。我們拿古代中國作例，這種情形在下面就可指出來。

過渡到農業這件事是發生於—在第一個時期—遷徙的制度底形式內，這種遷徙的制度是需要在推舉出的首領底指揮之下集體的耕種土地。以後就發生在土地上的定居生活。在這種情形之下，土地便爲由幾個家族構成的某一集團所佔有，爲共同的工作所聯繫的這個集團推舉出本集團的年最長者去執行恩格斯所述的那種機能。我們看到，在中國，灌漑起着特殊的作用，鄉長得到特殊的權力，他分配適當的水量於本集團的各家族之中，並且組織本集團的經濟。這樣的事業和耕種自己的土地聯結一致，既不可能便不得不以全集團的勞動去維持選舉出的鄉長，並由參加集團組成以內的全數家族去耕種他的土地了。於是『公』田就出現了。

這些個別的集團聯合『爲更大的單一體……』，就引起……創立新的機關來保護共同的利益，而排除相反對的利益。』經過集團的長老來管理，許多這樣集團的首領就出現了。很顯然地，供養這些首領就和供養鄉長一樣，須由集團的全數家族來担負。這樣看來『公』田之耕種是替日益增大的政權機關耕作的鄉長把公田中的一部分生產品獻給首領和他的機關。

灌漑制度是各個集團這樣聯合底經濟基礎。由於開鑿灌漑的河流的技術之發展，聯盟的範圍便增大了並且造成了更大的集團，這種集團也是爲共同灌溉的脈絡所聯繫的。繼續向前的進程便造成單一的灌溉制度，—單一的國家。

統治灌溉的這一個或那一個首領之日益增長的權力便使他成爲地位的支配者。和他相聯的機關—職務一代傳一代的過程去得愈遠，則這種聯繫亦愈强—就開始失掉那些使他和公社聯繫的線索。機關完全使自己和公社對立起來。如果公社的利益是要儘可能的範圍，以耗費少數勞動來供養機關，那末機關則企圖儘可能的範圍，從人民身上榨取更多的東西。公社的利益及政權機關的利益之對立便造成國家，在牠（國家）裏面被壓迫的階級就是農民，聯合於國家範圍內的官吏統治着，出身自農民的官吏在生產力發展的過程中就從社會的公僕變爲社會的統治者。

『在諸種關係之下……，徵收貢稅（原始的公社就是如此）就是在這些關係的基礎上，國家擅取……生產品……徵收貢稅』〔註一〕

『剩餘生產品之主要佔有者—奴隸所有主，封建貴族，國家（例如東方的專制主）—就是消費財富的代表者』〔註二〕

〔註一〕 馬克思資本論第三卷第一部三一一頁。

〔註二〕 同上，三一五頁

所以，馬克思將奴隸主，封建主及亞洲的國家放在一道。這樣看來，國家機關的本身就是統治階級，就是說全部官吏就是統治階級，他組成這個機關而且他是以剝削農民爲生的。

『在專制國家內最高的監督者及政府各方面干豫底事業包括兩方面：執行從全社會自然界發生的公共事業，及從政府與人民間之對立中發生的專門的機能』〔註一〕所以，東方社會內社會的對立——據馬克思的意見——是包括在被剝削的農民羣衆和政府之間的對立。

在亞洲社會內，剝削的性質是怎樣的呢？牠的區別點就在於，國家——政權機關——以貢稅的形式向農民徵取剩餘生產品。

『小暴君或稱總督就是主要的東方的剝削形式……』——恩格斯於一八八二年八月九日給伯恩斯坦的信就是這樣寫的。

剩餘生產品是以賦稅的形式從農民身上榨取來的。地租和賦稅相一致，這是亞洲社會的特徵。這種情形屢次指示出，消費剩餘生產品——國家官僚的機關——經過他的代表者——地方上的『收稅吏』（印度的收稅官）。

〔註一〕『這裏（亞洲）最高權就是集中到國家階段上的土地所有制』（馬克思資本論第三卷第二部四七章）

我們應當指出外表上亞細亞生產方法可以表示出一些特殊的，但在根本上和封建制度沒有差別的形態。農業及自然經濟在封建的生產方法之下是社會的基礎。但是這祇是外表的相似。自然，問題並不是說在封建社會內，政權依據在土地的佔有上面——在亞洲社會內，這一政權建立在灌溉的水源的佔有上面。原則上的差異是：封建主在封建的土地私有制的基礎上剝削農民，而當時在牠上面（封主的私有土地上）做『縣知事』的農民不是佔有他『居住』的那一區域，而是有權在當時從那一區域取得一部分租稅，他在那時不過是爲一區之長而已。如果拿來和西歐式的『古典的』封建制度比較，那末其間的差別是很顯然的，亞洲國家的官吏沒有自己的經濟，並且也不是靠牠的收入生活的，而當時，封建主却有自己的地方經濟，牠和農民經濟是並存的。在亞洲社會內，農民經濟繳納自己的剩餘生產品並不是給『自己的』官吏，像在封建制度時農民繳納給『自己的』貴族一樣，而是完全繳納給國家——國家中央機關——將農民的勞動產生的剩餘生產品的某一部分賜給官吏。剩餘生產品之榨取是因爲統治階級執行社會的機能，就是因爲這一階級把『東方農業的第一個條件』——灌溉制度把握在自己手裏。

無疑的，在亞洲國家的官吏與封建主之間——外表上——有一些共同點，可以說這些共同點在企圖把亞細亞生產方法視爲封建制度之特殊形式時曾起着不少的作用。但是甚至此種『相似』上也有實質的差異。封建社會的特徵是封建主的隔離，東方社會的特徵是這些官吏之集中，每一個官吏都只是巨大的國家機器之一環而已。這裏——在亞洲社會內——『封建主』的統治不是在地方的範圍內，而是在全國範圍內。我們難道不是將那種高度的文化——偉大的亞洲專制政體給予我們的——歸功於這種集中嗎？

但是，東方社會的統治階級當然不是單一的。在那裏不僅是縱的方面（從宰相以至於書吏），而且在橫的方面都有分工；我們知道官吏，在這個字的直接意義上，就是僧侶（在埃及）或士大夫（在中國），武士等等。這些集團的作用在不同的條件內亦各不相同，但是這個是單一階級的一部分，並且在自己的可怕的敵人——農民——前面，他們是在一條戰線上的。

考察了亞洲社會的階級性後，我們可以轉來考察牠的——在這一個或那一個階段上——從亞洲社會階級結構中發生出的別一些特點。

拿什麼來解釋亞洲國家底集中性呢？我們已經指出，和灌溉相聯的事業只有集中的機關才能執行，我們同樣又指出了公社的特殊的——在這些條件內——作用。除這兩個原因外，就是和游牧民族鬥爭。農業的亞洲各國的歷史中之事實通通都說到這一點。農作人的周圍——以河水灌溉的區域周圍——住居有牧畜的民族，易得利益的可能性常常引誘他們，他們看見鄰近的農業國家內那種資金，他們可以從牠裏面得到生存的資料，當他們因爲種種原因感覺他們的經濟的生產品不夠的時候，『我們一向不知道古代迦勒底運河修築者在不斷的保護自己的國家不受狩獵的野蠻民族及北美索不達米亞的游牧民族之侵襲中，經過了何等殘酷的鬥爭』〔註一〕中國印度及埃及也描畫給我們一樣的情景。這種情景便造成自衞之必要，而這種自衞的機能不是個別的公社所能担負的。自然，這並不是『最終的』原因，這一進步的因素，雖沒有最大的限度，然而總是促進了國家的集中。

末了，商業—牠把中世紀歐洲封建國家推動到集中的地步，不能不促成國家的統一。

但是在那個時期，商業祇起了附屬的作用。然而造成亞洲專制政體的時期，是自然經濟的時期，當時交換只限於剩餘品，當時一切都是爲滿足生產者自己的消費而生產。顯而易見的在這一時期，商業在國家統一中並不是決定的因素。關於這一時期我們所有的材料並不多，但是我們不加以任何根據，可以得到這樣的結論，就是商業曾起過一些重大的作用。在埃及發達的商業，發生於凡拉奥第一以後的時期，在中國我們看到發達的商業較國家統一爲晚。但是這並不是說商業不會有過牠：在發展的不十分高的階段上，爲的是要在造成國家的統一上起着決定的作用。祇是在後來，公社瓦解後，商業就佔有牠的地位—那種向心力的地位。牠（商業）在單一國家分解的相當時期以後又重

〔註一〕邁其尼柯夫『文明及偉大的歷史的河流』二〇三頁。

新結合了國家。

這種中央政權是怎樣發生的?這一問題已經涉及具體的歷史。在一種條件之內她這樣發生，而在別一種環境內則是另一樣〔註一〕無疑的，諸侯的政權在這裏起着不少的作用，諸侯的政權有他的領土（卽如在埃及爲着要把整個尼羅河握在自己的手裏就要佔領尼羅河的上流）以及他在與游牧民族鬥爭中的作用，集中在他手裏的眞實的力量等等。但是由上述的原因所造成的政權，在中國並不同在埃及一樣。中國向來就不能像埃及一樣的集中。這裏我們在具體的環境中找到解釋：沒有支流的一條大河——尼羅河與有無數河渠川湖等和黃河流域——中國歷史的初期——及和揚子江流域和珠江流域相聯。這種差別的一切結果是很顯然的：在只有一條河流的地方，政權比在有許多河流及川湖的國家更要集中，而且政府的經濟活動不限於灌溉事業。設立所謂的穀倉，以防凶年，這種機能也是政府的一種經濟活動。年年都要儲藏穀物，以便在荒年時施給人民。在大多數場合內，這一方面是和國家的一般組織的機能結合的。我們可以引出一些解釋。在埃及，據維貝爾的話：『在荒年……由倉庫中施捨穀物作爲食料及播種之用』〔註二〕加呂也夫說：『有些……

〔註一〕關於中國在上面已說過

〔註二〕維貝爾古代農業史一〇五頁。

亞述的君王……都因社會事業如設立穀倉、……而著名』〔註一〕我們再引中國歷史中的解釋。穀梁傳上說『國無九年之畜曰不足；無六年之畜曰急；無三年之畜曰國非其國也』。這樣看來，我們看到這種制度在所有亞洲專制國內都有牠的地位，而且這種『社會保安』政策一方面使政府豫防饑民的暴動，另一方面加强了牠對人民的影響。此外，我們應當說這一方面的活動並不是亞洲社會的分歧點。我們在歐洲（意大利的穀倉）看到這同樣的制度。但是在亞洲，這種制度獲有特殊的意義。在比較不大的地面上（爲河流—黃河，尼羅河，印度河，恆河，底格里河等所限制的）住居着很大數量的人口。國家本身就是穀物的唯一供給者。從此就可了然，荒年是何等的不幸，這種制度是怎樣必要。這樣看來穀倉制度本身並不是亞洲社會的特徵，而是牠的特殊的異常重大的意義，古代及中世紀歐洲的穀倉制度是不能和牠相比的。

我們指出亞洲社會有下述諸特點：公社，特殊的階級關係及集中的國家。我們設法說明亞細亞生產方法的特徵，我們以牠的純粹的形式來說，自然亞細亞生產方法並不像別的一種生產方法，純粹的形式是不會有的。

農業是亞洲專制國的基礎，因此自然而然地開始要去說明，土地關係是怎樣。上面已經說過，氏

〔註一〕加里也夫古代東方之君主政體八一頁。

族公有是土地私有的第一種形式，後來公社的和國家的公有代替了氏族公有〔註一〕我們在東方的專制國家內看到什麼呢？自然土地私有這個字並不是就近代的意義而言的。此地所說的私有就是一種獲得租稅的權利，這種權利在原則上屬於國家，國家又將自己的權利酬勞官吏等等。土地授與公社，家族去耕種，而生產品的一部分則歸政府，在這幾句話之下就可了解整個國家機關的總和。

我們且引馬克思的話：『此地（亞洲）國家是最高的土地所有者，此地最高權就是集中到民族階段上的土地私有。所以，在這裏並沒有私有財產，雖說私有的像集體的佔有及利用土地一樣可以存在』〔註二〕馬克思屢次指出在亞洲社會內沒有私有財產。然而，『土地私有財產』就近代的意義而言是什麼呢？這時人與人間有這樣的關係，牠以自由的商品生產者之現實為前提。土地私有財產就是沒有絲毫限制的土地處分權。這就是說，土地不僅可以買賣而且可以隨便去耕種牠或甚至完全不去耕種。十分顯然的，亞洲社會內這樣的土地私有是談不上的。完全宜於耕種的土地都要以一定的方式去耕種。土地從這一人手裏轉移到別一人手裏就是獲得農民的剩餘勞動的權利之轉移。

〔註一〕『馬克思和恩格斯論費爾巴赫』（見文存三〇三——三〇五頁）。

〔註二〕馬克思資本論三卷二部四七章。馬克思在別處說：『貝爾勒……完全正確地找出東方一切關係之基本的形式就在東方沒有土地私有制。這是眞實的理解東方問題的關鍵』（我們引自梁贊諾夫的『論印度書』序言）。

並且在那裏土地上的權利之轉移並不是土地的轉移，而是農民的剩餘勞動從這一個封主的手裏轉移到別一個封主的手裏。此外，封建社會與亞洲社會間之差異在這裏是明顯的。在封建社會內，除封建主以外，沒有私有者，在亞洲社會內—國家是土地的最高所有者。但是這并不除開土地買賣之部分的應用。然而這種現象只起着附屬的作用而且牠也不能給亞洲社會以根本的色彩。這種立論正確不正確呢?歷史難道不知道在中國及哈姆拉比的土地買賣嗎?事實告訴我們：在亞細亞生產方法發展的第一個階段上，無疑的，在我們所有的土地私有財產的材料，就不會有過這樣的一個觀念。生產力愈發展，貨幣關係愈深入國民經濟，公社之分解愈激進，則自由的土地私有制起的作用亦愈大。馬克思說：『自由的土地私有財產在法律上的表現……在古代世界祇是在社會制度瓦解的時機才出現。』

土地私有制出現就表示亞細亞生產方法的解體。我們以這樣的限制指出亞細亞生產方法的特徵之一，就是土地私有制之不存在，因為一切的土地都屬於國家。

政府執行的那些機能異常重要。本國的掠奪，外國的掠奪以及關於再生產的照料—東方專制國家的這三部需要設立一個大的機關。馬魯法律很明顯他描寫出這一點『治理有很大收入的國家而沒有助手則君王便有很多困難。』『君王一定要任命七八個大臣，他們的祖先是君王的臣僕：

……他們的出身很高而且是受過試驗的』這樣看來，在君王之下有一羣高級的官吏，很明顯的，他們的幹部是從皇族中提拔出來的。

這些貴族乃是各經濟部門的首長。在灌溉方面在農業方面在國王及其輔佐者的事務所方面都有專員專司登記土地、人口、牲畜；專門的御者、庖丁、太監及獵人——這一切的人就搆成國家的上層貴族。在埃及——『對於國王的每種特殊的需要都有專管的宮廷貴族，以司其責』〔註一〕在中國有過更多的等級，在等級的實行上，國家生活就有了各不相同的諸方面，有了異常的專門化。我們在印度也可看到這樣的情景：『對於各部分的事，他（國王）一定要任命有教育的監督者；他們要監督那些執行自己的責任的人們底全部事業。』各級的官吏和書記則補充這一上層官吏的集團。

很明顯的，在亞洲社會內官僚的作用幷不是在其他組織內的那種作用。這不是統治階級的服務機關，而是指揮經濟的一個集團，牠的作用為那些他已執行了的機能所決定。問題的實質是在於，剝削『本國及外國』以及社會事業都操在官僚的手裏。官僚執行這些機能的諸形式只起了次要的作用，然而這些形式是值得敍述的。一切都記錄在紙上。而所有這些文書、意見書、檔案以及記錄都保存在『大臣』總督……的衙門內『一切檔案……都彙集在……大臣的辦公廳內。在『大臣的官

〔註一〕勃萊斯台德埃及史七八頁。

衙』內沒有將牠議定以前，誰都不能發號施令。各省的檔業、境界的文契、及條約等等的原稿都要送交給他或在北方的他的同僚。每一個求助於國王的請求者必須將他的請求用書面送交辦公廳』〔註一〕地方政府把報告書送呈中央，并且隨時附加私人的報告。——『大臣的……辦公廳給我們一個明確的概念，使我們認識，具有這辦公廳的一切機能的地方機關，是在嚴格地集中』〔註二〕詳細研究出的管理的制度，中央及各省間之經常的聯繫就是說埃及達到了集中化的何種階段。中國也提供給我們一完全同樣的情形。在那裏，有經常的報告和調查，證書和訓令。在那裏，大批的官吏和錄事圍繞着大官們。我們就可知道這是和東方的專制政體緊緊聯繫的官僚機關。

縣長、知府、總督是從那些貴族中來的。國家劃分爲好幾省，各省的省長是國王的官吏。有時就是那些所有者，他們原先佔有了這一區域，但是現在他們只有政權，這政權是他們從國家的元首得來的。這些省份是國家中的小國家。國王靠『他的』領土的收入來養活，總督—在埃及很有名是『國王下的第一人—則靠『他的』那一省農民的勞動爲生，而把收入的某一部分繳給中央。我們且引勃萊斯台德的話，他描寫埃及的省份—勞姆—『勞姆……牠本身就表現爲一個小形的國家或一個行

〔註一〕仝上二五一頁。

〔註二〕仝上二五四頁。

政的單位，牠有全部管理的機關土地局管理堤埂和河流的安全的機關……。在這些官廳內，有許多錄事和會計以及担任保管大量的檔案和地方調查的人』〔註一〕我們應當指出，這些總督有權從他的那一省和社會事業的組織中徵收賦稅。知府『除照顧灌溉的建築物外，還要照顧徵收人民的自然物、租稅、及國王土地所有的收入』〔註二〕 這樣看來，總督是站在中央政府與某省人民之間的仲介人，在那一省內獲得的收入要經過他的手。照亞門——埃及的一個知府——的話：『皇室的全部賦稅都要經過我的手』〔註三〕 穀倉的制度在各省內也有了牠的反映。這裏，總督代替了國王，他指揮搜集穀物，儲藏在倉庫內，而在荒年時將穀物拿來施捨。蘇特知府的傲慢的話語中告訴我們他在這一區域內的行動：『我有富足的倉穀；在國家正當困窮時，我曾以穀物接濟城市，我准許市民及其妻室、寡婦、孤兒攜取各自所需的穀物。我放棄了我的祖先在他們頭上所算計的一切欠款』〔註四〕 這樣看來總督起過何種作用，那是十分明顯的，他們後來不止一次地把國家分裂為若干小候國。關於這一點以下再說。現在我們轉來說一說下級行政的記載完全表現出整個政權機關的

〔註一〕 仝上八三——八四頁。
〔註二〕 維貝爾古代農業史八八頁。
〔註三〕 勃萊斯台德埃及史一七一頁。
〔註四〕 仝上

官僚化。在那時候任命官職的原則在早先——亞洲專制政體萌芽的時候——起過附屬的作用。在發達的亞洲國家內到處都有了從上任命的官吏。城市有監督官吏及居民一切行動的管理者。在他們的指揮之下有無數小官、監督者、秘書、書記、他們的人數愈加增多了。——『下級服務者、管理者、督察者以及在各部長官辦公廳內的書記等等的人數更其增多了。官吏有許多名稱，而且有許多曖昧不明的官位……』〔註一〕在特別的學校內設有告諭一類的課目，爲的是要養成人才，提供一批官吏的新幹部。受過官僚主義的機敏的訓練的人們從學校出來後，他們就被分發到官吏的辦事處，在那裏『他們逐漸有了供職書記的習慣和職責，在他們還沒有能力做下級官的時候』〔註二〕書記的職務是光榮的，他不受饑饉的威嚇，他寫述和光榮及官位有關的服務履歷。巴比魯斯沙萊有這樣的話：『各種職務都有許多困難，而書記一職却能名利雙收』〔註三〕自然這樣性質的機關便引起了收受賄賂的事，那時的記載都充滿了怨聲。

這就是亞洲專制國家的機關。

我們應當指出，馬克思曾認亞洲社會是停滯的、的是經常地複現於一個同一的形式之內。這種情形祇可說是因爲東方的歷史在那時很少有人研究。事實上，無論埃及，印度，或中國都不是在一個位

〔註一——三〕均仝上。

置上調換。他們是向前走的，雖然他們發展得確實很慢。我們看見商業之發展、農業之緩慢的進步、城市之出現手工業、行會甚至作坊之發生。這樣看來，我們不能說牠是停滯的，我們可以說牠發展的速度像烏龜走路一樣，——可以說亞洲的社會是相對的停滯。

這一點雖然可以相當地重新估價，但是馬克思所做出的許多結論，却是無疑地正確。這種思想是說，除了生產之不變性以外，我們看到朝代不斷的更換，一個征服者跟着別個之後而來，但是農民一樣的耕種土地，所改變的只是收取租稅的人。於是就發生兩重性：基本的經濟的機構差不多是在一個同一的形式內不斷他復現，而站在上層的政權則不斷地塲台和改變。『國內戰爭、侵入征服等等對於印度斯坦無論是怎樣的複雜、猛烈和破壞，牠們（國內戰爭等等）祇是接觸到牠（印度斯坦）的表面……在過去的印度，政治轉變無論怎樣重大，牠的社會條件仍舊不變』〔註一〕問題就在，所有這些朝代幷沒有接觸了農民羣衆內部社會生活，牠們（朝代）幷沒有被壞了牠的傳統的組織。而且農村公社的生活照着確定了的道路過着，不管在『政治的上層』上有如何大的暴風雨。其實，政府用不着去干涉公社的事情，因為牠們幷不妨碍政府的利益，而且還以賦稅的形式繳納牠們成員的剩餘勞動的生產品。另一方面，公社也沒有什麼事可和專制君主打交涉的，因為他幷不妨碍

〔註一〕馬克思論印度書四二頁。

公社生活的傳統組織。

『這些村落的居民對於王國的分崩離析一點也不會感覺不安，因爲他們的村落仍舊是完整無損的；他們并不注意於他們的村落在那一個强國的權力之下沒落了，和牠（村落）要服從那一個國王，因爲他們內部經濟底基礎仍舊沒有改變』〔註一〕賦稅制度的成份就在這裏：『在亞洲，地租之自然的形式——同時也是國家賦稅之主要的成份——是在從同一不變的形式內復現的那些生產關係上面就好像自然關係一樣——這種支付形式經過相反的影響來鞏固舊的生產形式』〔註二〕所以，此種專有的支付形式在鞏固舊生產關係方面起作用。馬克思還指出一種情形：『解釋亞洲這一部分（卽印度）之停滯的性質，不管政治外表上的一切變動，這有兩種彼此相互扶持的場合：第一社會事業——中央政府的事，第二，除這些之外，整個國家分解爲農村公社，牠們自已形成自己的一個世界』〔註三〕。

所以，我們還可以指出亞細亞生產方法的幾個特點：專制政體，國家機關之官僚主義的性質，亞

〔註一〕仝上四三頁。

〔註二〕馬克思資本論第一一〇頁。

〔註三〕馬克思一八五三年六月十四給恩格斯信。

洲社會之相對的停滯，以及這停滯和朝代之不斷的更換相結合。說到國家機關，正好指出亞洲社會在其發展中改換與牠相適合的國家機關，——卽是亞洲專制政體的面貌。

無疑的，起初政府的官吏主要的就是貴族出身的代表，他們在單一國家造成以前就有的。在這裏變化是隨時間的經過而發生。官吏都是由上任命的。這就是說如果從前官吏仍爲官吏是因爲他從前是領主或武士，那末現在他便成爲特殊的『領主』因爲他是官吏。其次，專制政體之官僚主義性質幷不是各時代都一樣，無疑地它在起初比後來更軟弱，商業的發展也發展了機關的官僚化，因爲需要有大批會計，錄事，登記者等等事一做商業方面的事。

統治階級的『代表者』『在地方上』起過的作用隨亞洲社會的發展而改變。這些總督更成爲獨立自主的，他們的職位有時成爲世襲的。我們對於這個問題雖沒有充分的實際材料，但是在這一點上可以有一些指示。照勃萊斯台德的意見，在埃及『第六朝時代，（2625—2475）地方的長官——他們運用了行政的機能而且在第五朝時代（2750—2625）就已經獲得了他們的職位之世襲權，——已不是簡單的政府的官吏，他們已被承認是具有采地的男爵和候爵』〔註一〕。我們在中國也可看到同一的情景。這樣看來，獨立的行省幾乎和集中的國家一同存在着，在發達的封建社會中達

〔註一〕勃萊斯台德埃及史一一二頁。

到最後形式的政治上地方分權的趨勢是和亞洲的專制政體一同存在的。這種結合是否可能呢？馬克思並沒有直接指示出亞洲社會內的這一事態。但是馬克思在『論西班牙革命』中對於這一點，提供出很有趣味的指示：『在西班牙可以把絕對的君主政體和亞洲的統治形式放在一個階段上，總比和其他歐洲國家放在一個階段上快些。西班牙仍舊是治理很壞的各省之集成體，有一個名義上的君主爲首』〔註一〕這就是說：第一，馬克思把西班牙的君主政體和亞洲的專制政體放在一起，第二他指出前者（西班牙）的特徵是以名義上的君主爲首的各省之集成體。在這樣的場合之內，無疑他個別的『封建的』特點不僅不排除亞洲的專制政體，反而是和牠（亞洲的專制政體）並存着。

亞洲專制政體內官吏是怎樣受酬勞的？我們覺得在商業發達微弱的時代，官吏的薪俸就是糧食，這是無疑義的。我們已經看到總督獲得的薪俸就是他所統治的那一省的收入。他的管理『地方』的官吏就以那一區域的賦稅來養活。如是類推到最下級的官階。在馬魯法律中有如下的一段話：『什長（卽十村之長）則享用一庫爾（容量能容一囊之量卽是普通家庭的一份土地，（管理）二十村者則享用五庫爾，百長享用一村（之收入），千長等享用一區（之收入）』。我們從中國歷史中引

〔註一〕馬克思論西班牙革命一八五四年。

出許多事實。我們且引國語上的話：『公食貢，大夫食邑，士食田，庶人食力。』

維貝爾關於埃及也是這樣說：『官吏的俸給之最古的形式就是自然物的食糧。此種制度的結果在埃及就是農村居民束縛在國王手裏』〔註一〕維貝爾的思想引起我們去解釋那個問題，農民的這種束縛是否有過，如果有過，那末牠是什麼意義。

灌溉這一事實——牠的利用以經濟之某種有計劃有順序爲前提——已引起農業的調整之必要。實際上，政府之重視牠爲的是要『不違農時』（孟子）爲的是要——在一個時候——進行耕耘，播種，收穫。後來，鞏固堤防的巨大工作一開始就要以成千成萬的人參加這種工作爲前提，這些人就是那些農民，他們離開自己的日常事務去做這種工作。這些『徭役』的人數有嚴格的規定——每一家應徵的人數視家族大小等等而定。這種情形，很顯然地促成奴役農民。『尼羅河下游區域的農民全都算是凡拉奧的勞動者，並且在他的官吏監督之下耕種指定給每一個人一塊土地，他的生產品照凡拉奧的訓令來處分』〔註二〕。奴役似乎不僅僅限於農業。但是這一點，此刻我們並不十分感覺興趣，我們要說明農民不自由的問題。大家都知道，封建制度根本上是依據自然經濟的。農業起着很大的作用。封建主的意義視采邑的大小及附屬於他的人數而定。問題是在，對於土地之耕種

〔註一——二〕維貝爾古代農業史五一，九三頁。

有用的數量在中世紀的歐洲是不受限制的。隨後勞動者的數量就很受限制。卽如在俄國不是說他有『幾多畝土地』，而是問他有『幾多人』。從這裏就可說奴役農民在封建制度時就是把他們束縛在土地上。這就是在封建的歐洲的奴役農民圖。這種圖形對於亞洲的某幾個國家只是頭脚倒置的。宜於耕種的土地數量——或是宜於灌溉的土地，自然是有限的。另一方面，勞動者又是減少。那末，從這裏得出什麼結果呢。結果就是：農民本身的利害關係不是把他束縛於土地，而是把土地束縛於他，在這種情形之內公社的聯繫起着很大的作用。如果他離開了那塊土地，他就受到仍舊沒有土地的危險的威嚇。從此他的希望仍舊是在他的父和祖工作的那個地方上。這祇是一種圖案，但她可說是在封建的奴役與亞洲各國的特殊的奴役之間一種原則上的差異。（參看瓦爾加的中國革命之基本問題。

在這裏，我們要考察，亞洲社會內是否有了奴隸制度並且牠起了何種作用。奴隸在所有亞洲的國家內都可看到。在埃及他們『做大官吏，的家內及園囿內的工作』。在亞述巴比倫——據維貝爾的意見——也沒有起過很大的作用，因爲巴比倫的經濟和羅馬不同，就是因『有組織的奴隸勞動不大發展』。〔註一〕這樣看來，奴隸制度是有的，但牠並沒有給亞洲社會以基本的音調，牠只起了附屬

〔註一〕同上七六頁。

的作用。這是很顯然的。而且奴隸勞動的生產力低於農作人的勞動生產力，他的剩餘生產品給亞洲社會一種可能，去具有龐大的官僚機關。這種剩餘生產品怎樣去徵收呢？首先賦稅根本就是在土地使用權上徵取的，卽徵取自然物。可是賦稅不僅包括農村經濟的生產品，而且還包括家庭工業的生產品。很顯然的，第一件事就是計算土地的數量。我們看到整個亞洲專制政體都從事這種工作。有土地的登記簿登記國家的全部土地。在一定的期間——經過相當的間隔——就舉行登記，並且把一切的變更都記入土地的登記表上。隨後，就根據這些表冊去徵收賦稅。通常，這種賦稅是收成的一部分，有時規定爲絕對的數量，有時規定爲收穫的百分之幾。這種年貢，其形式爲耕種歸入公社土地內的國家的土地也是可能的。我們在中國（井田制）和印度（十或十二股分制）就可看到。這種地租稅由政府所任命的官吏來徵收的。繳納給中央的租稅之數量是規定了的，餘下的就留在地方上。往下我們就看到這種情形在商業的影響之下引起了什麼。

亞洲社會在其存在之第一個時期便是如此，那時商業並未起着若何決定的作用。商業之發展便異常地改變了牠的面貌，對公社起分解的作用，使手工業者同農業分離，增加賦稅的壓迫等等。

就如在古代社會內一樣，在亞洲社會發展的第一個階段上，當時公社就是基礎，交換並不起多大作用。在資本論中馬克思說：『在古代亞洲的，古代的等等生產方法之下，生產品變爲商業，也就是說做商品生產者的人之存在只起着附屬的作用，可是公社的生活組織之衰落愈往前進，則此種作用亦愈大』〔註一〕我們以爲馬克思對古代亞細亞生產方法恰恰是理解着牠的發展的第一個階段，當時商業只起了附屬的作用和最晚的時期是不同的，因爲較晚的時期商業的意義已非常地增長丫。這樣看來，商業在資本主義前期的社會內就有了，不過起初牠只起過不重要的作用。在市場上出賣的只是剩餘品，其主要的數量之生產是要滿足生產者自己的需要。但是後來商業發展起來了，各個區域由於牠們接近市場接近商業的道路，遂開始爲出賣而生產，發生生產品變爲商品的過程。這種情形便引起在一切資本主義前期形式前的公社之瓦解，使手工業者和農業分離，强迫着加强對農作人剩餘生產品之榨取，更有甚者，就是掠取他的一部分必要的生產品。商業使現存的生產方法解體，但其本身並不決定新的生產方法，那種生產方法是從正在商業影響之下解體的舊生產方法中發生的。

亞細亞生產方法因商業而解體的過程是長期的而又殘酷的。舊的生產方法有這樣的特點，這些特點，使牠可以掙扎，而且祗是緩慢地，一步跟一步地在幾世紀期間才被商業之破壞的勢力所克服。在歐洲，直到商業的作用增加的時機，公社已經處在解體的過程中。在公社中沒有任何的力量足

〔註一〕馬克思資本論第一卷四七頁。

以違反商業而密合各個家族。在亞洲社會內，這些力量是有的。這裏我們首先應當指出鄉村經濟與家庭工業間之不斷的聯繫，但不僅這一點。如果我們說到農業和灌溉相連的那些國家之現代的狀況，我們便會看見直到現在村落仍爲水源之公共性所聯繫，這個水源的水是用以灌溉農田的。這種情形在牠抵抗公社的沒落的意義上說來，却予商業的勢力以有力的障碍。這就是爲什麼在亞洲慢慢消滅的公社和發達商業一同存在。很明瞭的商業愈發達，牠達到的水平線愈高，則公社制度之解體亦愈邁進。商業發展之程度上的差異說明了那樁事實，就是在中國公社開始分解比印度早不了好多。公社的基礎就是農業和家庭工業之一致。商業之浸入便引起這兩種份子的分離。手工業更加獨立，並且開始爲市場而生產，而手工業中之分工也穩固起來。製造某種物件的秘密由父傳子。行會創立了，它是『不自由的組織，在埃及，印度及中國都有過這種組織』〔註一〕在農作人與手工業者之間有商人，經過他的手將勞動工具拿到農村而將食品運入城市。商人又站在手工業者與官吏之間。他開始起着買占人的作用，給農村手工業者定錢而購買他的勞動生產品。在未深入工業製造品的市場以前，家庭工業之存在還不會中斷。

商業不僅生產奢侈品及手工業勞動的生產品。穀物在對外貿易上開始起着不少的作用。和其

〔註一〕維貝爾經濟史九六頁。

他民族——主要是環繞亞洲國家的游牧民族——通商的事發展起來了。『麥是一種商品，已成了古代埃及的主要財富，這種商品逐漸引起和鄰近民族的通商……。』〔註一〕爲爭取商業的道路便創立起遠征隊，他們的勝利便開展出交換之新的可能性。中國人着力於南方——在揚子江流域，象牙，米等等都出在那裏，同樣在西方亦是如此。那些過剩的數量——即總督在中央政府將他免職後他所存有的——在現刻便起着很大作用。於是就希望從農作人身上榨取更多的租稅。在詩經上有漂亮的詩句表現農民怨恨『統治者』加在他們身上的非法的賦稅。他們怨恨道——『碩鼠碩鼠，無食我黍！』克里金寫道：『人民窮困了而且低聲下氣地屈服於賦稅的重荷之下。』〔註二〕這就是負担非法的重稅的農作人到頭來不能養活自己和自己的家庭，而不得不出賣自己的土地。

但是農民的剝削加强便引起他的反抗的加强，農民暴動，並以暴力取消那些爲貨幣關係之發展所引起的改革，於是便發生暫時回復到自然狀態的退步。可是經濟的往前發展和貨幣關係之發展是相聯的，並且這樣的時機就會來臨，即當貨幣關係勝利時，就毀滅了公社的關係。那時亞細亞生產方法便完結了。

商業資本和高利貨資本是與貨幣關係的發展一同增長着。貨幣積聚在一個人手裏以及調查

〔註一——二〕克里金族長制中之農業三二一——三四八頁。

別人的支付之不可能便出現債務者和債權者。前者就是農作人，後者——或是商人，或是官吏。在亞洲社會內高利貸的作用是怎樣的呢？商業資本和高利貸資本之存在，是資本主義前期一切形式的特徵，亞細亞生產方法也在其內，牠有爲這種生產方法所引起的特點。在資本論第三卷中，馬克思詳細地分析商業資本及高利貸資本之性質及作用。他說：『高利貸像商業一樣，剝削某一生產方法，並不去創造牠，而是以外在的形式涉及這種生產方法。高利貸企圖直接保存牠，爲的是能夠一而再再而三地去剝削牠；高利貸是保守的並且祗破壞着現存的生產方法。』〔註一〕商業創造出國家統一之新的原素，代替正在瓦解的公社。所以，公社的解體並不引起國家的解體。祗有商業之衰落才能引起相反的運動。而商業之新的高漲又需要新的統一。

現刻商人，高利貸者，官吏，地主的結合統治着。有時常常是商人和地主之結合，商人高利貸者地主之結合，官吏和商人之結合，官吏和高利貸者之結合等等。而在下層的就是被壓迫的農民，他的勞動在最大限度內不能保證他自己之再生產，他的生存之貧困的程度引起很大的暴動，推翻政府，破壞經濟的聯繫，使商業衰落——從這裏引起單一的經濟，單一的國家之解體。

我們總括幾點來說。

〔註一〕馬克思資本論第一卷第二部一二〇頁。

我們有什麼權利說亞細亞生產方法是『生產條件的所有者對於直接生產者』的關係之特殊形式『……在牠裏面我們常常可以啓發出整個社會之最深刻的秘密神秘的基礎』呢？〔註一〕公社在資本主義前期一切形式之下確曾存在於各種不同的形式之內。但是我們不能認爲公社是亞洲專有的現象。其次我們先前所敍述的那種社會制度，是在亞洲社會以前的，也可說是先於那三種資本主義前期的生產方法——亞洲的，古代的，封建的——但亦有各種形式。那就是自然經濟商業資本，高利貸資本。

第一，在存在有亞細亞生產方法的那些國家之具體條件中，我們看到了這些條件之特殊的結合，第二祇是這一社會制度所特有的許多特性。這種情形造成特殊的階級關係特殊的——和一切別的不同——形式，在這種形式內剩餘生產品爲統治階級所擅有。

灌溉，——是農業技術上必要的成份，公社——牠『依據在公社佔有的土地上，在農業與手工業之直接的聯合上，及在分工之鞏固的形式上，牠們在每個新的公社創立的時候，便提供以生產之現成的計劃和圖案』〔註二〕這兩種契機（灌溉及公社）便是一個地基，從這地基中——在分工及

〔註一〕同上三三七頁。

〔註二〕馬克思資本論第一卷十二章。

生產方發展的過程中——生長出階級，階級之不可調和的矛盾必然產生出國家。『生產條件之所有者』在這裏就是以前『公社的公僕』，當時他們還沒有這樣統治生產的條件，後來便成爲『統治者，『在佔有這些生產條件的基礎上——灌漑的土地及灌漑的水源——榨取農民剩餘勞動的生產品。這既不是剝削奴隸的奴隸所有者，又不是在封建的所有權基礎上從農奴身上榨取剩餘生產品的封建主，也不是剝削雇傭勞動者的資本家。這是統治階級，宣告自己爲國家而且其本身就是一個政權機關，牠把經濟之調整，『東方農業之必要條件』上的權力，及强制的機關，結合在自己手裏，牠剝削廣大的農民羣衆。於是國家就是爲鞏固壓制被剝削階級之反抗而需要國家的統治階級之政權的一個機關，沒有一處像在亞洲社會內表現得這樣明顯，這樣顯露的。因爲在亞洲社會內統治階級與政權機關是一致的。馬克思說過在亞洲社會內階級的對抗就是政府與民衆之間的對抗（參看本書七十五頁）。

這種情形就指示出，——像馬克思指示過的——在亞洲社會內地租與賦稅是合一的。租稅是一種徵取『直接生產者』之剩餘勞動的特殊形式。官吏是亞洲特有的剝削者的形式，這個剝削者就是徵取剩餘生產品的人。『生產條件之所有者對於直接生產者』之關係，在這裏是採取表現於徵收租稅的剝削形式。在這裏面就會看到亞洲社會之『整個社會制度的基礎。』

此種階級關係的性質便決定亞洲社會之相當的停滯。

『解釋亞洲這一部份（卽印度）之停滯的性質，不管政治外表上的一切變動，——這有兩種彼此相互扶持的場合：第一，社會事業——中央政府的事，第二，除這個之外，整個國家分解爲農村公社，牠們自己形成自己的一個世界。』

亞洲社會的統治階級和國家政權機關是合一的，很明顯地這一機關的特徵便是統治階級的記載。這就是爲什麽我們要注意到國家，我們說明國家的集中是由於公社的孤離，因而有必要來擔負起這些公社無力擔負的及在某種關係上在公社以外的那些機能，牠們只有集中的國家方能完成。

這便表示出，亞細亞生產方法原則上和封建的是有區別的，祇是在牠的特殊形式上，牠才常常和封建的生產方法混淆。

特殊的階級關係及特殊的剝削形式，灌溉及公社之隔離，土地『國有』，具有官僚機關的國家之集中——在牠們的結合中——這便是亞細亞生產方法的一些特點。

第二章　自然環境

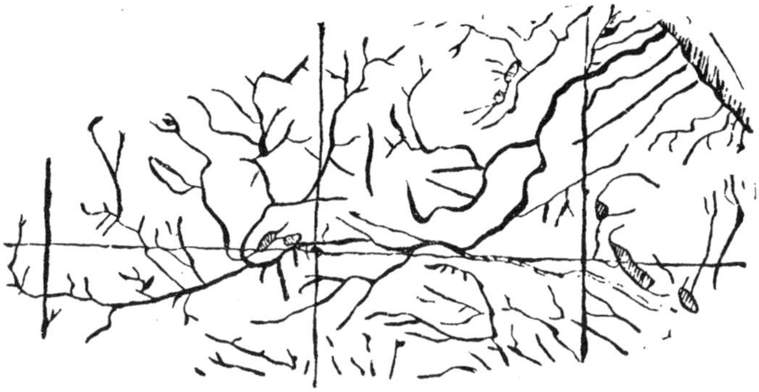

黃河流域圖

在未講古代中國以前，我們必需說明究竟爲中國文化發源地的地理環境是怎樣。人類共同和自然界鬥爭的過程就是社會生活之基本內容；地理環境對於人類社會的發展有絕大的影響固然，不是直接發生影響而是『經過在牠的影響之下發生的經濟關係。』〔註一〕

中國人在其生活之古代期居住的區域——從地理的觀點來說——其本身是什麼呢。對於這一點我們必須首先確定。

我們不涉及中國人種之起源的問題，我們以中國人定居於黃河流域的那一時機爲我們研究的起點，而且我們要聲明，我們把渭河也包括在這一流域以內。

〔註一〕　普列哈諾夫論遭其尼柯夫的書，二六頁。

還是在幾年以前才能夠多少確定地講到中國古代史底那一時期——周代。在周以前——據中國歷史的傳說—傳說的時代及夏商的歷史時代則爲濃霧所籠罩，眞像莫明。祗是在河南北部—該地尋獲有文字的甲骨等等——的發掘之後，殷代才更明顯地呈現在歷史家之前。但是關於殷以前的夏就沒有任何可靠的材料。固然有涉及這一時期的許多傳說，但這些傳說經過無數次的修改，以致到現在不能分別這些傳說之古代的根據在什麼地方，後來補充的又在什麼地方。因此關於夏代只能假定地說牠。但是關於夏的地理上的地位問題畢竟是很明顯的。〔註一〕根據許多的指示（涉及殷代的正如涉及周代的一樣）可以說，這一時代的中心是山西的南部，卽黃河（從南到東的黃河經流的地帶）及汾河的區域。後來中心更移到東部——據傳說的話——離開封（河南）不遠的地方。殷代（他的開始當在紀元前十五——十三世紀之間，而他的完結當在紀元前十一——十世紀之間）像我們已說過，——他之更爲明瞭是由於在河南北部所發現的可以推測的書契，牠們是屬於殷代的後半期。中國傳統的歷史把首都的七次變遷編入這一時代，其中有三處發現地算是

〔註一〕其實，異常有趣的是中國的傳說，說及堯舜的首都設置的處所。前者居於汾河之濱——卽現今之山西；後者在同一省內，但在更南部的地方（見馬斯培羅 "Les orines de ba Ciui hisation Chinoise" Annales be Geographie 一九二六年一九四期）。

確定了。〔註一〕這些首都都在河南省的東北部（參看一〇三頁圖。）其餘的首都（如果牠們眞實有過）大概也不會越出黃河流域的這一部份界限以外。中國古代史的第三時期就是統治那時期（紀元前十——五世紀）中國的周代。這一時代分爲兩個時期：西周時期及東周時期。前一時期其中心爲渭河流域——黃河（曲折向東的參看一〇三頁）西部最大的支流，後一時期爲黃河的中流，卽是河南之北，山西之南，河北的一部份，山東的西隅。

總而言之，中國在其歷史的遠古期中，其全部領土並未越出黃河流域所形成的北部的界限以外。這一區域的特徵是什麼？

山西的山地爲黃河及汾河所衝蕩，汾河一帶發現出到黃河一帶的捷徑。『到南面及東面太行山和五臺山便成爲眞正的壁障，高聳於平原與高地之間。沁河一帶，卽使替高原的占有者發現出到河南平原去的斜坡，可是完全沒有進到腹地……；至於到東北，很狹的山路使他們更感困難。』〔註二〕因此這一區域的人口之移動當然只有向西，確切些說只有向着西南的方向——沿河流的方向而去。『在中國之極西，渭河一帶幾乎形成一個閉關的區域：在南方有她的山壁——極大的秦嶺將她阻

〔註一〕馬斯培羅 "*La Chine Antique*" 四六頁。

〔註二〕仝上，二——四頁。

而黃河的水流在此地則甚湍急，此地的居民『很少干豫中國其餘部分的事，但是很明顯地在幾世紀來都爲替自己征取黃河到東方廣大平原去的出路而鬥爭。』

更往西邊則爲黃河（其右邊的支流），淮河及揚子江的匯合，造成一條從黃河流域到揚子江流域的便利的河道。但是再往西行，『卽爲多山之地，交通道路很少。淮山雖不甚高，却有東方崑崙的性質：平行的山脈有極嶮阻的斜坡以及平行的山頂……，無限地延長，……向西行，山路更感困難；要從渭河到漢河，最便利的道路之開拓，是經過有一〇〇〇米達以上高的山頂。所以揚子江流域的佔居者……爲他的北方的敵人所不能企及的……在東北方面……卽在今日的直隸省及山東省境以內，也環繞有自然的壁障，在北方及在西方又有很大而且幾於不可越過的沼澤所保障，該處便改變了黃河下游支流的河床……由南有泰山山脈，東則有海。從泰山到南方的東部平原和這些有限制的及……有保障的區域的區別就是東方的平原是交通便利的區域，在這些地方河流在各方面相互交叉，在這些地方，對於軍隊的移動不能有任何的阻碍。同時這些地方又是富足的而且沒有保障的……這樣看來，外表的結構在中國古代歷史上安置了不可克服的條件。』

由此可以做出一個結論：那些自然地理的特徵——牠們將黃河流域從她周圍的區域區分出

來，——當然是給不受東南西北各方面『野蠻民族』的侵襲之自衛以極大的重要性。但是此種外表的結構之影響較之黃河在中國歷史上表現了的影響爲少，黃河，照邁其尼柯夫的話『是天方帝國（卽指中國）的創造者』〔註一〕

黃河起初在最高處流出後，來從山地流轉到平地，成一弓形。她變成了更大的河，她以高山的急流增加她的水量，牠們的上流都在崑崙山脈，并且在沙漠地方亦有她的水流。再則在北方，黃河一直流到蒙古高原的山麓，而且越出了中國境外，迴繞着厄爾多區。隨後切斷了阿拉山山脈，黃河就流入沙漠地并在其水流底這一部分上分出若干支流，其不同點就在這些支流的河床之變動不定：這些支流視洪水氾濫的程度如何而改變其地位。再則，這條河再折向東方後就以多岩的山爲其憑籍。這條河在這一方向內不會一直流入黃海〔註二〕。但是現在碰到多岩的山後，黃河在和渭河匯合以前就在南方迴旋。

〔註一〕邁其尼柯夫文明與歷史上偉大河流二四五頁。

〔註二〕雷克留指出『地質學家波姆培爾以爲……無數的湖……表示……舊時急流經過的地方，牠從前經過泊河而流入黃海。但是爲山崩所壞塞了的黃河則改變了方向』。雷克留又指出『……記得現時的河流在從前曾隔斷爲兩半』。（見雷克留土地與人第七卷二八八頁。

黃河的中流爲與多水的渭河匯合的地方所限，幷且急驟地迴旋到東方後，黃河就流到牠的下游的區域。從這裏——在前一世紀下半期以前——黃河流向東南方而且在揚子江口和山東半島分離的距離之中心點的地方流入黃海。黃河在開封的極東幾乎喪失了河流的性質，牠已分爲許多支流溝渠。這種情形就是黃河流域這一部分的特點。從一八五三年起，當時發生了黃河河床之最末一次的改變，牠流向東北方而且從山東向北流入黃海。

雷克留指出渭河及黃河『一樣地飽和了泥土的成分，牠們攝取這些泥土的成分，把兩岸的鬆土及由黃土搆成的峻峭的岩石洗去和磨光』。黃河可歸到那些河流之列，格外積極地破壞自己的河岸，幷且使兩岸的崩壞物向下流，把牠們冲到下游的岸上，及在奔流至海的區域內的平滑的地面上。中國北部的河水飽和了大量從黃土的兩岸淘出的砂石。河床塡滿了粘土，幷且在氾濫的時候河水溢出兩岸。黃河的水帶黃色是因爲在牠裏面有黃土漂流着。所以黃河決堤，更加造成了水患之威嚇。但是同時就增加了黃河兩岸的高度，而把黃河的水帶來的肥沃的粘土放在兩岸上，雷克留以爲決堤——這對於沿岸的居民還不算是主要的危險。他以爲河流所浮載的那些黃土的冲積層才是他們的生活之最大威脅及困難。固然，這種黃土可作農民肥田之用，農民築高河岸，造成堤埂之自然的鏈鎖用以阻碍黃河在氾濫時期之破壞力。但是將黃土沿河岸放置，黃河常常增高牠的河床的底，在氾濫的時候，河水也會增高到堤埂的限度以上。而且黃河常常使鬆軟的黃土所築成的堤坍潰決且到處氾濫，產生出了新的河流并淹沒了附近的區域。這樣看來，田地之修復，爲河水所氾濫的地方的土地之騰貴使農民耗費太大——極大區域的播種、爲河流所淹沒，而且住居在這一區域的大多數人活活餓死。因此在保獲自己的生命的目的上，『沿黃河流域聚羣而居的居民，就須求助於人爲的築堤，藉以保持水流於河岸之內。在兩方面河流有粘土製的有效的堤壩，而爲土堤或逆堤所支持，土堤或逆堤又凴籍在次要的堤壩上。』〔註一〕『在任何一個堤壩之維護上……稍微不小心……在同樣特殊的環境中就成爲人民的不可挽救的災難之泉源，』——邁其尼柯夫這樣地說。〔註二〕

這樣看來，黃河之自然地理的性質，當然是迫使中國的居民努力於和河流鬥爭。他們一定要學習和河流鬥爭，抑制黃河的水，抑制牠的橫流，他們一定要征取河流中的耕地，——河流會把土地變成肥沃的，而且這種土地在隨便什麼時候都能從農民手中奪轉去，如果農民不孜孜不倦地勞作使水災不致爲害的話。但是這種大工作自然需要相當程度的技術，這種技術中國人不是一蹴而就的。據普列哈諾夫的話，『黃河的堤埂，據可靠的方面說是好幾代人底巧妙地有組織的勞動，比埃及的

〔註一〕仝上二九一頁。

〔註二〕邁其尼柯夫文明與歷史上偉大河流一九頁。

金字塔和神殿還多幾代。』〔註一〕這就是——第一個結論——爲抑制水災的巨大工作之必要。

上面我們已經說過，黃河本身帶有黃土的成分，這些黃土是被拋置在岸上的。『除掉山脈的地區及洪水冲積的平地之外，幾乎黃河流域全部都覆蓋着黃土層』。〔註二〕河北省、山西省、甘肅省、陝西省之一半，河南省之北部，山東半島等處均爲黃土層所蓋。

此種黃土或粘土其本身是什麼呢？呂赫特霍芬所提出的假定認爲，黃土——灰塵的堆積，是幾百年間北風帶來的。此種灰塵量不斷地增加，牠被吸收於鬆軟的土地內，但是這種增加不能窒息動、植物的生命，因爲牠對於窒息動物、植物的生命是不夠的。幷且在那個時候，由新帶來的灰土層所形成的表面又爲新的植物所蔽，下層和動、植物的殘餘粘合，構成最肥沃的，富於有機物的灰塵堆，這種灰塵堆從上到下有垂直的分出的小孔，『石灰做成的小管貫通着，小管分布的形式，很像植物的根之分布』〔註三〕。

〔註一〕普列哈諾夫的論文一九頁。

〔註二〕雷克留文集三〇三頁。

〔註三〕呂赫特霍芬書信集一二三頁。雷克留以爲，這些細管其本身是『植物的根所安置的空虛的間隔。牠們逐漸爲塵埃所充塞』(見雷克留書三〇四頁)。

呂赫特霍芬說：『在黃土的組成內沒有沙石，黃土是多孔的物質，其本身含有石灰質，是黃褐色的地層，此種黃褐色地層的本質就是在水的影響之下分解為垂直層……黃土則分為橫剖層……牠幾乎覆蔽了中國全部肥沃的地方，而且牠的本質不僅豫定了地質學，而且豫定了農業，甚至豫定了中國的歷史。』〔註一〕

黃土是中國最肥沃的土地，〔註二〕每年都在產生，而且年年都無須求助於肥料。『黃土的土地自己就能加肥自己：牠容易吸取濕氣及恢復土地生產力的那些空氣的成份，……黃土吸收雨水的濕氣，而且這種水分在深處和地下的濕氣相遇，此種濕氣異常富於下層黃土的養料，隨後按照毛細管的作用上升到表面，從深處攝取黃土地下層的一切財富……黃土自己加肥自己，牠不需要肥料，牠自身同時從自己的下層及從空氣中吸取營養……黃土不僅不需要肥料，而且……牠自身就可當作肥料。農民簡單地散布未開墾的黃土層，就可施肥土地。』〔註三〕我們還得指出黃土經常地取償

〔註一〕呂赫特霍芬書信集，同頁。

〔註二〕據馬加爾所引的瓦爾特曼的意見，『中國的黃土的土地比歐洲隨便一塊土地富於營養料，而且就是歐洲未開墾的土地……也不會勝過中國的黃土地』。

〔註三〕馬加爾中國農村經濟之研究七五——七七頁

於肥沃的沙土以恢復其肥沃，這種肥沃的沙土是被東北風從蒙古荒原帶來的。

但是黃土不僅是很肥沃的，牠還有一種質量上的不同：黃土非常容易耡犂。雷克留指出黃土地之異常輕鬆宜於種植菜蔬，他又說，無論何處都沒有這樣大的地面易於耕種，這就不僅說明中國北部在遠古時期之迅速的殖民，而且說明農業之普遍，及早期的過渡到此種農業的經濟形式。雷克留指出黃土區域有山地作屏障而且牠的性質宜於農業的種植，他說：『這一黃土地是和平發展的社會之最幸運的自然條件』〔註一〕馬加爾也指出黃土的性質一部分可說明『中國的耕種發展得很早而且很快。』〔註二〕

實際上，這樣肥沃的土地——牠為着要報償農作人的勞動，也並不需要農業技術之特別的發達，——是中國耕種發展之很好的環境。但是中國的犂——這種工具就是古代的棒，原始人類就是用牠來『耡犂』土地，因為在黃土區內無須深耕，深耕會截斷土地上層與下層之間所有的相互作用。而毛細管作用之破壞並不是增加，而是減少黃土地底肥沃。

黃土的這些特質可以在一種條件之下——即在黃土得到充分的水量的條件之下表現出來。

〔註一〕雷克留文集二一七頁。

〔註二〕馬加爾，見前七五頁。

我們可引馬加爾的話：『如果水量不夠，則地下層與地上層之間的毛細管的連絡就要中斷，而植物就要失去營養。土地馬上就枯瘠……如果……雨水落得很多，則生產品就很豐富；……如果沒有雨水，則到處都有流行的饑荒。』〔註一〕

中國的農作人當然是——在中國古代社會發展之特定階段上——必需保證自己不致遭遇『流行的饑饉』，而以人工的灌溉代替不足的雨量，這不是極自然的嗎？所以在中國北方米雖不重要，然而灌溉制度對於這一區域的中國農業也像在產米區內一樣的必要。『一般的講來，黃土雖然不宜於栽培稻穀，然而很宜在培植高粱、麥、豆、蔴……之類，灌溉在這裏是農業技術的重要問題之一』〔註二〕。

在我們以前說過了灌溉的作用（見本書八九——九〇頁）之後，用不着特別在中國方面再重述這一點。我們祇須指出，要創立灌溉的河道或整個灌溉制度，需要何種不高的技術程度。馬加爾曾引過這樣的事實：『在菲律賓，差不多完全原始的約霍洛特人種建立過偉大的建築物……而且以幾十代人的勞動截斷了山坡上綿延幾千畝的運河。』在荷屬印度『甚至在現在全部稻田之五五

〔註一〕仝上七七頁。

〔註二〕甄克思 "*The Bontok Igorcts*"

%都用土人自己建築的原始的河道來灌漑』〔註一〕這種情形我們以為是可以消失一切的懷疑。自然，古代中國人並不是一下子就會建築抵禦黃河的堤壩，及防禦旱魃的運河。在中國能夠達到創立出周禮上記述的『蜘蛛網式的』灌漑制度所需要的技能之前，還需經過好幾十代。但是中國達到了這種技能而且中國社會之進步的運動之歷史，在其歷史的第一個時期就告訴我們，這種技能是中國社會發展之基礎。

〔註一〕"*Year Book of the Netherland East Iudies*"一九二〇年。

第三章　農業——夏、商、周時代之灌溉、牧畜、商業

中國農作者從游牧的農業過渡到了定居的農業。我們已經指出過，農夫定居的最初區域是沿河兩岸。這種情形——注意了中國北部河流的特性，其本身不是肥沃的土地——是極其自然的。但是河流本身不僅產出了肥沃而且產生水肥沃及水量則視在河的源頭上（首先就是黃河）雪的溶解及沉澱物的數量而定。簡括地說，河流的近郊曾飽嘗了很嚴重的結果，——洪水不僅淹沒了穀種，而且淹沒了房屋，洪水溺斃了無數的人。所以，一開始擺在中國農民面前的任務就是和水災爭鬪。

但是農民並不是一下子就能勝任這種任務。要勝任這個任務須得幾百年。以後灌溉——沒有灌溉黃土地（在雨量不足的條件之下，由森林之砍伐所致）就不能表現其積極的作用——就成爲不甚困難的問題，而且發生以灌溉代替雨水的思想，此種思想——中國的農民當然是適合於此種思想——就是說在中國社會內，已有使此種思想能夠實現的技術。此外，我們在上面所引的例就指明，要創立灌溉的方法並不需要很高的技術。這樣看來，像上面已指出的成爲農業技術之因素的灌溉之開始，並不在較晚的時期，像前一種見解所說的。我們不能確切地肯定中國人工灌溉之採行

是在那一世紀。但是總可以說在歷史上（根據中國的傳說）中國早已知道灌溉。

在大禹的傳說裏，說他是灌溉土地的第一個人。傳說描述洪水氾濫於中國。杜佑通典說：『堯遭洪水，天下分絕，使禹平水土，別九州。』這裏最有趣的是傳說將此事歸到夏以前的時代。

由於地理的環境而擺在黃河區域居民之前的事業是什麼呢？這種任務是兩重的，而且是緊相結連的——就是和洪水爭鬥及灌溉田地。開鑿運河不僅提供水量以灌溉離河甚遠的田地，而且可作疏導過多的水，即是說局部地豫防水患或減弱水患。（周禮小司徒說：『溝渠河川所以防水患也。』）無疑地挖掘河道是比建築十分堅固足以抵抗水力的堤埂更為容易的事，所以，我們以為河道之開鑿是在創設沿黃河流域的籬垣以前。我們看到中國在周代開始之前，並不是集中的國家，若非中央政府之參豫建築這樣不斷的延長至幾百基羅米突的堤壩，便不能實現——這可作為河道開鑿先於堤埂建築之確證。我們以為，就是統一的中國之發生是由於建築此種堤壩之必要所致。

我們再說到關於禹的傳說，司馬遷在史記的河渠書中說：『禹以為河所從來者高，水湍急，難以行平地，數為敗，乃廝二渠以引其河。北載之高地，過降水，至於大陸，播為九河，同為逆河，入於勃海。九川既疏，九澤既灑，諸夏艾安，功施於三代（夏，商，周。）』在論語內則有如下的話：『子曰禹吾無間然矣……而盡力乎溝洫。』

關於夏商時代的灌溉，我們不能確切地知道。我們祇有從那個廣大的空間——在周代有了河道之開鑿的空間——出發，才能追溯既往，而做出一些結論。無疑地，創設蜘蛛網式的河道的過程，延長了不止一世紀。這樣看來，可以正確地推定，不僅殷代，就是夏代都知道了開鑿河道的技術。但是這需要費極大的精力，而且可以說，在當時一切工作是着重於給牲畜以食料的牧場。夏代情形很模糊，但是無疑的，牧畜，狩獵，捕魚等駕乎農業之上。還在殷代的時候，牧畜之異常大的作用，就是最好的證據。河南的甲骨也是一個確證。羅竹秋指出在河南發見的甲骨中，有許多有角的牛羊。馬斯培羅說到殷朝時候的獻物：『牛、豚、羊之飼養有了……很大的意義。天子自己檢查作爲祭物之用的牛：『天子私自檢查着牛』……作爲祭物之用的動物爲數很大……而且有過……這樣的話……作爲祭物的有一百頭豬，幾十頭白豚，幾十頭牛，幾十頭羊，三四十頭羊，作爲獻物，同時供奉於一個祖先』〔註一〕

我們在詩經上就可找出許多這一類的話：

『我出我車，于彼牧矣。』（小雅）

『駉駉牡馬，在坰之野。』（魯頌）

末了，『阿德爾生注意到異常豐富的家養豬的骨頭，這是在中國北部發掘時所發見的。所有這

〔註一〕馬斯培羅古代之中國四一——四二頁。

些是無疑地在說『牧畜在中國那一時期的經濟內當然是佔重要的地位』〔註一〕

然而在周朝時，牲畜已不起重大的作用。反過來說，如果在殷代農業起的作用，（我們姑妄言之，）同牧畜相等，那末在周代，農業就將牠自己的色彩塗到社會生活的各方面。我們覺得情形是這樣：農業是和牧畜的發展並駕齊驅地發達着。農業之往前發達，（最先是決定於灌溉制度的新土地的範圍）已經不是和牧畜的發展一同進行，而是取償於牧畜業，因為用水灌溉的牧場已成為耕地。周代——農業最後戰勝的時代，農業是中國全部經濟底基礎。

在周代田地怎樣灌溉，我們主要是從周禮中知道的，但是灌溉在周以前又如何呢？對於這一點並沒有直接的指示。祇有根據周代發生過的河道，我們才能推斷殷代的灌溉工作。最簡單的是河道之開鑿，牠是將兩條彼此相離不遠的河聯結起來。司馬遷對於這件事寫道：『滎陽下，引河東南為鴻溝，以通宋、鄭、陳、蔡、曹、衞與濟、汝、淮、泗會於楚。』『東方，則通鴻溝江淮之間。於吳，則通渠三江五湖』等等。自然在殷代的時候，河渠之長並未達到這樣的限度。這種限度一定很小。我們可因以推斷，殷代灌溉的方法還是不很發達，因為自然的灌溉——雨水——起着很大的作用。馬斯培羅引出下述的事實（從河南發見的甲骨文中引出的）：『天子問曰：此月將有雨乎？他日祭師答天子之問曰：「將雨」』

〔註一〕 波干也夫斯基中國史——新東方雜誌一卷七期二五五頁。

〔註一〕這類事實是說雨在殷時起很大作用，在以後的時代關於雨水我們沒有碰見這樣的占卜。

從河引溝渠於田田才宜於耕作。從鴻溝又引出小溝渠各個溝渠互相匯合，到周代每一塊耕地各方面都有水渠環繞着。灌溉技術之發展不僅使臨河的土地而且使離河甚遠的土地都宜於耕種，這種適宜就是因爲在洪水汜濫的時候，水不致常常流到這些區域，這樣，水患之威脅就少。但是此種農業區域之推廣是較晚的現象，牠首先須決定於技術——採用灌溉方法底技術——之發展。我們已經說過，這一過程緊縮牧畜的地盤，而擴大了耕地的面積。

和黃河的汜濫作按步就班的鬥爭之最初的企圖，是在殷朝的時代。此種工作——堤埂之建築——需要大量的勞動者。堤埂還不是沿整個黃河流域建築，而祇是在黃河流域的各個部分中建築。那些小諸侯——他們在殷代的初期——聯合了自己的人民去修築堤埂。但是無疑的，這些堤埂祇是在不大的限度上防止了水患。可以說，牠們之崩潰乃是平常的現象。有一件事實就是牠們本身並不是不斷的環接（堤埂之不斷的環接，只有集中的國家才能做到），這就是牠們在嚴重的阻碍河水汜濫時的缺點。總之，這種堤壩當然是建築了的，因爲像我們在晚近看到的那樣巨大的築堤的方法，在當時是不可能的。

〔註二〕馬斯培羅古代之中國四一頁。

原始以捧棒種土地的事，我們不再講牠。中國人在夏代耕種土地所用的方法離原始的方法不遠，這種方法在中國保存到了晚近的時期。畢蘇林敍述這一方法道：『一畝地……廣爲五十方步，長爲五十四方步。每一方步爲一・五英尺，全方步爲二七〇〇方尺。種子撒布於方步之內，而在方步內又撒布於方尺內。其次除空的方尺外，有種子的共六七五方尺。每一方尺有一尺深，在一方尺內種着種子而且用土嚴密地蓋着。耕種土地的方法是一種最容易的方法。方尺側邊的土地則不耕耘，就是各方尺土地也不事先耕作。除鋤以外，任何農具都不需要，而農作就是婦女和兒童都能操作。』〔註一〕這種鋤是什麼呢？無疑的，牠的前身就是古代的棒。後來牠改變了而且有了長鑱的形式（見圖一）〔註二〕。

圖一

〔註一〕畢蘇林中國之農業一八八四年版一——二頁。

〔註二〕長鑱，農具也，農政全書謂之踏田器。柄長三尺餘，後偃而曲，上有橫木如拐，以兩手按之，用足踏鑱後跟，其鋒入土，乃捩柄以起撥』（見辭源）

『如果種子的芽發得稠密』，畢蘇林又說：『那末要把牠們拔出……在結實的時候要把根蓋住，使烈風不致吹折稻莖。』要做這種工作，還需要一種工具——錢鎛鋤。就是最簡單的『錢鎛』（見圖二）。〔註一〕

圖二

此種工具之挖掘的部分在一端下安着柄，就成了各種錢鎛（見圖三、四、五、六）。而作收穫用的還有一種工具——刀。最初這種工具是尖利的橫木，兩端繫繩。見圖七。〔註二〕後來成為彎曲的刀（見

圖三

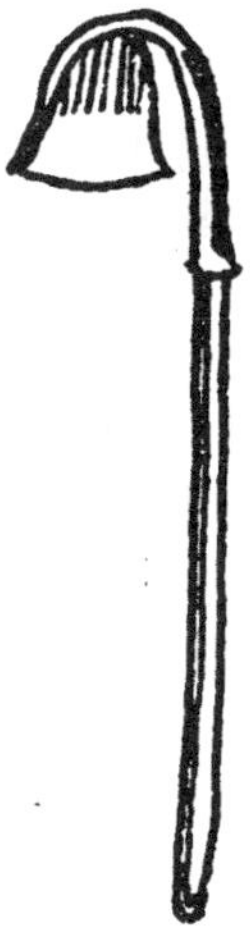

圖四

〔註一〕王禎說：『根據詩經「庤乃錢鎛」一語，可知錢鎛即鎮鏟，以剗地除草者。

〔註二〕『此種工具有一時小的刃，刃上有圓孔，食指可穿在圓孔內……』（見畢蘇林中國之農業）

圖五

圖六

圖八），最後就成爲安上木柄的鈎鐮〔註一〕見圖九。上述的耕種土地的方法，即採用我們所引的工具，在夏代就普遍了的，不過我們不排除那種可能性，即是在這一時代農業技術比上述的稍微進步。

農業發展的第二個時期是在殷代。原始的長鑱佔了鋤——用以掘土的——的地位。長鑱是鋤和錢鎛的結合物。這種工具是安着木柄的金屬的犂頭，木柄稍微彎曲（見圖十。）在柄的一端有一

圖七

圖八

圖九

〔註一〕小爾雅以爲：『凡用以收割及刈草者謂鐮』（見農政全書）

根橫木，農夫以手壓在上面耕耘土地。詩經說：『畟畟良耜，俶載南畝，播厥百穀，實函斯活。』周禮上也說到製耜的匠人。

圖十

收穫用的工具隨着耕田工具之改善而改善了：那時就有了鐮刀。此種工具極像鈎鐮。在中國的農政全書裏，我們引出對上述農具的說明，其中有兩個鐮刀的圖：前者（見圖十一）是金屬的刀，〔註一〕在末端安有木柄；後者（見圖十二）是較爲複雜的工具，刀安在鐮刀上在角下四十五度，此外，在鐮刀上安一粗棒作爲柄，刈艸者則以右手握柄。〔註二〕

〔註一〕關於金屬製的工具，在詩經中到處都提到。馬斯培羅說：殷代的象形文字有時刻在青銅上（三八頁）。殷代的銅花瓶是考古學者在中國北部發掘時所發現。而且發現了割黍的刀（見圖六）。這樣看來，金屬在殷代就很普遍了，而且夏代就知道有金屬，這是可能的，不過佔優勢的，據馬斯培羅的話看來，是青銅。鐵之普遍使用是在周代的時候。

〔註二〕：『鐮刀長兩尺，寬三寸，并安有長的木柄；農民以兩手持之。牠是用來刈割高的雜艸麥等等。指頭握住柄的末端，以使刈獲』。（見農政全書）

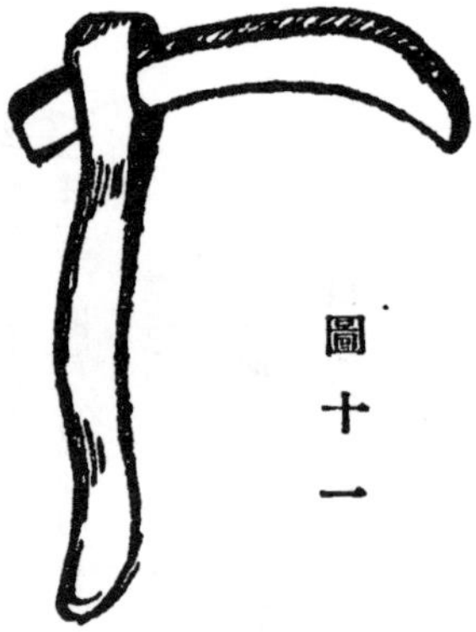

圖十一

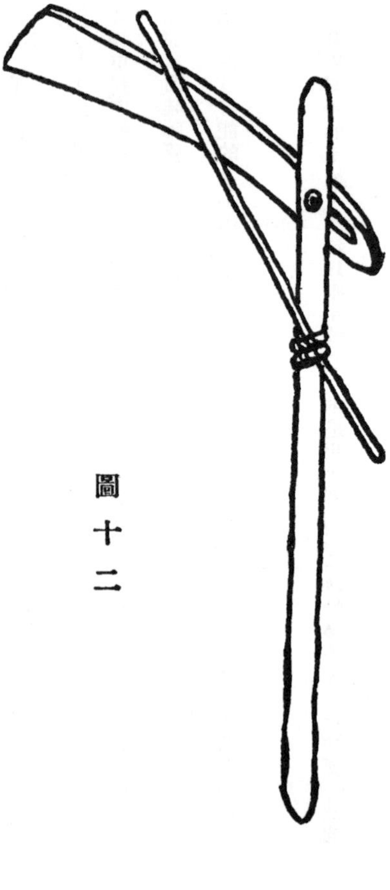

圖十二

耒耜像犂一樣，犂代替了耜，上面已說過，如果沒有犂板牠在耕紜黃土地時完全用不着。周禮考工記說『車人爲耒……自其庛緣其外，以至於首以紘其內六尺有六寸。』〔註一〕

自然在開鑿溝渠時也使用同樣的工具。在需要最深的犂溝時，耒耜只能掘較淺的田溝，要以兩倍的工作才能增加其深度。一道開鑿的兩個犂溝增加了田溝的寬度兩倍。對於這一點，我們可從漢書食貨志中引出下面的一段話：『后稷（虞舜時農官）始甽田，以二耜爲耦，廣尺深尺曰甽，長終畮，一

〔註一〕鄭玄註釋云：『緣外六尺有六寸，內弦六尺』。柄長六尺六寸，牠和鎞製部分相連。呂氏春秋農篇說：『是以六尺之耜所以成畝也。其博八寸所以成甽也』

畮三甽，一夫三百甽而播種於三甽中』。這樣看來，耜之應用使小塊土地的灌溉亦有可能。〔註一〕。自然，用這樣簡單的工具開掘大的河道是一件很困難而且需要幾百勞動者的事。在開掘河道時當然需要鋤，而且要成千成萬的農民堅苦的勞作，運河才能開鑿。我們再回頭來引司馮遷的話：『天子：：令齊人水工徐伯表悉發卒數萬人穿漕渠，三歲而通』。這段話是叙述屬於更晚的時代的工程。但是這裏我們看到數萬的人數，工作至三年之久。中國發展之一般地遲緩——直到現在據美國的一個研究者的話『中國的農作者以二千年前方法和工具來耕作』我們不難做出一個結論，就是司馬遷所叙述的開鑿運河的技術，不見得和最早時期的工程有多大區別。

在周以前的時代，農民生產了什麼呢？嚴格地說來，為中國經濟發展中之新形態的周代在一般的中國歷史上，並沒有絲毫新的植物種植。周以前種植的那些禾本仍舊培植於這一時代，可是無疑地，禾本及園藝植物的名目則增多了。這樣看來，其中許多的名目是周代才有的。

中國北部之自然條件——土地及氣候——極宜於種植黍——此種禾本（即高粱）在北方異常普遍。黍在所有古籍中都被叙述為主要的禾本。我們可以從詩經中引出幾處：

『楚楚者茨，言抽其棘，

〔註一〕孟子說『舜發於畎畝之中』。

自昔何爲？
我藝黍稷，我黍與與，我稷翼翼；
我倉既盈，我庾維億」……

「今適南畝，
或耘或耔，
黍稷薿薿」……

「誕降嘉種，維秬維秠，維穈維芑。
恆之秬秠，是穫是畝；
恆之穈芑，是任是負，以歸肇祀。」

黍稷是基本的禾本，這從下述的詩句中也可明顯地看到.

「或來瞻女，
載筐及筥，其饟伊黍。」

除黍稷以外，還培植有大麥、稻、苧麻、玉蜀黍、豆植物之類，但爲數有限。

「九月築場圃，

十月納禾稼

黍稷重穋禾麻菽麥。』

『黍稷稻粱，農夫之慶，

報以介福，萬壽無疆。』

『豐年多黍多稌』

禮記提供了很有趣的材料，就是關於當時工作是如何進行的：

『仲春之月，是月也耕者少舍。

孟夏之月，農乃登麥。

仲夏之月，農乃登黍。

季夏之月，是月也土潤溽暑，大雨時行。燒薙行水，利以殺艸，如以熱湯，可以糞田疇，可以美土疆。

孟秋之月，農乃登穀。

仲秋之月，乃命有司，趣民收斂，務畜菜，多積聚。乃勸種麥，毋或失時；其有失時，行罪無疑。

季冬之月，命農計耦耕事，修耒耜，具田器。』

無疑的，主要的，卽是說，工作的程序及工作本身在這裏已說得很確切了。

在殷代牲畜是否被使用？大概地講來，在這個時期已經知道用犂；用犂耕種就得使用牛。但是主要的牲畜則是豚，——我們在古籍中常常看到豚之一字——牠用作食料。孟子說『雞、豚、狗、彘之畜毋失其時，七十者可以食肉矣。』周禮上關於「六畜」的記述，豚就是其中之一種。這樣看來，在那一時代的農民經濟內作爲勞動的牲畜並不見得起了很大的作用，（關於這一點，差不多就沒有絲毫的材料，）當時的牲畜首先是作爲食料之用的。

我們說明了：灌溉是農業技術上必要的條件，農業工具是十分原始的；農業的主要生產品是黍。現在我們要說一說，那些足以表現我們所敘述的時代的特徵之勞作形式。大家都和道，播種換位法要以大多數農民的集體勞動來清除耕地爲前提。自然了，從森林中清除出的土地都算作集團的公有財產。隨後就過渡到定居的農業，而應用人工的灌溉。在那個時候，在灌溉在農業中不起多大作用的國家內過渡到定居的農業——在特定的階段上——便引起了家族土地之分割並破壞了公社（當然有許多其他的因素促成牠，）在中國一如在其他需要灌溉的農業的國家一樣，這一發展的進程改變了。灌溉需要集體的勞動。如果各個農民的家庭能夠獨自耕種他的那塊土地，並且能夠在自己的土地內或土地的四周挖掘灌溉用的水溝，那末要從河流引出河道，從河流引出較小的溝渠等等，祇有一大羣的人共同來開掘才能實現。起初，在灌溉制之原始的時候，農村公社已足夠勝任，隨後，由於工程範圍之增大，就需要大量的人民來做。其實，我們知道，這些公社的利益祇限於他們居住的那些區域。在他們的鄉村外綿延幾十俄里的大河道與給他們土地上的穀物以生長可能的那些溝渠之間的關係，在當時他們是不了解的；但是，沒有這些河道，田地之灌漑是不可能的。於是就有必要，以某種力量强迫這些小世界的農民，聯合起他們的力量來開鑿運河——這對於公社是一件很奇怪而不易了解的事。我們已詳細地發揮過，並指示出這種情形就是牠在東方國家內是創造集中國家的最先條件之一。

我們看到中國古代國家完全分離爲這些小的，獨立的，彼立孤立的世界。牠們的形成之過程，大槪地講來，是在有史以前的時期，而一部分在有史的時期。很顯然地，這一過程開始於夏以前的時期，而完結於夏、殷時代。這就是向鄰近的公社轉變的過程，這裏血族的羈絆只起着附屬的作用，這裏——而且是基本的——經濟不是由全集團來經營，而是由家族來經營。公有的東西並不是農夫使用的耕地，而是牧場森林之類。當然灌漑的建築是公共的。這是不是說家族的分有地就是家族或家長之私有？不，土地之使用是短時期的，卽從一定的年齡起到一定的年齡止。土地之棄放或獲得權並不存在。土地是公共的，但是土地的使用則是屬於個人的（家族的）。時時發生新的分配，此種分配，一方面視一家的人數，另一方面視土地的質量而定。

大家都知道，公社自身表現農業和家庭工業之不斷的聯繫。此種工業在中國古代是否有過？孟子屢次說過在農民家宅周圍栽植的桑樹。固然孟子的話是涉及最晚的時期，但是我們以爲養蠶業之存在爲時很早，這是無疑的。（我們還可指出中國的傳說敘述黃帝的妻子——嫘祖教民育蠶。）關於這件事，詩經上說的不止一次.

『女執懿筐，
　遵彼微行，
　　爰求柔桑。』

『蠶月條桑，取彼斧斨，以伐遠揚，猗彼女桑，
　……八月載績：
　　載玄載黃，我朱孔揚，爲公子裳。』

『婦無公事，休其蠶織。』

除桑以外，還培植有麻。

『丘中有麻。』

『蓺麻如之何？

衡從其畝。」
「不績其麻。」
「東門之池，
可以漚麻。」
紡車及原始的紡織機是用來製線的工具。詩經說：
「小東大東，
杼柚其空。」

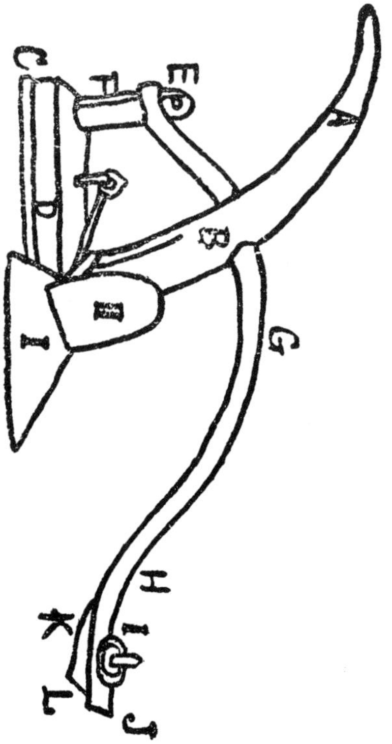

所以，毫無疑義的，鄰居的農村公社之存在可以說是殷代的特徵。

我們轉來說周代的農業，我們已經指出農業在這一時代是中國整個經濟的基礎。過渡到犂耕的過程，是在達到犂的階段以前各民族所共同的，因此這一過程之考察，並沒有特殊的趣味。究竟犂是什麼呢？

牠的搆造很簡單。牠的特點就是沒有側面的犂壁。全部（犂柄A—B，犂牀C—D，犂柱E—F，挽木G—H，犂梢I—I，引木K—L）都是木製，而犂鑱I及犂壁II則為鐵製。繩栓在犂梢與引木之間，使圓棒和駕牛的挽索相連。犂之採用，使在開鑿灌漑的河道方面較廣大的工程也成為可能。關於這一點，周禮上就說過。周代是中國古代史最開化的時代。這裏我們有充分的實際的材料，所以多少假設的地方——我們不得不藉助於這些假設——就是說明夏商時代，這裏便有若干歷史的事實。

第一，我們在這裏首先看到新的制度——土地更換制度。地質之差異便引起了土地耕種方法之不同。質量較低的土地（如沙地鹽田之類）不能每年耕種，即是說此種土地之一部份必須棄置為『閑田』。周官錄田考中說『三分百五十畝而歲種其二休其一，更三歲而徧。蓋每分連二歲，不易至三歲乃易云。』

在漢書食貨志中說：『……以趙過爲搜粟都尉，過能爲代田，一畮三甽，歲代處故曰代田，古法也。』〔註一〕而且周禮（見夏官司馬）說：『上地食者三之二（就其地面而言），中地食者半。下地食者三之一。』食者三之一就是說耕種三分之一的土地而三分之二的土地則空閑着，爲的是到次年不耕種在上一年種植過的那塊土地。我們在晚近還看到這樣的方法。即如在清乾隆五年，河南總督在報告中說：『本省之一部地瘠且多沙石，土地耕種一二年之後必須空閑兩年。』

其次，在周時我們看到土地之三年輪耕制。在古籍中區分爲菑，（即是最初耕種的田）新田—（第二年耕種）及畬〔註二〕。詩經上有幾句詩也描寫這種輪耕制：

『作之屏之，其菑其翳；
修之平之，其灌其栵……』

『亦又何求，
如何新畬。』

黎世衡根據詩經說『在第一年與第三年之間，新田之耕種是繼續不斷的。』

〔註一〕辭源說：用力少而得穀多。

〔註二〕爾雅釋地說：『一歲曰菑。二歲曰新田。三歲曰畬野。』

我們還可以指出在這一時代（也可以說是將近在這一時代之末）一件新創的事。這件事便是以糞肥田。

孟子引了龍子的話之後就說：『凶年糞其田而不足……』。在另一處又說：『耕者之所獲，一夫百畝，百畝之糞上農夫食九人……』。在荀子上也有如下的話：『兼足天下之道在明分掩地表畝；刺艸殖穀多糞肥田是農夫衆庶之事也』〔註一〕。

以上所引的話都是在春秋時代。但是像黎世衡正確地指出，若是『以糞肥田……在龍子，孟子，荀子的時候……是經常的現象』，那末牠的開始應當是在周代。

這些確定的論據就是說農業之極度的發展。然而此種情形要以灌溉方法之相當的發展爲前提。我們回頭來引周禮上的話：

『凡治野，夫間有遂，遂上有徑；十夫有溝，溝上有畛；百夫有洫，洫上有涂；千夫有澮，澮上有道；萬夫有川，川上有路，以達於畿。』

賴格在其詩經譯本的附註中引出下述的一段話：『夫間有遂，十夫有溝，百夫有洫，千夫有澮，萬夫有川。』

〔註一〕見荀子富國篇。

這樣看來，灌溉制度包括全部——以至於一夫的土地——土地。關於這些水道，周禮匠人一章已提到，該章敘述專司灌溉工作的官吏之職責。

『匠人爲溝洫。耜廣五寸，二耜爲耦。一耦之伐，廣尺深尺，謂之甽。田首倍之，廣二尺，深二尺，謂之遂，九夫爲井，井間廣四尺，深四尺，謂之溝。方十里爲成，成間廣八尺，深八尺，謂之洫。方百里爲同，同間廣二尋深二仞，謂之澮，專達於川，各載其名。』對於詩經的註釋是說：『源泉混混，不舍晝夜，盈科而後進，放乎四海。七八月之間雨集，溝澮皆盈。』在左傳中有如下的話：『子駟爲田洫。』

我們且引我們敘述過的農政全書所提供的灌溉之圖案。

圖 A

以上所引的圖案表明灌溉制度不僅做到了牠的直接的名稱—灌溉田地，而且還作爲田地之經界。我們從周禮中已經見過這樣的一段引語。田地之經界有很大的作用。我們且看孟子的話：『夫仁政必自經界始。經界不正，井地不鈞，穀祿不平，是故暴君汚吏，必慢其經界。經界既定，分田制祿可坐而定也』在說到井田制時我們更可遇到這種論調。

在審察文獻時，我們引了一些作者的意見，他們以爲「井田制」是因在土地中心有井而得名。大概這些作者是從下述杜佑通典中的話出發的。杜佑通典說；『昔黃帝始經土設井以塞爭端，立步制畝以防不足，使八家爲井，井開四道而分八宅，鑿井於中』。這話是不可靠的，可是井卻是有的。司馬遷也有一段很有趣的話：『岸（指洛河）善崩，乃鑿井深者四十餘丈；往往爲井；井下相通行水。水頹以絕商顏，東自山嶺十餘里間。井渠之生自此始』〔註二〕山班指出這個地方不明顯。其實，說到地下的溝渠在近東是很普遍的，大都叫做「暗溝」。我們可從"Encyclopedie de l'IsLam"中引出如下的一段話：『溝渠在露天之下，常常喪失大量的水……這便是爲什麼在波斯……視「暗溝」爲較重要……通常在山腳下建設水池，並引導在那裏集聚的水於附近的地面，起初是用地下的水溝，隨後……開鑿溝渠到田間……用以灌溉。這些地下水溝其深度在地平線下常常不到十五米達……在每隔三十步或四十步處，在這些水溝中就安一直管（卽井）』。關於這一點在最近一期的通報（？）中，王國維所作的論文也說過。

〔註一〕見孟子離婁章。

司馬遷告訴我們，灌溉制度在此以前已是普遍了：『益用溉田疇之渠，以萬億計，然莫足數也。』

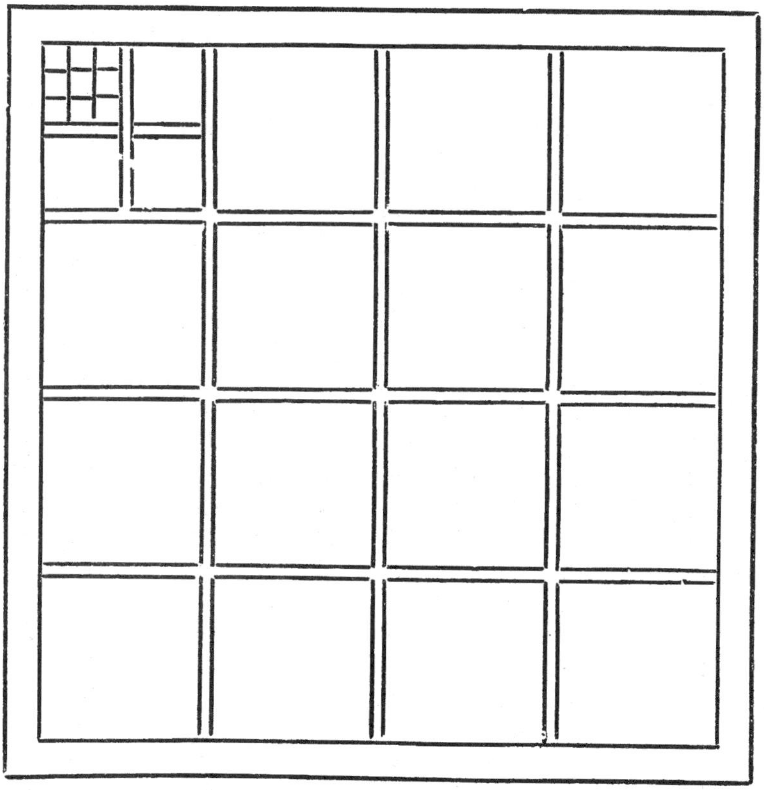

圖B

這樣看來，溝渠之敷設在周時已是普遍的現象。但是我們已經說過，灌溉制度之成就還只是擺在中國社會面前的那些任務之一，其他的任務就是有組織的和水患鬬爭，建築沿河兩岸——最先就是沿黃河一帶的堤埂。

荀子說：『修隄梁通溝澮，行水潦，安水藏，以時決塞，歲雖凶敗水旱，使民有所耘艾，司空之事也。』在這裏，不止一次指出水之利用及與水患鬬爭之一切方法的意義。

我們在司馬遷書中找出許多的材料。當黃河決隄時『於是東郡大興卒塞之。』其後，黃河又決隄，『於是天子使汲黯、鄭當時興人徒塞之。』我們還看到關於在黃河潰決處築隄的工程之敍述。『天子乃使汲仁、郭昌發卒數萬人塞瓠子決。於是天子已用事萬里沙，則還自臨決河，沉白馬玉璧於河，令羣臣從官自將軍以下，皆負薪窴決河。是時東流郡燒艸，以故薪柴少，而下淇園之竹以爲楗。』這裏我們看到對於築隄的工程除土塊之外還需要樹木。我們且引天子自己的話：『瓠子決兮將奈何，皓皓旰旰兮閭殫爲河，殫爲河兮地不得寧，功無已時兮吾山平，吾山平兮鉅野溢。魚拂鬱兮柏冬日，延道弛兮離常流。蛟龍騁兮方遠遊，歸舊川兮神哉沛，不封禪兮安知外，爲我謂河伯兮何不仁，泛濫不止兮愁吾人。齧桑浮兮淮泗滿，久不反兮水維緩。一曰，河湯湯兮激潺湲，北渡迂兮浚流難，搴長茭兮沈美玉，河伯許兮薪不屬。薪不屬兮衛人罪，燒蕭條兮噫乎何以禦水，穨林竹兮楗石菑，宣房塞兮萬福來。』

這些話說到建築隄梁是極其重要，並說到用以建築隄梁的材料。除了土塊以外我們看到樹木，竹石之類。

雖然司馬遷所引的事實是在更晚的時期（漢初），但是中國技術發展之緩慢，十分明顯地提示那種情形在周時也是有過的。

周時的農業和前一時代的農業差不多沒有區別；『一年分為兩季……積極的一季——春天和夏天與休息的一季——冬季。此種劃分……指導了平民底全部生活……，是平民生存之基本的規律。對於從這一時代過渡到另一時代的平民之一切——住宅、住宅生活的樣式、職業甚至於道德全都改變了。』在冬季，農民從田野間轉回到自己在村落中的住宅內。『冷天到來……農民都回到自己家裏』；他們從事預備春季的工作，洗刷工具，婦女則紡織。『這便是家內工作時期，尤其是婦女工作的時期——她們做紡織縫衣等等工作。』〔註一〕。

在春天就來做田間工作。『三月間我們駕着我們的荷車，四月間我們離棄（鄉境）——和我們的妻室兒女，他們替我們到南畝生產食物。在田野中他們構築了茅舍，在那裏度他們的生活一直到冷天到來……夏天……在公社內家庭都消失了……；各家的家事均為田野之共同耕作所

〔註一〕見馬斯培羅古代之中國一一四——一一六頁。

代替』。〔註一〕

所以，我們考察過了農業及灌漑，從最古時期起以至於周末。我們已說明了夏、商時代的牧畜業。很顯然地，牧畜業在周時繼續存在，不過農業已佔了經濟之基礎底地位。

在周禮中有如下的話：『乃頒此法于六鄉之大夫，使各登其鄉之衆寡六畜。』在另一章內說到閭師『掌國中及四郊之人民六畜之數』（見周禮閭師）。這些引證說的就是牧畜起了相當的作用。一個同一的官吏掌人民及牲畜之數這件事實，就表明牧畜並不是專業而是農夫之副業。此種情形在孟子中十分明顯，孟子說：『雞豚狗彘之畜無失其時，七十者可以食肉矣』。但是孟子沒有提到馬、牛、羊。大概牛馬不是耕者所飼養，而是牧人——住居在山區及農業不可能或很困難的地方的中國人所飼養。關於這一點周禮也說到：『四曰藪牧養蕃鳥獸』。而在別一章內（地官閭師）我們又看到這樣的話：『任牧以畜事貢鳥獸』

這樣看來，我們看到有專管畜事的官吏。牧畜有一定的區域——即所謂的「牧地」，我們在詩經中就已經看到。國語中引單襄公的話：『國有郊牧，畺有寓望，藪有圃艸……』詩經上說到過去有過「公家的」牧地，在牧地上可以牧馬。（見詩經魯頌。）

〔註一〕同上一一六——一一七頁。

我們在周禮上看到以下的話『牧師掌牧地皆有厲禁而頒之』賈公彥的註釋是說『厲禁者謂可牧馬之處，亦使其地之民遮護禁止，不得使人輒牧牛馬也』在周禮中我們看到原文說到天子私有的馬廐：『天子十有二閑，馬六種』那裏又說到校人，趣馬，巫馬等等。

自然並不是全部牧地都是「官有的」，普通每一丘都有一塊牧地，在牠上面牧養勞動獸（牛、黃牛）及家畜動物（豚、羊）。有一部分人民，他們的主要職業就是牧畜，共同佔有一塊牧地，而且除牧地外，他還使用一小塊耕地，周禮上說的牛田牧田的話，就是指的這種情形。

孟子上有一段很有趣的話：『牛山之木嘗美矣，以其郊於大國也。斧斤伐之，可以為美乎？是其日夜之所息，雨露之所潤，非無萌櫱之生焉，牛羊又從而牧之，是以若彼濯濯也。』

關於牧畜的問題，我們就說到此為止。

說到周代的經濟，我們也得帶着說一說當時商業的情形。商業在這一時代剛開始發展。牧場的牲畜和平原的穀物交換，從南方交換米象牙之類。一部份手工業者——因各種原因——定居在城市內，這種城市和行政中心是相連的——並且開始為市場而生產。馬斯培羅在其論古代之中國一書中，敘述過市場的情形：『每一個城市……都有……一個市場……這種市場是一個寬大的方形的廣場……在市集的日子，司市居於廣場之中央，等到一切都準備好了，就升旗開市……農民和行商在四周圍擺設自己的商品……賣同一樣貨品的人就聚集在一處……有米行……工具及家具（棹椅之類）行……磁器行……金屬製造品行……商品都有各種的規定：一塊布或一塊絹都有一定的寬和長，荷車有一定的範圍……』去到市場上的不僅是帶着自己的剩餘品出賣的農民，而且還有手工業者和商人。所以市場是『交換……新聞和見識……的地方，牠是各種新聞傳送的中心……造成了牠能在這一時代存在的限度之內的輿論。農民領略了（在市場上）事變的知識……他已多少和其他方面接觸了』〔註一〕。

在司馬遷書中（見貨殖傳）有一段很顯著的話：『烏氏倮畜牧，及衆斥賣，求奇繒物，間戎王什倍其償，與之畜，畜至用谷量馬牛。秦始皇帝令倮氏封君，以時與列臣朝請。』

在這裏我們看到不僅牲畜爲商品，而且絲織物亦當作商品，另一方面，用以飼養牲畜所必需的大量食料——照司馬遷的話——也已經可以購買。

這段記述說的是秦初的事，當時商業已經很發展：在這一點上很特別的就是烏氏能位比封君，與列臣朝請。然而這一事實是說秦時商業達到了那種高度的發展。在周時牠的發展是微弱的，但是商業之存在是不用懷疑的。

〔註一〕 同上一一二——一一三頁。

而且，周禮說到賈田——此種田是授與在城市市場上做買賣的商人，或是授與以生產品供給行政機關官吏的商人。

還有一些事實黎世衡從周禮中引出如下的數字：『有編入官廳的賈人……即如編入王府的有賈八人，而編入大府有賈十有六人』〔註二〕。

這是告訴我們周朝已有了商業。

我們在上面已經引了一些事實。我們還可以附加一句，在周朝知道使用象牙、金、銀、及其他各種奢侈品，都是供對外貿易之用的。即如，愛端爾比奧在其論文中國古代風俗之研究內，根據詩經而說，詩經上有一段短詩（見詩經魯頌：憬彼淮夷，來獻其琛；文龜象齒，大賂南金。）敘述象牙，牠是『像金一樣是中國淮夷獻來的』。他又指出玉石的貿易。東周時代的遠征怎麼不是找尋新的市場，新的商業道路呢？我們以為周末是商業正在發展的時代。

〔註二〕 見黎世衡中國古代公產制度考二三頁。

第四章　土地之分配及稅制

在說明了使我們感到興趣的中國有史時代人民之基本職業一問題後，我們便轉來考察包括土地之分配及稅制的那種土地政策，此種土地政策適合於周朝沒落前中國社會發展之各階段，而且也適合於土地使用制在中國社會全部生活中所起的那種作用。

孟子說：『夏后氏五十而貢；殷人七十而助；周人百畝而徹。其實皆什一也。徹者徹也。助者籍也。』這些話，第一是說夏、商、周的制度各不相同；其次是說耕地範圍之改變——從五十畝增至七十畝，而後來又增至一百畝；最後是說特殊的稅制與此三時代中之每一時代各相適合。

我們略略地說一說分地之範圍。有些著作認為分地範圍並沒有變，所變的是測量地面的單位。例如顧炎武就是堅持這種觀點。黎世衡引他的意見：『蓋三代取民之異，在乎貢，助，徹，而不在乎五十，七十，百畝。然尺丈之不同，而田未嘗異也。故曰，其實皆什一也。』〔註一〕指出了這種意見後，我們也覺得，並不是數的表現有了改變，而是分地範圍之增加。此外，我們在

〔註一〕　引自黎世衡書三〇頁。

這裏要指出這並不是完全說在夏代的時候，到處（指當時中國之領域而言）分地之標準實際上就是五十畝——這裏所說的大概祇是指夏的『天下』而言，（可惜我們的名詞用到中國，並不常常適合於中國的條件）關於殷代也可以這樣講。在周代的時候，像我們在下面說的，分地之範圍約從一百畝至三百畝，這是視許多原因而定。

崔東壁在其三代經界通考一書中說出極其有趣的意見：『夏之五十而貢，夏之圻內，夫授田五十畝而行貢法也；諸侯之國，不必皆五十而貢也。殷之七十而助，殷之圻內，夫授田七十畝而行助法也；諸侯之國，不必皆七十而助也。周之百畝而徹，周之圻內，夫授田百畝而行徹法也；諸侯之國，不必皆百畝而徹也。』

這些話是將一種柔性加進了中國古代的土地政策內。這些話的意義就是說在夏商時代不能說中國是單一的，也並不是在『普天之下』實現了這一種或那一種制度。崔東壁不僅提出一種假定。他並且引證詩經上一段很有趣的話來證明牠，詩經上說：『徹田爲糧，度其夕陽，豳居允荒。』（見詩經、大雅、生民之什）

這就是一個明證，卽是說照孟子的話，殷人七十而助，而公劉則採行了另一種制度，這就是說孟子的話不能解釋爲，這種或那種制度是普遍於全中國。

如果詩經的話明顯地說在殷代除助法外，還有了徹法，那末——根據類推法——可以假定在夏代除貢法外，大概在商侯國（他後來代替了夏朝）內就有了助法，他（商）給了這一時代的整個制度以存在於國王『領土』內的制度之名號。再則，因爲稅制和土地之分配緊密地聯繫，我們可以得出結論說，在當時夏朝採行了一夫五十畝之分地法，在商侯國內分地爲七十畝，而在殷代，此種分地成了標準的時候，周侯國授田給農民則爲每夫百畝（這更可假定當時周佔據的區域很大）。

我們覺得這是孟子的五十，七十，百畝的話之唯一正確的解釋。殷代替了夏，殷又爲周所代替，這一事實不是可以用這些加以部分地說明嗎？

我們必須指出，我們很難將五十，七十，一百的數字作爲反映分地範圍的絕對數字。這是彼此相關的一些符號，即是說其意義是夏代的分地比殷代小，而在周代分地又比殷代大。我們應當很愼重地來說這些數目的意義，因爲這類數字在中國古籍中常常碰到。即如，在孟子上，我們又看到如下的一段話：『公侯皆方百里，伯七十里，子男五十里』等等。

在另一處孟子說：『五十非帛不煖，七十非肉不飽。』最末我們找到陳臻問孟子的一段話：『前日於齊王餽兼金一百（二、四〇〇兩）而不受。於宋餽七十鎰（一、六八〇兩）而受，於薛餽五十鎰（一、二〇〇兩）而受。（見孟子公孫丑章。）

但是這些數——五十七十，一百不僅在孟子上看到。我們還可引出幾個例子。在禮記上引了孔子弟子——有若的話：『國君七個遣車七乘，大夫五個遣車五乘。』（見禮記檀弓）在禮器中說：『天子七廟；諸侯五，大夫三，士一。』最後在聘義中說：『聘禮上公七介，侯伯五介，子男三介。所以明貴賤也。』

這些引證指明一〇〇、七〇、五〇、七、五、三——是一些數字，是一些符號，從牠們表示出的那種數目之立場來講不能把牠們當作絕對可靠。所以，我們重複說五〇、七〇、一〇〇畝地，我們並不是就牠們的絕對意義而言。

所以照孟子的話，夏后氏五十而貢的許多作者懷疑到分地之大小，而指出上地五十畝若能養活農民的一家，則無疑地地質不良的土地便不能有充分的生產品以之養活農家了。自然，這種懷疑是對的。但是問題在所說的分地——如許多註釋者所指出的——都是指上地而言。即如郭璞說：『可以播種且能給農夫以食物者謂之耕地。』在別的地方解釋爲『可食者曰原』（見爾雅釋地）管子更確定地說：『地之不可食者，山之無木者百而當一。涸澤百而當一。地之無草木者百而當一……』

這樣看來，很顯然地，所說的都是上地。所以我認爲分地五十畝，第一，這裏說的都是上地，第二，五十的數並不完全是實際上的五十畝。

適合於這種分地的稅制就叫做貢法。他的實質是什麼呢？孟子見滕國之君時，就引龍子的話『治地莫善於助，莫不善於貢。貢者校數歲之中以爲常。樂歲粒米狼戾，多取之而不爲虐，則寡取之。凶年糞其田而不足，則必取盈焉。』

貢法根據一定的，從人民身上徵取的而且是表現爲絕對數量的，（與收成無關）在數歲之中以爲常的稅率。此種稅率不因收成或荒年而改變——在任何場合內此種稅率都要完全繳納。毫不足奇地，孟子跟着龍子認爲這種制度是『不良的』。但是他在所引的話中注意到「凶年糞其田」的話。我們說過，這種現象在周代才有，而貢法——據孟子說——在夏代就有了。這句話立刻指示給我們，龍子的話不是涉及夏朝的制度。實際上，龍子說的是較晚的時期——卽戰國時代。

赦敬在其孟子說解一書中說：『下供上曰貢，五十畝貢五畝之稅也。……莫不善於貢者，後世之貢，非禹之貢也。禹貢之初無有不善，衰世濫取溢額，說名爲貢，如龍所言，孟子引以見當時諸侯聚斂。』

在別一本書中說『戰國之時，諸侯重稅暴歛。……說名爲貢以飾之，此孟子之所以非難之也。』

這樣看來，毫無疑義地，雖說名稱一樣，然而夏朝的制度在實際上和戰國時代的制度沒有絲毫共同之點。胡渭指出這種情形，他說到這種制度是兩種相異的東西。

然則，夏朝的制度是什麼呢？孟子在所引的話中說夏后氏五十而貢。他更指出這種制度，像其後的制度一樣，就是稅率爲什之一。這樣看來，五十畝生產品之什一卽爲農民所繳納的稅。

這裏就發生出以下的問題：這是不是說每年實際徵收收成的什一，或是像較晚的時代，在數歲之中繳納一定量的生產品？

著名的註釋者朱熹說：『夏時一夫授田五十畝而每夫計其五畝之入以爲貢。』很顯然地，他從徵取什之一的話出發，因而做出結論說徵收五畝之生產品。我們很難同意這種說法——我們不能這樣絕對地相信孟子。什之一——這是比正確數字還輕易的一種推論，雖然是用助法來證明的——照孟子的話，等於什一，然而事實上孟子的敘述表現出在這種制度（助法）之下徵稅率乃爲九分之一。

我們應當不從徵稅率的觀點，而從其實質來說明這一制度。說文說：『貢獻功也。社而賦事蒸而獻功。冬祭曰蒸，蒸而獻五穀布帛之屬也。』這種說法對於這一制度之實質給了一些指示。主要的是勞動之一部分是爲『上層』而勞動，卽是說這些『上層』已存在了並且靠農民爲生，有了被剝削者和剝削者——有了階級。從前爲武士所擁戴的軍事領袖——侯爵居於統治地位。而這個侯爵和他的武士則靠農民的勞動爲生。這是根本的情形。數量上的表現並不起特殊作用。在當時中國的各小國內，要說有一律地固定的徵稅率，這是可疑的。但是另一方面賦稅之範圍在各個侯國內不能嚴格地區分，這却是無疑的。所以很可信的就是這種稅——徵收的數量多少是有一定的，可以說約爲農民的分地的收成之什一。自然，在年荒歲饑時，就稍稍減少徵稅率，這是『上層』所不很樂意的，所以在這樣的年頭，就會有諸侯和農民的利益之劇烈的衝突。這種衝突成爲常有的現象，因爲統治者時時增加貢稅，加强對農民的剝削。

而且，這一時代——就最有威權的，當然是統治的王室而言是夏代，夏代之首長就像中世紀初期的國王一樣——有一個國家——商在其領土內採行了別的制度〔註一〕。

關於家族公社我們已說得十分詳細。我們指出了公共事業之必要，而指揮這種公共事業便將『長老』從農業中分離出來。自然，起初這種首領——灌漑及農業工作組織者——之推選，到後來就取消了，這種職務已成爲世襲的了。這樣看來，某一家便一代傳一代靠自己本公社的勞動過活。公田給公社之首長以可能生存，並在從夏代的小國到殷末——周代之集中國家的過渡時期，當時此種公田之一部分生產品則繳給王侯。這個過渡時期就表現於公田成爲『公家的』——國家的田。這種過渡發生於商國較其他國家還早。我們且說『井田』制度。

井田的實質是什麽？公社的耕地之一塊地由公社耕種，其生產物則繳給『上層』。這就是要看年

〔註一〕 我們已經說過各種制度存在之可能性。這裏我們提出的假設，當然是說明給我們中國古代朝代更換的一個原因。可能地，這個原因後來（在找到相當的材料的時候）會成多爲可信的。但是在現刻這却是最可靠的解釋。

成是好是壞而改變納稅的數量。這樣看來，此種剝削較之貢法好像微小得多。據黎世衡的話『統治者』同人民共同甘苦。

可能地，這是引起夏朝沒落及商朝——商是井田制創始者的一個侯國——制度之勝利的諸次要原因之一。商佔有的那一區域之作用增長，則是最重要的原因：這一區域是在黃河中流，自然這一區域較之包括伊洛河的夏的領域更便利(是就肥沃方面言)。下邊的情形也起了作用，我們在國語中找到對這種情形的指示：『昔伊洛竭而夏亡』。所以夏的領域之覆滅（我們不知道牠的原因，就和我們不知道『伊洛河的竭』一樣）也是夏朝沒落的原因之一。

在土地使用制之發展中發生新的時代，我們現在就轉來考察這個新時代。

我們所敘述的「井田」制可歸納如下：田分為九區，其中八區由農民使用，而第九區，卽在中央之一區，則由農民耕種，其生產品則繳給公家。農民的田叫做「私田」，意義就是「私人的田」，而中央的田叫做「公田」，可以說是「公侯的田」或「公共的田」。以其形如井字，故稱井田。很明顯地，問題並不在九區的田（我們已指出過，數目是一種符號）而是在於有公社，公社的一部分土地為公田。我們也指出過，分地祇授予一定的成年人。現在我們就研究這一點。因為土地授予家長，則結婚為土地獲得之條件。

達到一定年齡的男子一定要娶妻成家。但是結婚的期限在古籍中說的各不相同。有的說二十歲娶妻，有的又說是三十歲，

『昔者聖王爲法，曰，丈夫年二十毋敢不處家，女子年十五毋敢不事人』（見墨子節用篇）。漢書食貨志說：『民年二十受田』。但是大多數文書都說結婚期爲三十歲。周禮說：『令男三十而娶，女二十而嫁』。這就是說男女結婚的期限不能逾期。穀梁傳說：『男子二十而冠，冠而列丈夫，三十而娶』。禮記曲禮說：『三十曰壯，有室』。『三十有室，始治男子之事』。鄭玄註釋爲：『男子受田並完納公家之貢稅』。

此種解釋指出結婚與受田之間有密切的聯繫。韋昭國語註說：『年三十者受田百畝』。後漢書的註釋者引春秋井田記說：『民年三十，受田百畝』。

後幾段引語特別指出達到受田的年齡與結婚的年齡是一致的。也就是說，結婚與授田在時間上是一致的。但是如果說授田和一定的年齡及家庭狀況有關，那末這並不是說使用分地是無限期的，當耕者到了六十歲時，他的分地就還諸公家。漢書食貨志說耕者『六十歸田』。國語的註釋者——韋昭也說『六十歸田』。

恰當地說，田地之授予是在一定的有限制的時間之內。授田是在農民達到了體力完全發達的

時候，而歸田是在他年老不能耕作土地的時候。這已經就證明，任何土地的私有都談不到的。很顯然地，使用土地底期限之限制是要以土地買賣權之不存在為前提。禮記王制說：『田里不粥，墓地不請。』這是說『人民獲得的作為耕地及住宅之用的土地絕不是授為私產。（見黎世衡中國古代公產制度考）

可是，土地之授予與歸還的此種制度要以全部土地及人口之正確登記為前提。周禮（見遂人章）說：『以歲時稽其人民而授之田野。』在縣師章又說『……而辨夫家人民田萊之數』因此，大概地講來，這個整個的制度，這樣的詳細根據所引的話來判斷和研究，其實現必較晚，此種制度是從分地百畝——在周代的時候——出發。但是這一原則在殷代就有了。

在這一時代（殷代），據孟子說，分地為七十畝並實現了助法。關於分地，我們已經說過。我們現在來看究竟助法是什麼。孟子將助解釋做藉（即是使用）趙歧註釋孟子，說『藉者借也，猶人相借力助之也。』

這樣看來，此種制度和公田之存在密切地聯繫着。孟子說『惟助為有公田。』公田要以公社之每一塊田的經界形如井字為其前提，在這樣的情形之下，中央的田為「公田」，而在其周圍的八區則為私田。孟子說：『八家皆私百畝，同養公田。』公田的生產品作為賦稅納給公家，所以，土地分配制！

——井田與叫做助法的稅制相合。

孟子到處都說到一家所耕的土地爲百畝，在當時，他又指出，殷代分地範圍限爲七十畝。問題就在，他要鼓吹恢復這一制度於他所處的「戰國」時代，他自然是從距他較近的時期——周代已有的分地出發。這就是爲什麼這種矛盾（七十畝——一百畝）我們祗認爲是外表的。

孟子稱贊井田制後，就贊成恢復這個制度，他把牠描寫成極有利於國家的制度。他引詩經上的話：

『雨我公田，

遂及我私。』

並且指出，在這種制度之下『公事畢（卽公田之耕種）然後敢治私事。』孟子對於這種制度之回復希望達到什麼地步呢？他企圖確定的地界之規定（他鼓吹田地劃爲方塊），及減輕農民的賦稅（卽用助法）來調整農業，他會希望規定中國農民分地的界限（他爭取平等的分地——卽均地）他希望改善農民的地位，限制統治者的意志並同時放棄周代所授的分地——這種烏托邦的企圖想把道德的絆繩攔住經濟的發展，這種企圖是會被中國發展的進程破滅的。事實上，並不是孟子，而是商鞅——懂得中國經濟發展之路線的眞實政治家，才是勝利者。我們在下面再講。

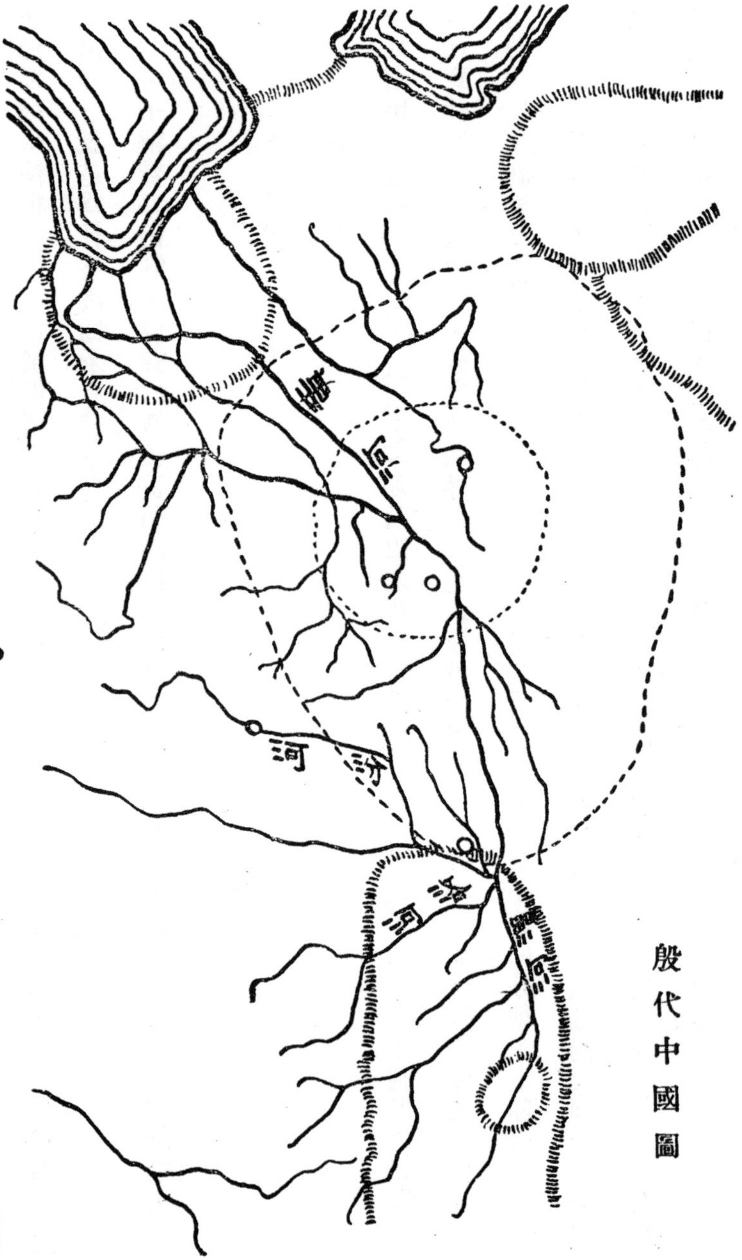

殷代中國圖

大家都知道，在中國井田制之存在曾遭人懷疑根本的反駁就是說這種整方塊頭的制度是不會有的。其實，這樣整方塊頭的耕地之存在底基礎，我們不是在孟子書中找到，而是在維貝爾（Web

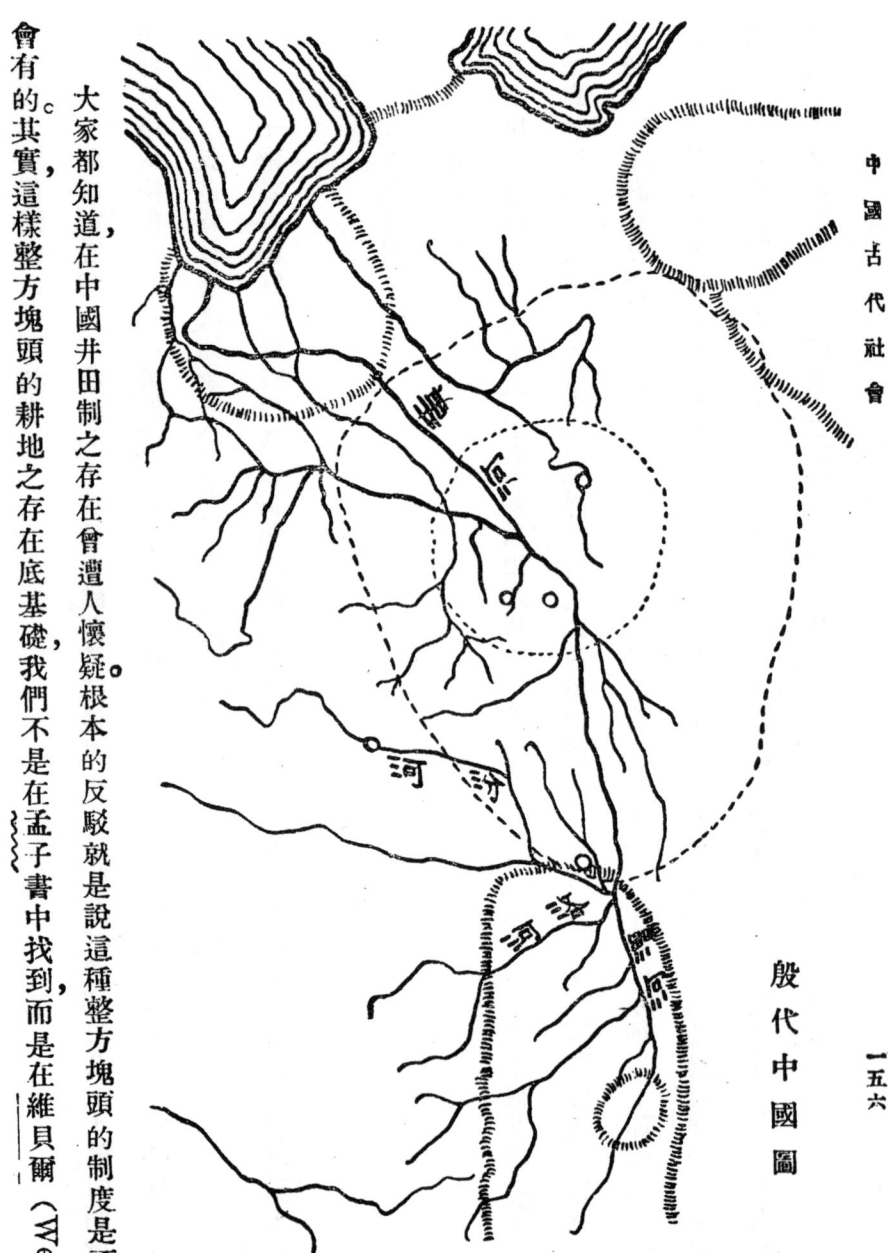

er）書中找出的。維貝爾在其經濟史一書中說：『所有仍舊使用鏟犂（即沒有側面的犂板的犂）的民族，如果他們眞實希望掘鬆土地則不能不從縱的方面和橫的方面來耕耘土地。耕地對此之最適當的劃分就是分爲整方塊頭』。這就是否定井田制度之根本藉口方塊土地之根據。有了整方塊頭的土地並不是因爲牠們使進行平等的土地使用成爲可能（沒有方塊頭土地，平等的土地使用也有可能）而是因爲中國的犂就牠本身形式而言都需要整方塊頭的土地。井田制存在之反對者更說，方塊頭不可能，因爲對於這種方塊需要絕對平滑的地面。爲什麼？難道方塊頭的土地必須表現爲「豆腐干塊」的形式，像胡適及其他的人所說的嗎？孟子將農業技術本身提供出的那些東西普遍化了，而許多（即使不是全部）從事於這一問題之研究的學者偏要一步一趨地承受孟子的計劃並且在孟子的話中不看到問題的實質。

我們在上面從農政全書中引了幾個圖做例。牠們是井田之理想的計劃，是將事件之眞實狀況普遍化的計劃。而且從農政全書中所引的圖表示出，在實際上耕地之形式與分爲理想上正確的方塊的田地是不同的。尤其在晚近我們看到一種原文，說在一〇〇〇里的土地上有九區田各爲一〇〇畝。下餘的一〇〇畝則爲山谷丘陵之類。這樣看來，說井田制度要以平滑的豆腐干塊的地面爲前提，那是很可笑的。這並不是古代虛構的事。關於公社田地之大小我們將在下面去說，因爲關於這個問題的材料是與周代有關的。

十分明顯的，公社的耕地之劃分爲家族的分地及爲賦稅而耕種的土地當然會引起農民耕種這些土地之强度上的不同。有人很直率地想着農民樂意耕種公田較甚於耕種自己的私田。穀梁傳說：『私田稼不善則非吏，公田稼不善則非民』（見穀梁傳宣公十五年）無疑地農民常常犯罪因「公田」所出少於他們的私田。何休說：『時宣公無恩信於民，民不肯盡力於公田』。這是井田制之根本缺點。所以周時的制度，稍徹和助法不同。周代是井田制的繁榮時代，所以這一時代却值得我們特別的注意。

上面已說過，還在殷朝的時候，周天子的祖先公劉已施行了徹法。這種制度本身是什麽而牠和助法的區別又在什麽地方？

徹這一名詞本身就很不明瞭，而趙歧、鄭玄、朱熹諸人所解釋的又各不相同。首先這個名詞都沿用孟子所解釋的來說明。孟子說『徹者徹也』。這種解釋法在古藉中常常可以看到〔註二〕。黎世衡在他的著作中引出「徹」字之八種不同的解釋。考察所有的解釋是用不着的。我們只引在我們覺得是正確的那種解釋。崔東壁在他的三代經界通考一書中說這種制度的意義就在於『民共耕此溝間

〔註二〕 例如周易序卦就有這一類的話：『蒙者蒙也，比者比也等等』

之田待粟既熟，而後以奉君，而分其九者也。通其田而耕之，通其粟而收之，是謂之「徹」。」此種解釋說的就是第一，沒有爲公家而耕種的「公田」，第二，公社耕種全部土地，一部分則以奉『君』(卽公家)。我們要指出公社全部土地由全公社來耕作，這不見得和實際相適合。在家族的分地存在的情形之下，在各個家庭分化的情形之下全部土地由共同勞動來耕種，這是可疑的。

周官辯非說到「公」(官家的)田之不存在：『雖然不曾有『官』田而是從私田徵收什一，但是『官』田是在這些私田之中，』卽是說這些私田生產品之一部分(卽十分之一)納給政府，這就是『官田在私田之中。』但這是不是說私田實際上不是一〇〇畝而是九〇畝?，不因爲在周代的時候——據周禮說『一夫百畝，八家爲井，井九百畝。』所以黎世衡說『周朝規定了分「官」田於八家之間，當時……視察田野並監督播種，於是算攏一塊——一一〇畝並徵取什一之稅。』這種情形，第一表示出，這種制度與孟子所說周朝分地(百畝)的話並不矛盾，第二，關於共同耕種的事並沒有說到。

姚文田以爲『徹之一字與徹取之意義同。』(見求是齋自訂稿。)這樣看來他着重的並不是公田之不存在，而是着重在賦稅之徵取。周官說到在這種制度之下的稅率：『巡野觀稼，以年之上下出斂。』很顯然的這裏並沒有固定的稅率，徵取穀物之數隨年成之好壞而變，皆爲總生產品之十分之一。左傳說——『穀出不過藉。』

根據論語的話可以推斷徹稅之標準爲什一：『哀公問於有若曰：「年饑，用不足，如之何？」有若對曰：「盍徹乎？」曰：「二，吾猶不足，如之何其徹也？」對曰：「百姓足，君孰與不足？百姓不足，君孰與足？」』所有的註釋者都從這裏做出結論，說「徹」的標準是什一。我們無須去引他們，我們祗引穀梁傳的話，穀梁傳中說：『古者稅什一，豐年補敗，不外求而上下皆足也。』

這樣看來，此種分配法——可以作爲徹法——其特徵就是公田之不存在，公田部分地增加到私田內，而其生產品——全公社收成之什一——則作爲貢稅。我們要注意到，並不是各家各自納稅而是整個公社納稅，——在國家面前納稅人不是家庭，而是公社。再則，稅率之規定並不是絕對數，而是總收成之百分數。這就是說，此種制度消除了家田（私田）與『官』田（公田）的耕種之間的差異，因爲農民耕種了自己的分地後，更其要耕種那種土地，其收成的一部分卽作爲賦稅。

徹還有更寬泛的意義問題，就是這個字包括有經界的概念。詩經說：『王命召伯，徹申伯土疆。』有些註釋家解釋徹就是『劃定正確的田界並規定稅率』（見黎世衡中國古代公產制度考）。所以，這個名詞——徹法牠表示出這種制度和田界之規定，卽是說同土地之分配有密切地聯繫。孟子說——『周人百畝而徹。』在另一處孟子答北宮錡之問，說『耕者之所獲，一夫百畝。』而在盡心章內又說：『百畝之田，匹夫耕之。』在荀子書中也有許多這一類的話：『百畝一守，事業窮，無所移之也。』

〔註二〕。在另一處荀子又說『故家五畝宅，百畝田，務其事而勿奪其時，所以富之也』〔註二〕

這樣看來，授田百畝作爲一家之私田。在最後一段引話中我們看到有「五畝宅」的話。關於這一點以下再說。

但是百畝並不是分地之唯一的標準，可以說分地並不限於百畝。周禮說：『遂人……辨其野之土，上地，中地，下地，以頒田里。上地夫一廛，田百畮，萊五十畮；餘夫亦如之。中地夫一廛，田百畮，萊百畮；餘夫亦如之。下地夫一廛，田百畮，萊二百畮；餘夫亦如之。』(關於廛及餘夫，我們在下面去說。) 這裏我們看到，第一，分地之範圍要看土地的質量如何而定——土地愈好，則分地亦愈小。其次，此地所引的三種土地，亦卽是三種分地：一五〇畝(田百畮，萊五十畝)，二〇〇畝(田百畮，萊百畮)及三〇〇畝(田百畮，萊二百畝)。然而，上面所引的原文說的是一〇〇畝。如果回想到以前所引的話，其中說，下地食者參之一，等等，則很明顯地，問題也就在此。

在土地耕種之低度技術之下，雖說土地肥沃，農民也很難年年獲得同樣好的收成。因此他就採用下述的方法：他把土地分爲三塊，每年耕種其中之二塊(卽一百畝)，而五十畝則爲『萊』。這裏

〔註一〕 見荀子王霸篇。

〔註二〕 見荀子大略篇。

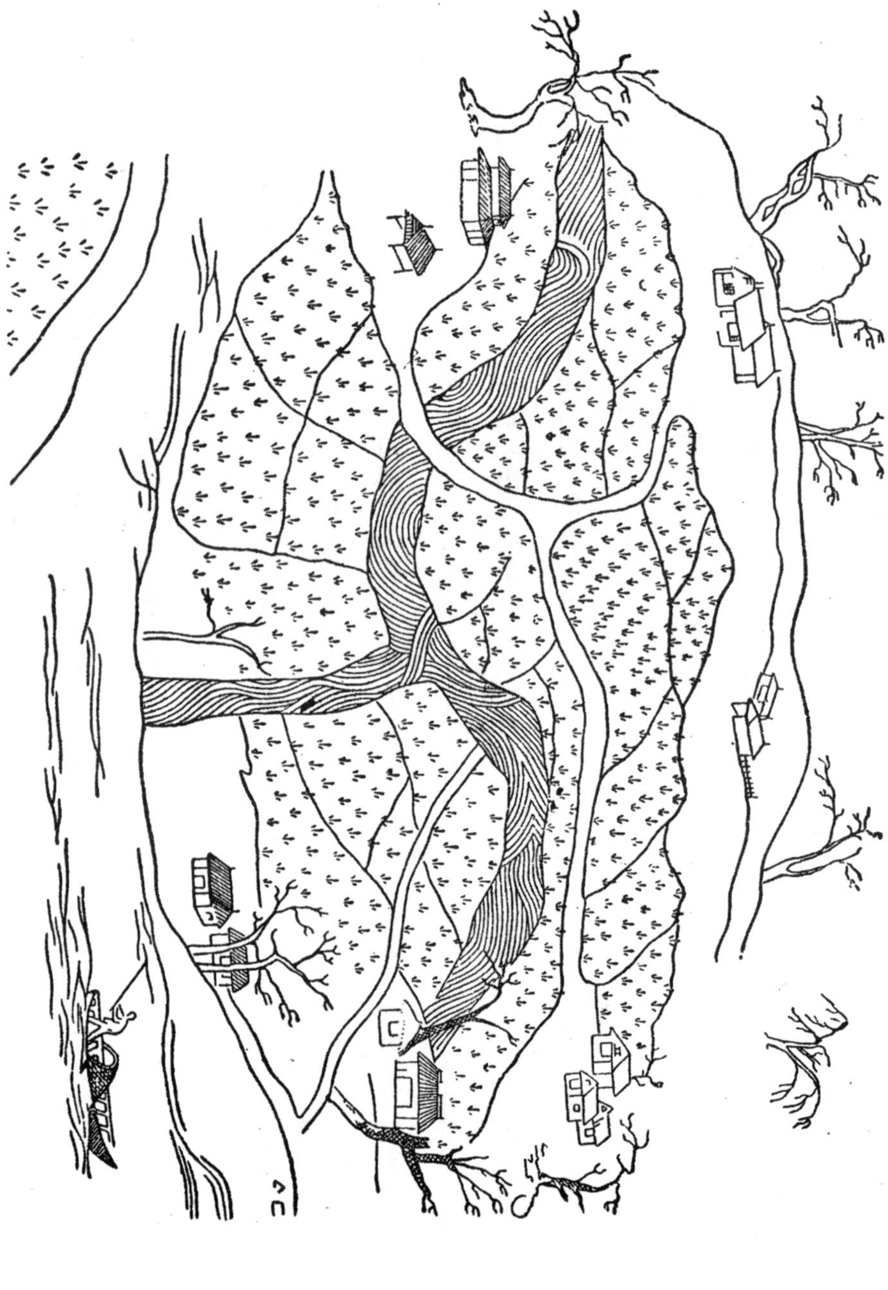

——在土地上——他耕作每一塊五十畝地接連耕種兩年。在中地上耕作一年，即是每年播種一百畝，而一百畝則「休閒」。在下地上每一塊土地之耕種中休息期較長——每塊土地休息兩年，即是每年耕種一〇〇畝而二〇〇畝則「休息」。鄭玄提供出這種解釋：

『上地謂肥美田也，食者叄之二。假令一家有三項，歲種二項，休其一項。下地食者叄之一，田薄惡者所休多。』

「易」地的問題和這些有密切的關係。土地之區分如下：「不易之地，」「一易之地，」（即一年耕種一年休息）及「再易之地」（即耕種一年休息兩年）周禮說：『不易之地家百畮，一易之地家二百畮，再易之地家三百畮。』鄭玄註釋如下：『不易之地，歲種之，地美，故家百畮。一易之地，休一歲乃復種，地薄，故家二百畮。再易之地，休二歲乃復種，故家三百畮。』這是很明顯的。但是應當指出與「食者」的土地和「易地」有關的解釋上的矛盾。鄭司農說：『不易之地歲種之，』但是據周禮說，上地授一五〇畝——田百畮，萊五十畝。然而，從前引過的話說『上地食者叄之二』，這就是說，我們不能說上地每年種之。如果鄭司農的話對，那末孟子，荀子，周禮的上地爲一五〇畝的話就不對。我們以爲是鄭司農錯了，他不正確地解釋了「不易之地」。「不易之地」不易之地祇可說是一家的分地分成三塊，其中每一塊兩年連續耕種，也就是說每年種一〇〇畝。

關於分地之限度視地質如何而定，我們在呂氏春秋中也可讀到：『魏襄王與羣臣飲酒酣。王爲羣臣祝令羣臣皆得志。史起興而對曰：「羣臣或賢或不肖。賢者得志則可；不賢者得志則不可。」王曰：「皆如西門豹之爲人臣也。」史起對曰：「魏化之行田也以百畝，鄴獨二百畝，是田惡也。漳水在其旁，而西門豹弗知用，是其愚也；知而不言，是不忠也。愚與不忠，不可效也。』這樣看來，很顯然地祇有在地質不好的地方，授地較多。

分地之大小不僅視地質之好壞，而且視一家人口之數量而定。周禮小司徒說：『乃均土地以稽其人民，而周知其數。上地家七人……。中地家六人……。下地家五人』……。鄭玄註釋說：『一家男女七人以上，則授之以上地，所養者衆也。男女五人以下，則授之以下地，所養者寡也。正以七人六人五人爲率者；有夫有婦，然後爲家。自二人以至於十人爲九等，七、六、五者爲其中。』

在有些材料中指出食者之數不僅和地質有關，而且和耕者的智能有關。卽如禮記說：『制農田百畝。百畝之分：上農夫食九人，其次食八人，其次食七人，其次食六人，下農夫食五人。』孟子也是這樣解釋：『耕者之所獲，一夫百畝。百畝之糞，上農夫食九人，上次食八人，中食七人，中次食六人，下食五人。』（見孟子萬章。）

大概，這兩種說沒都各有牠的用意。周禮說的是上地授給七人以上的家庭，而孟子則指出上農夫能養活九人。這樣看來指出的祇是在普通七個人一家靠一百畝的收成過活的地方上農夫却能夠提高收成，使牠足夠養活九個人。止矣盡矣。

我們順便指出中等之家是五——六人。李悝說：『今者一夫挾五口治田百畝。』（見漢書食貨志。）我們屢次看到了這個數目——一〇〇畝。孟子荀子及李悝說的都是分地之標準。周禮（小司徒及遂人）考工記及司馬法——都以爲一夫百畝——卽是一家之分地。這就是說，主要的是耕種質量好的土地（家受百畝）而下地之耕耘，則是例外，卽是說，二〇〇畝及三〇〇畝的分地是例外。一「夫」（卽是家長）之土地等於一百畝這件事實就是指此而言的。黎世衡說：『在周朝的時候授田之常法爲不易之地百畝，而一易之地及再易之地之頒給爲例外。』

上面所引的一些原文中已指示出，農夫除耕地之外又獲得宅地。我們可從孟子上引出如下的話：『五畝之宅，樹之以桑。』

所以，不大的一塊地授爲田宅之用，在建築屋舍後之空地則樹之以桑。此種宅地在孟子上講過許多次。但是除這個名稱之外，孟子又引用別的——廛。農民從這一國去到別國（這事發生於戰國時代）向國君呈訴：『遠方之人聞君行仁政，願受一廛而爲氓。』在另一處孟子又說：『廛無夫里之布，則天下之民，皆悅而願爲之氓矣。』我們又可回想到周禮說的：『上地夫一廛』等等的話。

宋朝學者孫奭解釋廛爲『一夫所獲之住宅。』這或許不會引起什麼懷疑。後來有許多爭論到這種住宅在什麼地方的問題。有人以爲此種住宅是在市內（有些原文可作爲此種結論之根據），別的人則以爲孟子所說的五畝中有二畝半在田，有二畝半在城邑，即是說每個農家有兩個住屋。即如趙歧孟子註說：『廬井邑居各二畝半；冬入休城二畝半故爲五畝也。』從什麼地方講一般地都是爲數二畝半呢？我們回想起孟子說貢助徹『其實皆什一也』其實『井九百畝八家爲井而繳納「公一田之生產品爲百畝』，這就是說並不是什一，而是九一。如果假定，公田的二十畝作爲住宅之用，則可得什一。因爲八家爲一公社，那就很明顯地每家各得二畝半。這樣看來，稅率就可與什一相適合。這是很容易做出的結論，在詩經中有一句詩：『中田有廬』可作根據。朱熹就是根據這句話而說『一井之田中百畝爲公田，公田之二十畝分給八家爲廬舍，以便勞作。』這話對不對呢？第一，詩經的話解釋不得正確。我們已經提及過的鄭玄曾指出詩經說的並不是說在中田有廬，而是說牠們（住宅）是在田之中間（即『中田田中也。』）我們在馬斯培羅書中讀到關於這些茅舍的記述。崔述說：『在農忙的日子，所關心的不是有風雨的時候；在收穫穀穗的時期，——就惟恐有盜賊及宵小加以損害，因此在田中建設茅舍，以便休息及保護收穫，所以不叫作家宅而叫做茅舍。很明顯的，不說宅，因爲時間（

在茅舍內住居的不長，茅舍佔地不多，沒有必要分出一半做爲『宅地』。

自然，雖說孟子沒有說到這些住宅，可是漢書食貨志却正確地指出——『田中不得有樹，恐妨五穀』。

恰當地說「五畝之宅」並不是在田中，而是在村落之內。我們可引詩經的話爲證：

『或來瞻女，載筐及筥，其饟伊黍。』

很明顯地，如果廬舍是在田中，那末『載筐及筥其饟伊黍』的話是無謂的。恰當地說，食物是從「五畝之宅」組成的鄉村中帶出來的。在鄉村內住宅四周種有桑樹。大概，鄉村是在公社土地之不宜於農作的部分——即在山丘等處。這種情形我們在農政全書中引來的圖上可以看出。

在上邊我們曾看到「餘夫」一詞。即如周禮說：『上地夫一廛……餘夫亦如之』——『亦如之』即指不耕種的土地言（即是說上地五十畝，中地百畝，下地二百畝。）

何者爲餘夫？黎世衡解釋說：『達到成年，成爲家長且受田百畝者……方叫做夫。還沒有達到成年或已達到成年而未娶妻者；在父或兄之家庭生活而受養育者……謂之餘夫』。很顯然的，這種人當然是受一小塊補助的分地。孟子說：『餘夫二十五畝』。韓詩外傳說：『餘夫受二十五畝』。這種說法和周禮所說不同，據周禮所說餘夫受田從五十至三〇〇畝。這裏事實究竟如何呢？我們覺得趙岐會提供出很簡單而又可靠的說明：『餘夫者，一家一人受田，其餘者，小倘有餘力者，受二十五畝，半於圭田，謂之餘夫也。受田者田萊多少有上中下。周禮曰，「餘夫亦如之」，亦如上中下之制也。』

餘夫之分地是怎樣的呢？在這一問題上都有許有矛盾的說法。有的說是十二畝半（見淸朝周官考）及二十五畝（見孟子）及五十畝等等。我們從孟子所說出發，他說的分地——二十五畝——在其他古籍中都可常常看到，大概這是在上地上餘夫之分地，即是說他得到成年人的「眞正的」家長的分地底四分之一。如果是這樣，那就不難假定，在中地上他（餘夫）的分地爲五十畝（即爲一夫之四分之一），在下地上則爲七十五畝。

有了這種餘夫，便是孟子計劃中一個大破綻。除田百畝外，還有餘夫的小塊土地。但是這並不完全。官吏手工業者，商人及「士子」底小塊分地也歸併在這些公社的田地以內。農業是基礎。交換不發達。所以每個人——在原則上——都要有——在一切場合之內——最低限度的穀物，因而這些分地不是屬於農作人。但是因爲他們的根本作業不是農業，所以他們的分地就比農民少。

屬於官吏的土地。孟子說：『卿以下必有圭田，圭田五十畝。』此種圭田之收穫是用在祭祀方面。官吏則靠他們所在區域的收入過活。但是除這些以外，小官吏稷得作爲他們的生存工具的土地。周禮中曾說到這一點，在那裏提及授予各機關的小官吏司書等等的土地。在那裏說到官田——小官吏家庭獲得之田。此外，又有授予司市及鄉大夫的宅田。

關於授給手工業者的土地，我們可在社佑通典中讀到：『周室初年士、工、商之家僅受農田（即農家之田）百分之二十』。

我們在漢書食貨志中也看到：『士、工、商之家受田五人相當於農家之一人』。這就是說分地之範圍比授給農夫的土地數少五倍。

「士子」同樣得到土地，以前所引的話也說到這一點。孟子說：『元士受地視子男，』即是受五十里地。但這已經是整塊的領地，「士」——國君直接封賜的卿大夫就使用這一領地的收入。

最後，商人亦受地一份，即所謂賈田。可是講及賈田的話却很少。賈田的範圍也等於農夫的普通分地五分之一，自然賈田不是由商人自己來耕種而是他的家庭來耕種，鄭玄曾指出這一點。此外，大概官地由他的家庭耕種，像士和工的土地一樣。

最後，有賞田，即如黎世衡引高帝詔：『詔令有功者受賞受田宅。』但是這在事實上並不是一塊土地，而是整個區域，賜予有功的大臣的。

黎世衡結束道：『就實質言，公、侯、伯、子、男、士、大夫、商人（他把工包括在內——作者）；及家臣……——都同樣地分有井地。』

以上所說的表明了，孟子規畫出井田制度，他很知道計劃和實際不一致，實際提供了各種形式——有農民公社，有鄉村，有卿大夫、工、商、「士」的土地，有城市，有牧場。而且又有園圃，這在周禮上都提及過〔註一〕。關於園圃的話就在論語上也說過，樊遲請學爲圃，子曰『吾不如老圃。』最後，管子說：『許若干家爲園圃之業及以之爲生。』大概的說，此種作業起初是農夫的副業（詩經說：『疆場有瓜』）而後來分離出來成了特殊的事業（如管子所說。）同時園圃開始設置於市外，很明顯的因爲菜蔬果食須爲市場而生產。

所以，井田制度——這是在中國存在了好幾世紀的土地分配制度。根據其社會的實質言「井」是比隣而居的公社，以家族的分地及公田之存在爲前提，在經濟上差不多是滿足自己一切需要的一個獨立的小世界。土地之耕作是應分的，而且有嚴格的規定。同時「井」——公社——是賦稅的單位，而且也是行政的及軍事的分配之基礎。

周禮說；『四井爲邑，四邑爲丘，四丘爲甸，四甸爲縣，四縣爲都』（下一章再詳細地去講。）〔註二〕司馬法說到井爲兵役之單位：『四井爲邑，四邑爲丘，出戰馬一匹，牛三頭，四丘爲甸，有六十四井，

〔註一〕　見周禮天官太宰，地官閭師。

〔註二〕　見周禮小司徒。

旬出兵車一乘，馬四匹，牛十二頭，甲兵三人，步卒九十人，執矛持楯者七十二人』。

我們再說兩句關於與社會事業有關的勞役。周禮中說：『上地家（七人）可任也者家三人，中地家六人可任也者二家五人，下地家五人可任也者家二人』〔註二〕。

我們對井田制之觀察至此爲止。牠的存在是很顯然的。但是我們還要引一兩個證據。王莽得政之後，在此種土地制度沒落後經過好幾世紀，頒了如下的詔令：『更名天下田曰王田，不得買賣，其男口不過八而田過一井者，分餘田與九族鄉黨，犯令法以法』。

最後，商鞅——秦國左庶長——之法令可以破除懷疑之一切殘餘。杜佑通典說：『秦孝公任商鞅，爲左庶長。鞅以三晉（韓、趙、魏，即今山西及河南）地狹人貧，秦地廣人寡。故艸不盡墾，地利不盡出。於是誘三晉之人，利其田宅，復三代無知兵事，而務本於內，而使秦人應敵於外。故

〔註八〕 我們應當指出，徹法幷不曾採行於全中國。甚至孟子都說在國都實行徹法，而在各邦實行助法。這只可解釋爲習慣於耕種一塊特有的土地以作爲賦稅的農民，很費氣力且不高興轉變到新制度方面。另一原因就是中央政府之相當的軟弱，牠不能將一種制度施行於全國，遂不得不在這一方面給各邦以相當自由。馬克思說到西班牙，他把西班牙國家機關和亞細亞專制政體列在一處，他指出：『無論政府怎樣專制，牠都不能禁止各邦實行……各種不同的稅制』（見馬克思論西班牙革命）。

廢井田制阡陌任其所耕，不限多少，數年之間國富兵强天下無敵。』

古今治平略中說：『商君廢井田開阡陌民可自由耕種其所欲耕種之土地，且對於土地佔有不加限制。新法採行數年之後，遂使國富兵强。』

最後，司馬遷的史記說：『商君爲田開阡陌，封疆而賦稅平』。商鞅以他的政策完成了延長好幾十年的那種過程。

井田制之破壞發生於商業影響之下，商業使國家機關加强賦稅的壓迫。上邊從論語中所引的話說哀公徵稅兩倍猶不足。這樣看來，和井田有關係的稅制取消了。另一方面，賦稅增加遂迫使農民放棄自己的土地，將土地出讓給別人。農業衰退了，而且和農業之衰敗並行地發生灌溉制之沒落，增加了各個諸侯間之鬭爭，周國就在這鬭爭中衰弱下去了，因爲灌溉需要經常的關切，調整的工作之類。但是同稅法之沒落及土地之拋棄一道——在外表上——還繼續存在着舊的制度。舊時的「井」(作公社解)還繼續存在了很長的時期，牠是極度增加的軍役之基礎。賦稅替代了徹法，稅的數量是有一定的，而且『凶年糞其田而不足，則必取盈焉。』

經濟沒落的過程在政治的衰退中找到牠的反映，而政治的沒落，又影響經濟崩壞之加深……

井田制就這樣完結，秦國商君的法令就是井田制沒落之最後的——外表上形成這一滅亡過程的——反影。

第五章　國家機關

中國歷史所稱的時代——夏——我們已說過，這時代是極不爲人所知的，這只能歸到傳說的時代。大概這是小諸侯時代，關於這一點，我們在上面已說過。此刻我們不再去說這個時代，我們要轉來說到次一時代——殷，因爲河南的發掘，牠多少被人知道一點，雖然這裏所引的是在較晚的時期。關於社會的組織——在發掘時所發見的甲骨文——並沒有提供絲毫的材料，但是據馬斯培羅的假定，當時有兩個階級：貴族與農民。在社會制度中，王居第一位。他是聖明的領導者。他舉行祭祀。殷代的祭祀比周代多；〔註一〕他支配全部行政事宜。可是他的權力受臣宰的限制。在王與臣宰間不同意時，則卜之於龜者，在甲骨上可以看到這種事件的例：『貞勿乎多臣伐呂方弗。』〔註二〕這樣看來，王在其決定事件時並不是獨立自決的。第二個人物就是首相，在他的直屬之下是大臣，他是遵行王命的，禮儀之執掌者在他直屬下有小臣，在次要的儀式上替代他的長官的有太史及史官——其責任在

〔註一〕馬斯培羅說：『許多符號，牠們在書契上是表示祀祭，在最近時代却沒有同等的意義』。

〔註二〕見馬斯培羅古代之中國四二，四三，四六頁。

記錄王之詔令并保存牠們；有執掌國庫的監事。除此以外，有大批的小官及有司。宮內的人有「清掃夫」及「司閽」王后及太子均有侍童隨從。在邦則有司稼，決定播種及監查收穫。管理底最重要工作之一，就是軍事的出征，各個不同的卜辭都說及這個情形，例如『貞乎多臣呂方。』〔註一〕

又或如：『庚子卜賓貞勿登人三千乎呂方弗受有祐。』〔註二〕

呂方，在這兩個卜辭中所述，大概是指侵襲到殷的領土的游牧民族，關於這點甲骨文的另一處就說過：『呂方侵我。』〔註三〕軍隊的組織在書契上也不明瞭。軍隊由騎兵，兵車及步卒組成。武器是銅製的，有劍、戟、弓、弩、斧及楯。軍隊如何組織——並沒有任何的指示，不過在書契上記得有——一軍團三千人，騎乘三百人。

這就是關於殷代的一些材料。我們可以做出一些一般的概念和結論。王爲一國之首，他受臣宰的限制，大概就是地方諸侯，貴族代表，他們在這時候還强有力而且對於國家的治理能表示相當的影響。這表明王權還不十分鞏固，并且在戰鬥的時候他要禱告於祖先之靈。同時我們看到很發展的

〔註一〕仝上

〔註二〕仝上

〔註三〕仝上

官制，首相是官位中頭一名。一般的講來，——在這裏我們看到，一方面最早的社會組織成份另一方面集中的國家——從上而下的發達的官位制度（宮廷的官位及管理農田的官位）——的成份之結合。因此，可以想到殷代表現出他自己是從小諸侯過渡到集中的國家。馬斯培羅有幾句話就是說到這一點，他說：『殷朝成功了一個廣大而經常的帝國』。〔註一〕

其次的時代，——周表現出他是集中的國家之典型。我們在論亞細亞生產方法一章內已經說過。我們已經看到十分複雜的國家機關。周代，像前一時代一樣，王爲治理國家之元首，但是現在他已經不受臣宰的勢力的牽制。他已經十分鞏固而且强有力，固然他也要禱告於已死的祖先。他自己可以解決一切問題。官位制度發展得更廣泛。開辦學校，官吏是在學校內養成的，規定考試，根據考試決定卒業後可以任以何種職位。即如在地方學校內受過考試就可在國家的學校內繼續受教育，在畢業時受過試驗，成績好的就可希望國家的重要位置。我們引了這種事實，爲的是要表明如何地遠慮到機關之再生產與如何注意到官吏之養成。因此就可判斷官吏在國家內起過的那種作用。根據周禮所說，國家之治理由六卿分掌其事：

一，天官，或稱冢宰，即是總理；二，地官，或稱司徒——這就是農官；三，春官，或稱宗伯——其責任在

〔註一〕仝上

監察宗教的儀式；四夏官或稱司馬——軍事之官；五秋官或稱司寇——刑事之官；六冬官或稱司空——管理一切空地的官；他監督社會事業。直屬於卿相的有各邦之主宰，其數有九。據周禮說全國分爲九州，州之統治機關——就是中央機關的縮影。

海奧爾吉夫斯基引出司寇之官——有六十一分部，他指出在這種情形之下：『六卿的各部已增至三十六部之多。』〔註一〕

我們稍須詳細地說一說農官，他有特殊的重要性，因爲農業是中國經濟的基礎。農官之責任是『規定田地及區域，決定水溝之界限及搆築』〔註二〕，他的助員則掌管土地之分配及人數之登記，管理田地及決定土地何者爲耕地，何者爲牧場等事亦在他的執掌以內。後來有兩個官吏，他們的責任在供給人民以各季工具，教民以土地適於種植此種或彼種穀物之類。在周禮遂人上說：『稽其人民而授之田野，簡其兵器，教之稼穡。』縣師又說：『而辨其夫家田萊之數及其六畜車輦之稽』，辨其田萊，就如周禮說的，『以土地之圖』經田野。

有多數官吏管理灌溉的事。農事部的專員是他們的頭目——他的責任是在『用「泉」作爲貯

〔註一〕海獎爾吉夫斯基中國歷史之最初時代六六頁。

〔註二〕見李炳華中國經濟史三四，三四頁。

水池，隄以防水，溝以流水，「遂」以分配及平均水量，池以貯水，溝以灌溉。』〔註一〕所有這些工作都分配於灌溉部各分部之間。

九職專司農村經濟之一切部門，例如三農司穀物之生產，園圃司林木菜蔬之栽培，藪牧司飛禽走獸之飼養等等。

其他的工作——保護森林，限制作爲牧場用的地方等等和農業有密切的聯繫。我們看到有專門管理這些工作的許多官吏。『令民以時砍伐森林，在一定期間居民入山林及砍伐建築用的材料，這是不加禁止的，在春天及秋天則禁止砍伐。一切偷盜都受懲罰』〔註九〕特殊的官吏——林衡卽監司這些刑禁，有專吏司牧場的事宜；據賈公彥註釋，他們的責任在掌理牲畜，放牧在一定的地方及分配這樣的地方。在捕魚及狩獵方面也有限制，——在捕魚及狩獵時期也任命一定的官吏司掌其事。

我們可以將農事部機關及他們司掌的工作之簡短叙述就此結束。說到其他大臣的職務則沒有特殊的必要，因爲要得到一個機關的概念——以上所引的材料已經很夠了。

現在我們說一說官吏報酬的問題。我們且引孟子的話：『君十卿祿，卿祿四大夫，大夫倍上士，上士倍中士，中士倍下士，下士與庶人在官者同祿，祿足以代其耕也。』

〔註一〕仝上

祿之獲得就是擅取住居在官吏所獲得的土地上的農民之剩餘生產品牠們（土地）之範圍視所居之職位而定。除此以外每個官吏受『圭田』五十畝圭田所出生產品，據趙歧的註釋，是用作祭祀。此外，退休的官吏得到一份土地，還有專爲「國庫」用的土地——即爲國王之需要而耕種的田地，園囿，牧地（國王游獵之用的）等等。

現在我們說一說國家之經濟的機能。上邊我們已經說過灌溉農業之發展，園藝及牧畜業之發展方面的工作，這裏我們還得指出關於相當的保護人民不受飢饑的工作——我們要說到在國內很發達的，因各種原因而積蓄穀物的積穀倉。在穀梁傳上說過：『國無九年之蓄曰不足，無六年之蓄曰急，無三年之蓄曰國非其國也。』左傳也說到這一點：『鄭饑而未及麥，民病。子皮以子展之命餼國人粟戶一鐘，是以得鄭國之民……宋司城子罕聞之曰：隣於善民之望也。宋亦饑請於平公出公粟以貸』。

我們再進一步來研究。周朝將國家劃分爲行政單位；在周禮中我們看到無數的指示。我們且引黎世衡著作中所載的國家行政區域的劃分圖（見圖一）。

說明

一〇〇里：王成　國中　鄉

二〇〇里：野　近郊　郊　遂

三〇〇里：遠郊　邦甸

四〇〇里：官田　牛田　賞田　牧田

五〇〇里：都鄙　諸侯

地方的行政組織以井爲基礎。我們從所引的圖二中，看到井是行政區之最初單位。

一　圖

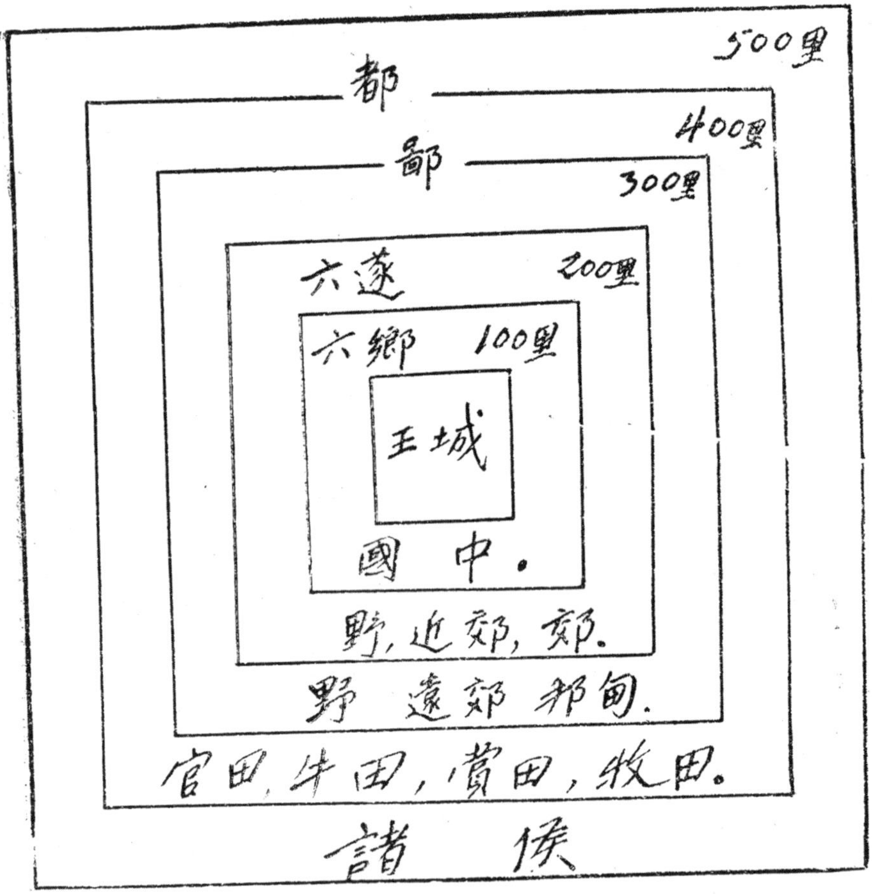

二　圖

井	邑	丘	甸	稍	縣	都
1井	4井	16井	64井	256井	1024井	4096井
9家	36家	144家	576家	2304家	9216家	43686家

軍事供給也是根據這個原則向人民徵取。見圖三：

井	邑	丘	甸	稍	縣	都
臨時的軍役	馬1匹 卒25人	馬4匹 戎車1乘 步卒100人	戎車4乘 步卒400人	戎車16乘 卒1000人	戎車64乘 卒0400人	戎車250乘 卒25000人
經常的軍役	——	馬2匹 卒25人	戎車2乘 卒200人	戎車8乘 卒800人	戎車32乘 卒3200人	戎車128乘 卒12800人

在一些變態上附近王城的區域的人民亦負担軍事的供給。根據所引的圖四很容易斷定，此地根本上採取了別一種劃分，而最低的單位爲比。圖四：

國中	比	閭	族	黨	州	鄉
地方	鄰	里	酇	鄙	縣	遂
軍隊	伍	兩	卒	旅	師	軍
家	5家	25家	100家	500家	2500家	12500家
軍事供給	——	1匹馬	馬4匹	馬20匹	馬100匹	馬500匹
戎車供給	——	——	戎車1乘	戎車5乘	戎車25乘	戎車125乘

鄉（離王城一百里以內的區域）及遂（離王城二百里）設置軍隊。

軍隊組織如下：下級單位爲伍，即由五人組成；五伍爲兩；四兩爲卒；五卒爲旅；五旅爲師；五師爲軍。這樣看來，最下的組合爲五人，而最高的組合爲一二五〇〇人。和這種組織相符，司令部亦分爲六類。

軍隊戰鬥序列以馬四匹駕乘的戎車爲基礎。在作戰時戎馬有武裝矛箭的步卒圍繞着。〔註一〕

我們敘述了殷周時代國家機關的組織。在將牠們作比較時，我們便看到在周代機關中之極大的集中性及較大的分工以及國家之更確定的機能。周朝機關之特點就是——集中發達的官僚制度。機關之機能在掌農業，貿易及國家經濟之其他部門。對於灌溉及社會事業的關懷佔很大的地位（有專司的卿大夫，他下面差不多有三十分部）再則組織穀倉使人民免於凶年之飢饉。

這便是周朝時代國家機關之一般的性質及特徵。

我們對於本書涉及中國歷史的這一時代能夠指出何種特點呢？

〔註一〕在上編中已指出，許多材料提供出軍隊之不同的人數，數字相差從一百萬到七萬五千。但是這個矛盾很容易解釋：問題就在七五〇〇〇——這個數字是指在役的兵數，而百萬是將那些應當服兵役的人都包括在內。各種勞役，軍事的也在內，限定於某一時期，過此以後這一個去了，別一個代替他登場。於是便得出表現在數目上的矛盾——如一〇〇〇〇〇〇與七五〇〇〇數目上的矛盾。

隣居公社之存在，在隣居公社內農業和家庭工業密切地聯繫着。

這些公社彼此孤立，同樣也注意灌漑，沒有灌漑，農事就不可能，這便引起創立中央政權之必要，以實現一切與灌漑及農業之調整有關聯的工作。

這一政權之官僚的性質由無數官吏組成的複雜機關之實現。

土地私有財產之不存在，因爲授田有一定的期限幷且土地之耕種是當然的而且是有規定的。

集中的國家分解爲與中央政府聯繫不十分密切的區域（如有各種徵稅制度）——這種成份在某種條件之下，强有力地引起單一的國家分解爲各「省」。

農民是被壓迫階級，組成國家政權機關的統治階級就是靠農民剩餘勞動過活。

這樣看來，我們有一切的因素，牠們表現出亞細亞生產方法及與之相聯的特殊的政治的上層建築——亞細亞的專制政體的特徵。

所以——周代——這並不是「古典的封建制度」時代，像普通決定的，而是集中的亞細亞國家的時代。

本書參考材料

中文的：

周禮，孟子，公羊傳，穀梁傳，農政全書，胡適文存

黎世衡：中國古代均產制度考

羅竹秋：中國古代土地制度之研究（見新生命雜誌）

季融五：井田制度有無之研究（見建設雜誌）

梁啓超：中國歷史研究法。

俄文的：

維特佛蓋兒：中國經濟史諸問題

紗哈羅夫：中國之土地所有制

英文的：

李炳華：中國經濟史一九二一年出版。

陳煥章：孔子經濟原理及其學派一九一一年出版

黃煥樑：中國之土地稅一九一八年紐約出版

詹姆士："The Chinese Classics"中國之經典

法文的：

馬斯培羅：古代之中國

袁崇善：孟子之道德哲學及政治

国家出版基金项目
NATIONAL PUBLICATION FOUNDATION

中國古代社會（下）

[蘇]柯金◎著
岑紀◎譯

山西出版傳媒集團
山西人民出版社

附

録

井田制度的論戰

一 寄廖仲愷的信

胡適

仲愷先生：（上略）胡漢民先生的「中國哲學史之唯物的研究」是我很佩服的。我只有一點懷疑，要請他指教。胡先生的第一個假設是承認古代眞有井田制度。這有很可疑的事。我不能在這封短信裏細說我懷疑的理由。簡單說來，我的假設是：

（一）古代的封建制度決不是像孟子，周官，王制所說的那樣簡單。古代從部落進爲無數小國，境內境上還有無數半開化的民族。王室不過是各國中一個最强的國家，故能做一個名義上，宗教上，政治上的領袖。無論如何，那幾千年中決不能有「豆腐干塊」一般的封建制度。我們如欲研究中國的封建時代，應該參考歐洲中古的 Feudalism 及日本近世的封建制度，打破「切豆腐干」的封建觀念，另外用科學的態度，加上歷史的想像力，重新發見古代的所謂封建制度究竟是什麽。（日本學者如朝河貫一，對於日本的封建制度極有科學的研究。）

（二）不但「豆腐干塊」的封建制度是不可能的，豆腐干塊的井田制度也是不可能的。井田的均產制乃是戰國時代的烏托邦。戰國以前從來沒有人提及古代的井田制。孟子也只能說『諸侯惡其害己也而皆去其籍』。這是「託古改制」的慣技。韓非所謂「無參驗而必之」就是這一種。此外如詩經的「雨我公田」「南東其畝」「十畝之間」似乎都不是明白無疑的證據（詩序更不可信了。）我們既沒有證據證明井田制的存在，不如從事理上推想當日的政治形勢推想在那種半部落半國家的時代是否能實行這種「豆腐干」的井田制度。

（三）我疑心古代秦始皇以前並不會有實際上的統一國家。夏商周大概都是較强的國家兵力盛時征服的小國也許派自己的子弟去做「諸侯」。其餘的國至多不過承認名義上的「宗主權」。要想做到王制等書所說的整方塊頭的封建制度是事勢上不可的。故封建制度一種名詞是最容易惹起誤解的，是最能阻礙新歷史的見解的，不如直用「割據制度」的名詞。

（四）「封建制度」一個名詞的大弊在於偏重「横剖」的一方面，（如王制等書所說。）其實所謂「封建制度」的重要方面全在「縱剖」的方面，在社會各階級上下互相和臣屬的一方面。不在豆腐干式方面，乃是寶塔式的方面。這種制度極盛時，下級的臣屬服服帖帖的承認上級的特殊權利。試看詩經豳風七月，小雅信彼南山，甫田等詩，便可看出一幅奴隸行樂獻壽圖。那時代的臣屬眞能知足他們自己「無衣無褐」卻偏要盡力「爲公子裘」「爲公子裳！」他們打獵回來。「言私其縱。獻豜於公」便極滿意了。他們的禱詞是，「曾孫（田主）之稼如茨如梁曾孫之庾，如坻如京！乃求千斯倉乃求萬斯箱，黍稷稻粱農夫之慶」把這幾篇同伐檀比較，便可看出兩個絕不相同的時代。古代的相臣屬制度是默認的。後來「封建制度」破壞，只是這個默認的上下相臣屬的階級搗亂了。古代並沒有均產的井田制度，故有「無衣無褐」的貧民有載玄載黃的公子裳，有「狐狸」的公子裘（七月），有「千斯倉萬斯箱」的曾孫，有拾「遺秉滯穗」的寡婦因爲古代本沒有均產的時代，故後來的「封建制度」的破壞並不是井田制度的破壞。

以上所說並不是反對胡先生的唯物的研究因爲所謂「封建制度」，不但是政治上的上下相臣屬，也是經濟上的上下相統屬。上文所引詩經便是明例。此外如「我出我車於彼牧矣。召彼僕夫，謂之載矣王事多難維其棘矣」這雖是軍事上的隸屬，其實等於經濟上的隸屬。賦字從武從貝可以爲證。古代不但諸侯以國爲私產，卿大夫也各有采地，各有「屬大夫」各有「家臣」。（武億羣經義證有一條考此最詳。）這都與歐洲中古時代的 Feudal System 本相同。後來商人階級起來，平添了許多的小諸侯，許多無采邑的地主，——這是破壞封建系統的重要原因。加之兵禍不休，土地的兼併，國家的破滅，財產的更換，主奴的翻覆，——這也是個重要原因。如此說法，似乎已能使唯物的研究成立了。

似乎不必從井田破壞一方面着想。

這不過是我一時想到的懷疑之點要請胡先生敎正。胡先生這篇文章的全體是我很佩服的，論漢代哲學一段更多獨到的議論。我從百忙中妄想評論胡先生專心研究的著作，一定很多不妥當的地方。不過拿起筆來便不肯停，只可由他去罷。很望諸位不要見笑。

胡適十一月八夜

二 答胡適之的信

廖仲愷

適之先生：（上略）先生在百忙中對於胡漢民先生的「中國哲學史之唯物的研究」內關於井田的觀察，還肯費那麼樣貴重的時間，下那麼樣有價値的批評，可見先生對一個問題不肯苟且的態度、不遺巨細的精神，眞是佩服。但是我們對於井田制度的觀察，和先生所見有些不同。現在先述漢民先生答辯先生的批評，其次再把我對於這問題的私見和先生討論。漢民先生的意見是：

（一）井田是不是全照孟子所說？這一點已經在「孟子與社會主義」那篇文章上（建設第一號。）說『古代井田制度，除了孟子再沒有可靠的書。孟子所說是依據古制，或是參上他自己的理想，我們現在不必打這考據的官司。』但以理想推測，井田制雖不必盡照孟子所說那麼整齊，卻也斷不至由孟子憑空杜撰。土曠人稀的時代，人民以一部落一地方共有田地，不是希奇古怪的事。

（二）日本服部宇之吉的「井田私考」也說：『詩經的「公田」是屬於公家的田，叫人民來佃作的，不必是行助法的「公田」，好像漢代稱天子所有的田做公田一般。』但加藤繁在「支那古田制之研究」駁他說：『詩經的「公田」和漢代的「公田」同不同，要慎重考究。如果孟子的時代屬於公家的「私田」，就叫作「公田」，那就什麼人都不敢將「雨我公田」一句做助法存在的證據，孟子何至提出來在滕國國君前混說。他要是這樣混說，那是三尺童子都會駁他的。滕文公和畢戰怎好采納呢？孟子一點不疑心說出來，滕國君臣也不覺奇怪，這裏就很有意味了。而且那土地公有的古代，人民沒有發生土地的所有權，人君也不會拿私有財的樣子「所有」那些田地。天下的田地分配在人民。人民雖有公地采地的分別，他的租稅有入公家卿大夫的不同，然而同是人民享有耕種的普通田地，此外並沒有公家當做私有財產所有的田土。我們看「詩經」和「左傳」都未曾發見這樣田土的痕跡。至漢代認做公家私田的公田，大抵是土地公有制度斷爛滅裂，人民各私有其田土，富豪更兼併廣大的地面，乘着個勢子纔起的。所以古時指井田一區做公田的話，到此時代一變爲公家的私產的意味，』加藤繁這段話，好像沒有什麼武斷。就如「秦王翦爲大將請美田宅甚衆。」又「請善田者五人。」這種舉動，在戰國末期纔見。又如「蕭何買民田自汙。」「貢禹被召，賣田百畝以供車馬。」這都是晚周所無的事。

（三）孟子以前確是沒有什麼人講究井田制度。但是孟子以前的人談政治的，都祇愛說簡單抽象的話，很少具體的說明一件政制的，不能因此就起疑心。

（四）夏小正有初服於公田的話。這本夏小正固然不能就認做夏時的著作，但最近由日本理學博士新城新藏氏研究，說夏小正所言天體現象，恰和周初西曆紀元前一千年的觀象相合，那麼這本書或者編纂在西周初年。他所紀的天文農事可以認為周初的事情，似乎也可於詩經之外作一旁證。

（五）井田法雖不可詳考，總是土地私有權未發生的時代，共有共用土地的習慣之整頓方法。那時代土曠人稀，人的事業又不繁，各人有耕作便有生活，經濟的基礎，沒有甚麼波瀾。一旦崩壞，多數人的生活就操縱在豪強的手上。馬克思說：『階級競爭之所由起，因為土地共產制崩壞以後，經濟的組織都建在階級對立之上。』意大利的羅利亞（Loria）也說：『歐洲從前經濟階級發生，是在自由土地沒落之後。』中國思想界之大變動，也是因為這個緣故。

我於中國古代井田制度，向來沒有十分研究，於歐洲古代封建制度，也沒有用過工夫。但我以為凡豫想有信史以前的各種制度，無論中國外國，都是一件極冒險的事。想免這個危險，第一要緊的是在本國地方上有這制度殘留的痕跡，或有那時代政府的記錄的直接證據，其次在外國同階級時代中有類似制度的旁證。再次有證明反證之不符的反證。對於井田制度，我現在的知識所能及的是。

（一）井田制度就假定是事實，也因為相隔年代太遠，變遷太多，萬不會有他的痕跡留在今日，就是當時政府的記錄，也不會存下數千年，這是我敢武斷的。但是比較算是當時政府記錄之一種的「春秋」有「初稅畝」（宣公一十六年）一項記事。據「左傳」說：『初稅畝，非禮也。穀出不過藉，以豐財也。』「公羊傳」說：『……何譏乎始履畝而稅，古者什一而藉。……』「穀梁傳」說：『……古者什一，藉而不稅。古者三百畝為里，名曰井田。井田者九百畝，公田居一。私田稼不善則非吏，公田稼不善則非民。……』證以「論語」所載：『哀公問於有若曰，年饑，用不足，如之何。有若對曰，盍徹乎。曰二，吾猶不足，如此何其徹也。對曰，百姓足，君孰與不足，百姓不足，君孰與足。』這可想見宣公稅畝之後，年荒稅重，百姓棄田不耕，有若所以勸哀公規復徹法的井田制，足民食，即所以益稅源，在經濟，社會，財政政策上，都說得通。除此之外，要尋這「徹」字的解釋，就極難了。此外還有「國語魯語」說：『季康子欲以田賦，使冉有訪諸仲尼。仲尼不對，私於冉有曰，求來，汝不聞乎？先王制土，藉田以力，而砥其遠近。若子季孫欲其法也，則有周公之藉矣。』也是這類。這樣看來，「春秋」「初稅畝」，這項記事，可以證明魯國到宣公時「初」壞井田，這個證據若確，那麼井田制度不能斷他全是孟子的「託古改制」「戰國時代的烏托邦」了。

(二)井田制度我叚定他是上古民族由遊牧移到田園由公有移利私有當中一個過渡制度。以社會進化的程序看來，在先生所謂「半部落半國家的時代」這種井田制度不只是可能的，而且是自然會發生的。試考究歐洲古代「均地制度」(Agrarian System)的沿革和經濟農政學者對於土地公有私有問題互相聚訟的學說，便曉得中國古代的井田制度似乎不是可以理想否認的事。以我所知的 Sir Henry Summer Maine 所著 Villiage Communities in the East and West. 1871. 和 Emile de Laveleye 所著 Primitive Propery 都是以他們考查所得各處土地原始的分配狀態的結果證明土地的均產制是原始時代各民族通有的制度。據 Laveleye 說：『在所有那些原始社會裏的土地，是民族共同的產業，依期分給各家，所以各人能夠因天然之賜，自食其力。』他所舉的證據很多，其中有一段說：『自由和自由的效果使一族中每個家長平等享有公產不可分的份子，就是日耳曼鄉村主要的權利。』 Primitive Property; p. 116 又 M. Guizot 著「歐洲文明史講義」「法蘭西文明講義」兩本書論日耳曼民族侵入羅馬之後，以一種粗陋强健的生命注入羅馬社會的結果，系到日耳曼和羅馬兩個社會組織一齊破壞，「土地公有」和「產業獨占」兩種思想混雜爲一，鑄成東羅馬帝國後來土耳其蹂躪的地方所有的制度。亨利佐治在「進步和貧窮」那書裏「土地私有之歷史的研究」一節內，引了 Guizot 這議論，接着便說：『當時成立很快傳播很廣的封建制度，就是這兩種思想混一的結果。但是躲在封建制度底下，而且和封建制度併行的，還有以耕田人之共有權做基礎的原始組織，帶着前從的根子復活，而他的蹤跡遺留到全歐。這種原始組織，拿耕地來均分，把非耕地作公用，像古代意大利和撒遜時代的英倫所有的，至今在俄國專制政治農奴制度的底下，在塞爾維亞所受回教壓迫的底下，還能保存。在印度雖是掃除了好些，然而經過了多少回的戰爭，幾百年的壓制，還沒有完全絕滅。』後來有俄國莫斯科大學教授 Vinogradoff 所著 Villainage in England 很詳細的研究英國封建時代之農奴制度和他的來歷。其中有一段說英國在那時代所行的原野耕作制度，Open-field system 和附隨的情形，就是指明更古時代實行均地，可以想見原始的均產主義。他的確信是：『諸侯領土沒有設定的地方，沒有成形的時候，這種制度是很流行的，印度和在部落時代的意大利可以作證，……所以這種制度或可適合於領主，然而卻不是領主的布置，』Ashley 教授是不信那種 mark the ory 在英國古代土地制度上有實證的。他在那本「歷史的和經濟的研究」講中古均地制度那章裏，批評 Vinogradoff 的書不精細之點和可疑的地方不少。但是關於原野制作制度這說，他也不能不說：『我們或可推定英人在部落階級的時代裏行過原野耕作法。』其他如 Seebohm's Tribal System in Wales 所考 Aberffraw 領地內土地分配情形，和 Weles 族均田受地方法，都是很有價值的考據。又據日本同文館出版的「經濟大辭書」內土地制度門類關於 Feldgemeinschaft 的說明如下：『共同耕作制度有二。於共有地上共同使用收益的本來之共同耕作制度，和拿共有地分期分割，而在期間內所分配的地上行個別的耕作，滿期再行割換的割地制度。由農業史上說，本來之共同耕作制度先起，割地制度稍遲發達。割地制度之成立，有和前者種種不同的原因。本來之共同耕作制度進步了，就生出個別的觀念之發達，和比較的永續性。而其結果，就認一定的期間內，在耕作地上有專屬的使用權，所以生出這割換的制度。又由收稅的關係上，國王自掌全領土的所有權，只許人民於一定期間在地上使用收益，他所以這樣的緣故，有因一國的王征服他國行他壓制的手段的，也有因要矯正一部落內土地分配不平均的弊端的。各國的慣習雖不一樣，然而和土地共有制度一齊的占多數。mir 就是俄國裏共同耕作制度之一種，採用割換制度，俄國人叫他做 Obschtschtina。南洋爪哇也有一種割地制度，耕地完全是村鄉所有，村民只有使用權，村鄉團體直接對於國王負納稅的義務。……』日本河田嗣郎所著的「土地經濟論」一他的主旨是駁亨利佐治及土地公有一派的學說的，卻是他論土地所有的沿革，也不能不認初民時代有團體共有土地那一個階級。中國行井田制度的時候，所謂「溥天之下莫非王土」，對於土地當然不會發生法律上私權的觀念。人民是不能有地的，卻無不能用地的。地之所出，一方養活人民，一方供給國用，好處就是這裏。中國井田制度和外國均地制度，自然有很多不同之點，但是於不同的地方不同的民族中，要尋出絕對相同的制度，除湊巧之外，是萬不會有的事。不過各個原始的民族裏，有這些相類似的例，那麼井田制度在中國古代，如先生所謂「半部落半國家」之世，就不能說他是絕對不可能。至於豆腐干塊不豆腐干塊，到是不關緊要。Ashley 對於各學者所考究的古代均地制度，也像先生對於井田制度那麼懷疑，然而他在批評Seebohm的「威爾斯之部落制度」末尾之附錄上，有 I cannot help thinking that the weles suggests certain stereotyping of the division of land at an early date.」段尾聲。可見人少地多的原始時代，拿土地來整齊均分，在各民族中不是沒有的。至於封建一層，夏商的時代怎麼樣我不敢說，到周得國之後，在絕對的領域內，劃土分疆，封給同姓子弟和異姓功臣，也不是事勢上萬不能整齊。近世在新發見的土地上新興的國家，如美國澳洲之類，他們所分的行政區域，也差不多是整方塊頭的，幾千年後的論史家難道也去懷疑？

（三）詩經的「雨我公田，遂及我私」不能作無疑的證據的道理，先生未曾說得明白。「豳風」「七月」

「信南山」的詩，我的解釋和先生的也有點不同。「無衣無褐何以卒歲，」我們以爲是農人以勞力自勉以懶惰自警的話，所以有「田畯至喜」有「爲此春酒以介眉壽。」不是「自己無衣無褐，卻偏要盡力爲公子裘爲公子裳。」充其量這章詩所能證明的，也不過是當時情形類似歐洲中古封建時代人民對於君主有執役的義務，卻不能證井田因此也不存在。「信南山」「甫田」兩章的「曾孫」，先生解作「田主」，但據通說詩經的「曾孫」通是指成王。「周頌」「維天之命」一章有『惠我文王「曾孫」篤之。』又證以「噫嘻」一章，噫嘻成王，既昭假爾，率時農夫播厥百穀，駿發爾私，終三十里，亦服爾耕，十千維耦，」似乎通說較有可信。「行葦」章的「曾孫」若是尋常的田主，就不應有敦弓了。或者先生所謂田主是王，卽國家的古代國有土地之主的意義，那便沒有什麽爭論。至於國家有「千斯倉，萬斯箱，」農夫有「黍稷稻粱寡婦有「遺秉滯穗，」便是社會富裕的景象。後來封建制度的弊端漸露，豪强兼併盛行，那些平和景象就沒有了，所以詩人就要作此感嘆。這樣說去，似乎較穩。

以上拉雜寫出來的意見，請先生指教。以我的淺學，且個人書齋裏書籍很少，沒有幾本參考，拿這樣大問題來討論，很覺得力量不足，望先生不要見笑。

廖仲愷十二月十九日

三　答廖仲愷胡漢民的信

胡適

仲愷
漢民先生.

我初五晚到京後，仔細把兩位先生的信再看了一遍。兩位先生的研究態度使我也不敢不去做一點研究。不幸我研究的結果使我懷疑的態度更深一層。因此我再把我懷疑之點寫出來，請兩位先生敎正。

先說漢民先生的意見。

他說：『古代井田制度除了孟子再沒有可靠的書。孟子所說，是依據古制，或是參上他自己的理想，我們現在不必打這考據的官司。』

這是一個大爭點。如果我們的討論只限於孟軻個人的社會主義，那就不必打這考據的官司了。現在我們所爭乃是古史，乃是古代是否有井田制度，這可不能不打一點考據的官司了。

漢民先生又說：『井田制雖不盡照孟子所說那麼整齊，卻也斷不至由孟子憑空杜撰。』

我以爲古代既沒有那樣「整齊」的井田制，孟子卻偏說得那樣整齊，這便是憑空杜撰。

我們試看孟子說的話：

『夏后氏五十而貢，殷人七十而助，周人百畝而徹。其實皆什一也。徹者，徹也。助者，藉也。龍子曰。「

治地莫善於助，莫不善於貢。」貢者，校數歲之中以爲常。樂歲粒米狼戾，多取之而不爲虐，則寡取之。凶年糞其田而不足，則必取盈焉。爲民父母使民盻盻然將終歲勤動不得以養其父母，又稱貸而益之，使老稚轉乎溝壑。惡在其爲民父母也？夫世祿，滕固行之矣。詩云：「雨我公田，遂及我私。」惟助爲有公田，由此觀之，雖周亦助也。』

這一段話，上天下地，實在沒有頭緒。既說「惟助爲有公田，」是貢與徹皆無公田可知。他又引詩來說「雖周亦助也。」這可見孟子實在不知道周代的制度是什麼，不過從一句詩裏推想到一種公田制。這種證據已很薄弱了。他不能知道周代的制度，卻偏要高談一千多年前的「助」制，這不是韓非所謂「非愚卽誣」嗎？

再細看本文，說貢說助之間，忽插入「夫世祿滕固行之矣，」一句。這是什麼意思呢？再看下文孟子說：

『夫仁政必自經界始。經界不正，井地不鈞，穀祿不平。是故暴君汙吏必慢其經界。經界既正，分田制祿，可坐而定也。』

照這兩段比較看來，更可知孟子所談的不過是把滕國貴族的「世祿」制度略加整頓，不過是一種「分田制祿」的經界計劃，並不是什麼土地公有的均產制度。他腦筋裏並沒有什麼明瞭的均產制度，故說來說去說得很糊塗不清。

再看下去，孟子說

『請野，九一而助。國中，什一使自賦，卿以下必有圭田，圭田五十畝，餘夫二十五畝。死徙無出鄉。鄉田同井出入相友守望相助疾病相扶持則百姓親睦。方里而井，井九百畝，其中爲公田，八家皆私百畝，同養公田。公事畢，然後敢治私事。所以別野人也。』

這一段，我自從做小孩子到現在，總不會明白懂得。現在我仔細看來，孟子的井田制並不是使百姓家家有田百畝。他所說的「公田」固是屬於國家的田。但他的「私田」，仍是卿大夫士的田祿，是貴族產，不是農民的公產。種田的農夫乃是佃民，不是田主。如若不然，那「卿以下必有圭田」一段，和上文「世祿」「分田制祿」二段便不可懂了。

再看北宮錡問周室班爵祿一章，更可明白這個道理。孟子說：

『天子之制，地方千里，公侯皆方百里，伯七十里，子男五十里。……天子之卿受地視侯，大夫受地視伯，元士受地視子男。大國地方百里，君十卿祿，卿祿四大夫，大夫倍上士，上士倍中士，中士倍下士，下士與庶人在官者同祿，祿足以代其耕也。……耕者之所獲，一夫百畝，百畝之糞，上農夫食九人，上次食八人，中食七人，中次食六人，下食五人。庶人在官者其祿以是爲差。』

照這樣看來，孟子理想中耕田百畝的農夫，耕田的酬報不過是僅夠五人至九人的吃食，並不能「享有」這百畝之田。若是每個農家能有田百畝，百里的大國儘量只有九萬畝田，只夠八百個農夫，「餘夫」還不在內。其餘的君卿大夫士所「受地」都在什麼地方去尋呢？

孟子所主張的，依我看來，只是想把當時佃戶所種田，劃淸疆界，從頭分配一番，不管田主是誰，都「截長補短」。重新做一遍經界的手續，使佃戶都有平均的佃田，都覺得所佃的田比較是一種可靠的「恆產」，不致隨着田主轉來轉去。孟子的計劃，是要使佃田只管換主而佃戶不換，故可說是恆產。後來的人不仔細研究，便把孟子的井田制認爲一種共產制，這便大錯了。

漢民先生引加藤繁的話：『……那土地公有的古代，人民沒有發生土地的所有權，人君也不曾拿私有財產的樣子「所有」那些土地。……並沒有公家當作私有財產「所有」的田土。我們看詩經和左傳都未曾發見這樣田地的痕跡。』這段話實在不確。詩經裏明明說過「人有土田，女覆奪之」，這還是西周的詩哩。左傳裏這樣的證據更多了。

成二年，衞人賞仲叔於奚以邑。

襄二十六年，鄭伯賜子展八邑，子產六邑。

襄二十七年，公與免餘邑六十，辭曰，唯卿備百邑，臣六十矣。

又宋左師請賞，公與之邑六十。

又二十八年與晏子邶殿其鄙六十，與北郭佐邑六十。

又三十年，子產爲政，伯石賂與之邑。

論語也說管仲奪伯氏駢邑三百。這種土地人君可以隨便賜人人臣可以隨便奪取隨便用來作賄賂。這還不可算是『當作私有財產「所有」的田土』嗎？漢民先生說王翦請田，蕭何買田等事，都是晚周所無，似乎也錯了。

至於加藤繁說：『孟子何至提出來在滕國君臣面前混說』一段，更不值一駁。即如三年之喪，滕國父兄明說：『吾宗國魯先君莫之行，吾先君亦莫之行，』孟子敢偏混說：『三年之喪……自天子達於庶人三代共之！』

以上所說，只是要說明。

(1)孟子自己實在不知道周代的田制究竟是個什麼樣子，故只能含糊混說。

(2)孟子自己主張的井田制，是想像出來的，沒有歷史的根據。

(3)無論詩經的「公田」應作何解，孟子的「私田」並不是農夫享有的公產，仍是貴族的祿田。

(4)孟子的井田制度不過是一種「經界」的計劃，並不是「根本解決的」共產制度。

此外漢民先生所舉的（3）（4）（5）三條，都不是重要的證據，我且不討論。但他的（5）條說『那時代土曠人稀，人的事業又不繁，各人有耕作便有生活，經濟的基礎沒有甚麼波瀾。』這種見解未免把古代的社會狀況看得太簡單了。東周以前，中國至少已有了二千多年的文化，中原那塊小小的疆域，也不知經過了多少戰爭，也不知經過了多少豪强的兼併，怕沒有這種「沒有波瀾」的社會狀況罷。

現在再看仲愷先生的意見。

漢民先生注重的是孟子，仲愷先生注重的是春秋「初稅畝」一句。「初稅畝」三個字本來和井田毫無關係。若是孟子不曾說了那些含糊的井田論，這三個字決不會發生問題。公羊穀梁的傳，何休等的長篇井田論，都是孟子的餘毒。這話說來很長，待我慢慢說。

依我看來「初稅畝」不過是魯國第一次徵收地租。古代賦而不稅。賦是地力所出，平時的貢賦，同用兵時的「出車徒給繇役」都是賦。稅是地租——純粹的 Land tax。古代但賦地力，不徵地租。後來大概因爲國用不足，於賦之外另加收地租，這叫做稅。孟子不贊成稅，（他曾希望「耕者助而不稅」）但是他又主張「國中什一使自賦」。這可見稅與賦的分別。宣公初行稅畝，故春秋紀載下來，其實和井田毫無關係。

左傳說『初稅畝，非禮也。穀出不過藉，以豐財也。』藉字訓借，借民力耕田，公家分其所收，故叫做藉。孟子以前，並無「公田藉而不稅」的話。藉即是賦。或者平時的徵收叫做藉，軍興時的臨時徭役車徒叫做賦？自從孟子把助解作藉，（這本不錯）又把助強解作八家同助公田，從此以後，說經的人就沒有能跳出這個圈子的。

周禮是僞書，固不可信。王制是漢朝的博士造的，自然會受了孟子以後的井田論的影響。現在我要說穀梁公羊都是拿孟子以後的田畝論來解春秋「初稅畝」三個字，故我們不能引公羊穀梁來證孟子，也不可拿來證古代有井田制。公羊傳是到漢景帝時公羊壽與胡母生方纔寫定的。穀梁亦不知何時人，或說是秦孝公時人，或說是「左傳傳世後百餘年」的人。大概穀梁傳也是漢初申公江翁的時代纔寫定的。我對於「今文」「古文」之爭，向來不專主一家。我覺得「古文」固有許多不可信的，「今文」也有許多不可信的。我對於「春秋」，雖承認公穀兩傳爲孔門春秋派的正傳，但是我覺得這兩部書裏一定有漢初的人加入的材料。總之，我們千萬不要忘了這兩部書都是漢世纔寫定的。大概那春秋三傳裏沒有一部不夾着許多後人妄加的話，這是稍有史料研究的人都該承認的。

先看公羊傳解這一句。

『初者何？始也。稅畝者何？履畝而稅也。何譏乎始履畝而稅？古者什一而藉。古者曷爲什一而藉？什一者，天下之中正也。多乎什一，大桀小桀。寡乎什一，大貉小貉。什一者，天下之中正也。什一行而頌聲作矣。

這一句的「內證」顯然，不可遮掩。即使我們承認前幾段是眞的；那「古者曷爲」以下的一大段決不是原文所有。大桀小桀四句全是抄襲孟子答白圭一章。孟子說貉的生活程度簡單，政費甚輕，故可以二十而取一。中國的社會政治複雜了，政費甚大，故什一是最低的賦稅。孟子這樣說法，故大貉小貉等話不爲唐突。公羊傳先有孟子做根據，故不知不覺的劈空引用大貉小貉等話，便露出作僞的證據了！

伏生尚書大傳的多方篇說：『古者十稅一。多於十稅一，謂之大桀小桀。少於十稅一，謂之大貉小貉。王者十一而稅，而頌聲作矣。』這一段可與公羊傳比較，更可添是一個作僞的來源。

古代學者見解之淺陋，莫如漢初的一班經師。——這是秦始皇的罪孽！——即如「什一而頌聲作矣」一句話，讀了可使人作嘔，偏有笨伯鈔去引用！

再看穀梁傳

『初者，始也。古者什一，藉而不稅。初稅畝，非正也。古者三百步爲里，名曰井田。井田者九百畝，公田居一。私田稼不善則非吏，公田稼不善則非民。初稅畝者，非公之去公田而履畝十取一也。以公之與民爲已悉矣。古者公田爲居，井竈葱韭盡取焉。』

這一段是東西雜湊起來的「以公之與民爲已悉矣」一句竟不通。其中只有「去公田而履畝十取一」一句是重要的。但是這一句可作許多種說法。徐邈說：『除去公田之外，又稅私田十之一。』如此說則公田還在，井田之制還在，不過徵稅法變了！這話可信嗎？孔廣森說：『去公田而九家同井，每畝稅取其什之二。』如此說則公田雖廢而井田制仍舊存在，況且稅法從九之一變爲十之二，更減輕了！（孟子明說「九一而助」，後人被「什一」兩個字誤了，故想出種種法子極力說明井田是什一。）這話可信嗎？無論如何說法，「初稅畝」三個字若照穀梁傳的解說，便是魯宣公時還有井田制。不但如此，若依哀十二年「用田賦」的各家注，則是魯哀公時還有井田制存在！這話可信嗎？

以上所說，只要說明。

（1）「初稅畝」三個字於井田制毫無關係。

（2）公羊穀梁兩傳中了孟子的毒，作繭自縛，惹出許多無謂的爭論。

（3）公羊穀梁決不是孟子以前的書。

（4）因爲孟子的井田論實在太糊塗了，不容易懂得，故公羊穀梁說來說去總說不清楚。

總結兩句話。（1）孟子很是佩服春秋的人，若是春秋裏有井田的根據，他又何必不用呢？他又何必去尋出那不痛不癢的兩句詩經來證明周人的公田呢？(2)古人談賦稅，如「什一」「藉」「徹」等等，都只是稅法，於井田不井田毫無關係。兩千年的讀書人不懂得這個淺近的道理，所以作繭自縛再也纏不清楚。我們現在應該認清稅法是稅法，田制是田制。

以上答仲愷先生的第一條，本可以完了，但是我談高興了，忍不住要添上幾句我自已假設的議論。我以爲井田論的沿革史很值得研究。從前學者的大病在於一口咬定井田是有的，學者的任務只是去尋出井田究竟是個什麼樣子。這是最可憐的事。「日讀誤書」是一可憐。「日讀僞書」是更可憐。「日日研究僞的假設」是最可憐。古代學者拿王制周禮來注孟子，又拿孟子來注王制周禮，又拿孟子王制周禮來注公羊穀梁，却不肯研究孟子王制周禮公羊穀梁漢書食貨志何休公羊解詁等書的淵源線索。故以訛傳訛，積訛成眞了！正如爾雅本是漢儒的經說輯成的，而後人又引漢儒經說來注爾雅，故爾雅竟像眞是作於周公成於孔子的古書了！

我對於井田論沿革史的假設，大概如下，不能詳細說了。

(1)孟子的井田論很不清楚，很不完全。(說見上)

(2)公羊傳只有「什一而藉」一句，也不清楚。(見上)

(3)穀梁傳說的詳細一點，但全是後人「望文生義」的注語，決不是當時的紀載。(見上)

(4)漢文帝時一班博士奉詔作「王制。」王制裏分田制祿之法，全是用孟子作底稿來做的。證據具在，不用我來詳述。但王制除了「制農田百畝……」「古者公田藉而不稅」等話之外，並無分明的「井田制」。

(5)漢文帝景帝時韓生：「推詩之意而爲內外傳數萬言。」現存的韓詩外傳四解「中田有廬，疆場有瓜」二句說『古者八家而井田方里爲一井……其田九百畝，……八家爲鄰，家得百畝，餘夫各得二十五畝，家爲公田十畝，餘二十畝爲廬舍，各得二畝半……』這是演述穀梁傳的話，把公田算作八十畝，每家實耕田百十畝，是後世「什一，一在十之外」的起源。穀梁傳本有「公田爲居，井竈葱韭盡取焉」的話，韓生大概因此聯想到「中田有廬，疆場有瓜」兩句，故想出「餘二十畝爲廬舍」的計算。這是分明淸楚的一種井田論。

(6)漢代是一個造假書的時代，是一個託古改制的時代。西漢末年忽然跑出一部周禮來。周禮一書，我起初只承認他是戰國末年的一部大烏託邦。現在我仔細看來，這書一定是孟子王制以後的書，一定是用孟子王制作底本來擴大的。孟子不曾見着這部書，作王制的博士們也不曾見着這部書，但是作周禮的人是熟讀尚書左傳孟子王制等書的。周禮裏的井田制說得很詳細，很繁複，很整齊，確是中國統一以後的人的大膽懸想。那時中國的疆域擴大不止秦以前的兩倍，故周禮授田之制不止百畝。

> 大司徒。凡造都鄙，不易之地家百畝，一易之地家二百畝，再易之地家三百畝。
>
> 遂人。上地夫一廛田百畝，萊五十畝，餘夫亦如之。中地夫一廛田百畝，萊百畝，餘夫亦如之。下地夫一廛，田百畝，萊二百畝，餘夫亦如之。

當時爲什麼有這種大烏託邦的計劃出現呢？司馬遷作平準書，已說：『當此之時，網疏而民富，役財驕溢，或至兼併，豪黨之徒以武斷於鄉曲。』可見文景時代的井田論已是有所爲而發的了。武帝以後，貴族外戚更強橫了，元帝成帝以後，富貴的越富貴，貧困的越貧困。加之天災水旱，幾次「人相食」（元帝二年，成帝永始二年）故哀帝時師丹請限制豪富吏民的田產。師丹原議引井田的話，又說：『君子爲政，貴因循而重改作，然所以有改者，將以救急也。亦未可詳，宜略爲限。』可見當時有改革的必要，但是因爲豪富的反對很大，故不得不用託古改制的方法，用「大帽子」來壓服反對的人，這便是周禮等書的動機。試看當時師丹孔光何武等所覆奏的改革辦法，還許貴族豪民私有田產奴婢，不過以三十頃——三千畝——爲限，可謂和平的改革了。他們還要遭丁傅董賢等的反對，竟不能實行。楊雄劉歆王莽等都是要想做一番大改革的人，不能不用盡心思先去埋下一個改革的根據。劉歆造假書的原因大概是爲此。王莽得政之後，卽下詔「更名天下田曰王田不得買賣，其男口不過八而田過一井者，分餘田與九族鄉黨犯令法以法」這便是烏託邦的實行。但是周公孔子終壓不住那一班有田產的貴族豪强，王莽的烏託邦不久便崩壞了。漢民先生說：『可見當時所謂天下愁怨的，只是一班豪强反對』這話眞不錯。

(7)韓詩周禮出現以後，井田論的說法漸漸變精密。漢代的井田詳說約有下列各家：

一、食貨志。這是參酌韓詩外傳和周禮兩書而成的。看他把周禮的兩種不同的三等授田法(見上)倂成一種，又採用韓詩「公田十畝餘二十畝爲廬舍」可知這時候的井田論已經過一番參考研究了。

二、何休公羊解詁。這又是參考周禮孟子王制韓詩食貨志做的。他不取周禮的三等授田法，一律每人百畝但加了一個「三年一換主易居」的調劑法。

三、春秋井田記後漢書劉寵傳注引此書所引一段多與何休說相同。

我以爲大概井田論是到漢代方纔完備的。懂得以上所述種種井田論的沿革線索，方纔可以明白井田的話是漢代的有心救世的學者，依據孟子的話，逐漸補添，逐漸成爲「像煞有介事」的井田論。井田論的史料沿革弄明白了，一切無謂的爭論都可以沒有了。

我的井田論研究現在可以結束。仲愷先生的（2）（3）兩條，我可以不辯了。因爲（2）條所引西洋和日本的學者的話，都只是關係「原始社會」的討論。我是不承認那有了二千多年政治生活的有史民族還是在「原始社會」的。至於（3）條所論的詩經兩章，雖然未必「能證井田因此也不存在」但是也未必能證明井田因此存在。至於「信南山」「甫田」兩篇的「曾孫」，我是決信不指成王的，我對於漢儒說詩幾於沒有一個字不懷疑。漢儒的酸腐腦筋全沒有文學的觀念。「維天之命」的曾孫也未必卽指成王，因爲成王並不是文王的曾孫，卽使這個曾孫是成王，也不能證明那兩個曾孫也是成王。「噫嘻」一篇和那兩篇詩的文體相差很遠，也不知相隔多少時代，更不能互相引證了。

我這一篇大膽的狂論是三天裏做成的，定多不妥的地方。但是我所以敢這樣狂妄，並不是因爲古人聰明不如我們，只因爲古人蔽於舊說成見，不肯用自己的心思才力去研究。我們現在的歷史眼光變了，學問的方法也變了，故可以大膽做一點獨立的研究。這個問題，前人寫了一屋子的書，我們這種百忙中人的大膽研究如何能保沒有錯誤？但是我這種懷疑的挑戰也許可以引起一些學者的繼續研究。這就是我的誠懇希望了。

我前次的原信是匆匆寫的，並不是細心研究的結果，居然能引起兩位先生的細心討論，又因此使我做一點考據補正我前信的主張，這是我應該感謝兩位先生的。 九年一月九夜二時胡　適

四　答胡適之的信

胡漢民

適之先生：我昨天剛要搭船正在收拾行李的時候，得接來信，仔細看了幾遍，眞是像來信所說，先生的研究態度，使我不敢不去做一點研究。我只得把船換了，捱遲一天，先將來信答覆。這固然是我們做文章的責任義務，應該看得比甚麼事情還重，也是因爲先生的信引起我們的興味。先生在百忙中，寫這篇很長的井田論，把孟子以次，如公羊穀梁周禮王制韓詩外傳等書，一一都加以批評，內中並有許多特見，我是很佩服的。但先生這回的來信，依然令我覺着未曾得到滿足的解答。現在把我對於來信的懷疑，寫出來，還望先生指正指正。

適之先生的結論有四點：

(1)孟子自己實在不知道周代的田制究竟是個什麼樣子，故只能含糊混說。

(2)孟子自己主張的井田制，是想像出來的，沒有歷史的根據。

(3)無論詩經的公田作何解，孟子的「私田」，併不是農夫享有的公產，仍是貴族的祿田。

(4)孟子的井田制不過是一種經界的計劃，並不是根本解決的共產制度。

關於(1)(2)兩點我的意思和適之先生不能盡同，已在仲愷先生書內說過。孟子以前，既沒有具體的說明一種政制的書，自然尋不出井田在歷史上充分的證據。但是我們也不能在古書上尋出那私有財產的樣子「所有」那些田地的反證，就不能絕對懷疑，推翻孟子的說話，說是憑空杜撰。適之先生引詩經和左傳六條，都是采地食邑爭來奪去。而采地食邑的收入，仍許立在人民享有耕種的普通田地之上。他們的利益轉移，只是這點收入。占有食邑采地，和後來私有財產的「所有」的田地不同，只看蕭何一面封有鄼侯的食邑，一面買有田宅，兩件事是什麼性質，便很易明白。不然，猶是三代之初，分封受地，也可以算做「所有」田地的榜樣。不必更引到春秋時事例了。詩經的「人有土田，女反有之，人有人民，汝覆奪之。」拿土田和人民對舉，那個有字，更顯然不是私有的意味。適之先生似乎混看爲一事，所引的例，不能作爲所有田地的證據，郎不能作爲那時代土地共有的反證。

(3)(4)兩點適之先生說：『孟子的井田制並不是使百姓家家有田百畝，他所說的公田，固是屬於國家的田；但他的私田，仍是卿大夫的祿田，是貴族的私產，不是農民的公產。種田的農夫，乃是佃民，不是田主。如若不然，那「卿以下必有圭田」一段，和上文「世祿」「分田制祿」二段，便不可懂。』這段話令人不敢附和，因爲孟子明明說「方里而井，井九百畝，其中爲公田。八家皆私百畝，同養公田。」私百畝的八家，確指農夫。纔有「公事畢然後敢治私事，所以別野人」之說。如果那些私田，仍是卿大夫的祿田，就不能說八家皆私百畝。而且把公田，放在所謂卿大夫祿田當中，一井之地，又要配定八家卿大夫的祿田，叫他同養公田，不特想不出這種奇怪的用意更兼事實上累贅難行。又況叫八家的祿田來養公田，亦斷說不上分別野人的話。照適之先生的解釋，以爲如此纔可以貫通卿以下必有圭田一段，和上文世祿分田制祿二段，卻反而弄到這一段本文無一句可懂。所以這個解釋，我們不能贊成。至於適之先生說：『種田的農夫乃是佃民，不是田主。』我們也始終未認農夫是田主，我們以爲那時代，土地私有並未發生。農夫就是於一定時期，對於土地，有收益權，無處分權。卿大夫對於采地食邑，亦只有一部分收益權，無處分權。故此我們和適之先生主張不同之點，是認那時田地的處分權制度上不屬於卿大夫，農民不是卿大夫的佃戶，農民對於卿大夫之義務，不由契約規定。

分田制祿，在孟子是兩件事，看答滕文公的話，稱古道今，說了一大片，尤其注重分田。答畢戰說：「經界不正，井地不鈞，穀祿不平。」一是說因爲經界不正的緣故，致到井地不鈞和穀祿不平。適之先生似乎只認鈞井地爲平穀祿的手段，所以認井田制是一種經界計劃，並不是根本解決的共產制，但是孟子既於上文折衷三代要推行助法，而方里而井一段，更明白提出八家皆私百畝同養公田的辦法。家家皆有田百畝，公田事畢便可治他的私田，有這樣的恆產如何不叫做根本解決？如何可以當做僅整頓世祿的制度？如果照適之先生的解釋，「孟子只想把當時佃戶所種的田劃清疆界，從頭分配一番，所謂私田，仍是卿大夫的祿田，」農民沒有使用收益的權利。不但把孟子方里而井一段弄到十分難懂。而且把他答滕文公「取民有制」和「助貢」比較論的話都成了一篇廢話了。適之先生的疑團，似乎從「夫世祿滕固行之矣」一句發生。以爲不應插入說貢說助之間，再看下文，分有田制祿，和卿以下必有圭田一段，於是拿世祿來做中心說孟子的規劃只是活動在滕國貴族的世祿制度上面。其實「夫世祿滕固行之矣」一句，不過接着上文爲民父母一段，說不要只管貴族不管平民，表示責望滕文公的意思，沒有重大的關係。適之先生未免看得這句太過偏重了。分田和制祿是兩件事，圭田十五畝又和餘夫二十五畝對舉，是井田制全部裏面所有的規劃，依着從來的解釋，不覺得有什麼難懂。

適之先生最錯的是對於北宮錡問周室班爵祿一章下的案語，說：『若是每個農家能有田百畝，百里的大國，儘量只有九萬畝田，只彀八百農夫，餘夫還不在內。其餘的君卿大夫士的受地都在什麼地方去尋呢？』適之先生懷疑孟子的地方雖然很多，只有這個是從事實上計算來證明他的不合理的。無如我們反覆看起來，覺得這個數目實在不對。

實在算起來方百里的地，應該有九百萬畝的田，這個就是提封萬井的話。照算可以配給八萬家的農民。因爲方百里和百方里不同，百方里就是古人所謂一成，如果拿來開方，每邊只能彀有十里。所以少康有田一成有衆一旅，就算九萬畝養八百戶，出五百兵，是很在理的。把這個一成來做單位，纔有成十爲終，終十爲同，一同纔是方百里。適之先生來信紙角上頭還有算式，都是拿百方里算做方百里的，這也是一時間的錯誤。細算起來，於孟子所說，不特毫無所礙，並且覺得左傳這個反證是於孟子有利的。

適之先生又說「孟子想理中……百畝之田」照適之先生看百畝之田，斷不止養五人至九人，這養五人至九人以外的生產物，不是卿大夫掠奪去，是那裏去呢？然而我以爲適之先生推理以前，沒有把材料稱量清楚的緣故。要曉得古人百畝田和現在百畝田，相差很遠。所以顏子有負郭之田五十畝，還要簞食瓢飲。實在是因爲周畝和秦漢的畝算法不同。周尺和現在的尺又不同。周畝每畝百方步，一百畝就方百步，所以一方里每邊三百六十步長，剛剛可以容得下九百畝方三百步的田。（其餘六十步可以推想做溝洫阡陌）到秦漢纔有二百四十方步爲畝的制度。照秦漢的畝來算，就不算溝洫，一方里只可以容四百五十畝，這方里而井，井九百畝的話，先說不過去了。所以周畝法和秦漢的畝法，相差是一十與二十四的比例。又算周尺得現在工部營造尺六寸，所以周一步比之現在一步，只有十分之六，一方步比現在一方步，又只有百分之三十六。這個原因併合起來，周畝一百畝也只和現在的十五畝相當。這樣算，三畝田養一個人（五人）乃至不彀兩畝田養一個人（九人），拿當時農業發達的程度來算。還可以說他有餘麼？如果眞是拿這多餘，來做卿大夫的祿，那卿大夫就眞要餓死了。這一點明白，就可以曉得一夫百畝，並不爲多。

按漢書食貨志引李悝所說，一夫挾五口治田百畝，一畝歲收一石半，百畝就有百五十石。但是一個人一月也食一石半，五個人一年就吃了九十石去。這種大肚皮的人民現在也是沒有人相信的。但是如果曉得古人的一石只有現在的二斗（沈括筆談和清朝幾本官書可以查得出）他這粟大概又指穀而言，這個推查，就覺得並無不合理之處。而九人的農夫，也不過多收一點，多吃一點，總沒有多餘的。如果不拿古的度量，來解古書，這是一定不能通的。

還有一層，適之先生以為只有九萬畝，能容八百夫，可以證明農夫不能享有。我就可以反問一句，如果截長補短，只有八百個佃戶，那其餘的人，叫他做甚麼呢？當時工業還沒有發達，商業容不了什麼人，也沒有許多山澤容他漁獵，更沒有空地給他畜牧，豈不是八百夫有了恆產，幾萬夫都沒有了恆心麼？所以適之先生這個數目，如果不錯，不特駁倒我的解釋，就連適之先生的佃戶說，也駁倒了。無如數字是不許人隨便的。

我的意思通連前後總括起來是：

（一）井田制是中國古代土地私有制未發生以前的一種土地共有制。——這不是土地私有制發生後的均產制，我們應該分別。

（二）古制是否豆乾塊似的，一一照着孟子所講，無從詳考。然而不能說是孟子憑空杜撰，將無為有，盡是託古。

（三）我們至今還未發見私有財產的土地所有於孟子以前——更不必說東周以前——食邑采地的受賜紛爭，不能作爲反證。

漢民敬上一月十四日

仲愷附記

適之先生對於我第二項的意見說：『因爲（2）條所引西洋和日本學者的話，却只是關於原始社會的討論。我是不承認那有了二千多年政治生活的有史民族，還是在原始社會的。』但我看先生前囘的信（一）項裏有「古代從部落進爲無數小國，境內境上還有無數「半開化」的民族。」（二）項裏有「我們既沒有證明井田制的存在，不如從事理上推想當日的政治形勢，推想在那「半部落半國家」的時代，是否能實行這種豆腐干塊的井田制度」我纔在從前涉獵過的書裏差引了幾段，證明各民族在這半部落半國家半開化的時代，是有類似的土地制度。如我所引 seebohm 的書，是研究中古時代 Wales 之土地分配情形的，決不是在漁獵時代的初民所有的制度。德國中古時代土地制度，帶着均產痕跡更多。請先就那種 Marksystem 研究研究。

五　再答漢民仲愷兩先生書

胡適

漢民仲愷先生：今天又收到兩位先生的信，使我很感謝。我的信竟耽誤了漢民先生的行期，實在不安得很。但是漢民先生這種研究的態度是我十分佩服的。

漢民先生說我計算方百里爲百方里，這一定是我錯了。我連王制都忘了！我多謝他的改正。好在這點算數不是那一段辯論的要點。比較重要的是一夫百畝是否有餘。漢民先生根據「周尺得工部營造尺六寸」的話，引申出來說「周畝一百畝，也合現在十五畝相當。」這個算法表面上是很有理的。但是我疑心這裏面有一個大錯誤。

近來西洋的「中國學者」Grenard. Herrmann 等根據漢書所記西域諸國距離的里數，證以現在各城的遺址，用歸納的方法證明漢里一里約合四百米突，十漢里等於二英里半。一漢里合英里四分之一，是每英里合四漢里，與現今每英里合三里三，相差不過八十米突。

再看王制明說：「古者以周尺八尺爲步，今以周尺六尺四寸爲步。古者百畝當今田百四十六畝三十步。古者百里當今百二十一里六十步四尺二寸二分。」鄭注。「古者百畝，當今百五十六畝二十五步，古者百里，當今百二十五里。」

王制既說，「古者」「周尺」，與盧植說王制是漢文帝時博士所作的話可互證「當今」該是指漢度。古代的百畝當漢的百四五十畝，古代的百里當漢的百二十多里，是周朝量田計里都大於漢朝。如此看來，後人考定的周尺，未必與量田計里的尺度是一件東西？

若依漢里比今里約四十分之三十三的比例看來古時的百畝至少應該可當現今一百一二十畝。所以我對於漢民先生的計算，覺得根據錯了。

若依漢民先生的計算，「三畝田養一個人（五人），乃至不𣪊兩畝田養一個人（九人）」，別說卿大夫無地皮可刮，連那農夫也沒有好日子過。還算仁政嗎？」

再回到漢民先生的最重要的觀念。他說，「我們以爲那時代土地私有並未發生。農夫是就於一定時期，對於土地有收益權，無處分權。卿大夫對於采地食邑，亦只有一部分收益權，無處分權。

我引了詩經一條，左傳六條，來證明那時代的土地是私有的。漢民先生不認這七條旁證，他說這幾條「都是采地食邑爭來奪去。而采地食邑的收入仍許立在人民享有耕種的普通田地之上。他們的利益移轉只是這點收入。」這種猜測似乎沒有根據。古代所謂「封建制度」之下的社會情形，不但土地是被「有」的，連人民都是被「有」的。故詩經說，「人有土田，女反有之。人有人民，女覆奪之。」這三個「有」字正都是「私有」的意味。如果土地的「爭來奪去」只有那點收入，請問人民的被「有」與被

「奪」，又當作何種「收入」解呢？因爲人民是私有的，故可以奪來奪去，可以拿來陪嫁，可以逼去從軍。因爲土地是私有的，故可以奪來奪去，可以拿來賞人，可以用作賄賂。這便是處分權。

這一個意思說明了，其餘的話我可以不辯了。

至於我解釋孟子一段，只就上下文的語意，仔細研究，覺得「夫世祿滕固行之矣」一句古人都輕輕放過，似乎不是細心領會古人的法子，故我指出這一句的重要。漢民先生說這一句是「接着上文爲民父母一段，說不要只管貴族不管平民，來責望滕文公，沒有重大的關係。」這話還是不能滿人意，爲民父母一句是論貢法一段的結果，文氣與「夫世祿」一句無關，似乎接不上去。下章又在「九一而助，什一使自賦」與「死徙無出鄉，鄉用同井」之間插入「卿以下必有圭田」三句，難道這又是說「不要只管貴族不管平民」嗎？

孟子的文章向來是容易懂得的。但是他只配辯論，不能上條陳。他這幾段論田制的話，實在難懂，我並不敢說我解得不錯。我不過貢獻一種新解釋罷了。至於「從來的解釋」，我終不敢隨便服從。

仲愷先生附記的話，似乎有點誤會。我說「古代從部落進爲無數小國，境內境上還有無數半開化的民族」，是說這些已成國家的小國之外還有那些戎狄，並不是說那時代的中國全是半開化的。(二)項所說的「半部落半國家」也是這個意思。我的本意是要說那時的中國是很錯雜，很不整齊，很不統一的。故第一封信似乎有「秦始皇以前中國並不曾有一統的時代」的話。因爲那樣錯雜不統一故不能有整齊的井田制度。

Wales是小地，似乎不能比那樣錯雜的中國。中古日耳曼民族的情形，我還不曾留心研究過，不知能否比當日中國的情形。我很想騰出一點工夫來研究仲愷先生所指的幾種書。（那幾種書只有Heury George的書是看過的，其餘的都不曾看過。）我因爲仲愷先生原信屢用「原始社會」的話故有不信那時的中國還在原始社會的話。

我前兩封信都是不曾留稿的，前後定有不貫串的話。但我覺得我第二信論井田說史料沿革一段，似乎是這問題的重要論點，我如果能有機會重做一篇井田考，我只要說一個意思。『井田論是孟子憑空虛製出來的，孟子自己並未曾說得明白，後人一步一步的越說越周密，其實都是演述孟子的，不可用來證孟子。』

九年一月二六晨二時　呉適

六　致胡適之書

朱執信

適之先生：昨天仲愷兄接了你的信，裏頭有一段是關於漢民兄前次的信裏頭計算上的反駁。因爲這一點是從前我同漢民兄共同研究的，在數字上，我也應該負一點責任，所以我代他答覆幾句。

下餘幾層等漢民兄由廣東回來再答，請先生恕我冒昧奉瀆的罪。

先生(一)根據王制，說古者百畝當漢人百五十六畝有多，所以不能拿漢畝作準。(二)又拿 Grenard 求 Herrman 的考究，證明漢里有四百米突左右，(三)而現在的一英里等於中國三里三，所以曉得漢里和今里相差只有八十米突。(四)因之說周百畝可以有現在百一二十畝。所以疑我們的研究有一個大錯誤。

我大膽一點想替先生消去這個疑惑。

第一、我以爲王制的數字，是完全不可信的。他這裏接連兩段，第一段是四海之內方三千里爲田八十萬億一萬億畝，是按一里九百畝，一畝百方步算的。卻是他忘記了一里九百畝，已經有溝瀆等在內，後面又把溝洫數進去。這本書只管是漢時人假造，他又忘記了漢畝是二百四十方步，隨便就說古者百畝當今東田百四十六畝云云。這種不負責任的話，是完全不能作準的，所以我們還是跟漢志妥當一點。

就算他這一種說法，是就百方步爲畝的來講，也完全和先生意想中的不同，不能算做一個證據。因爲現在二百四十方步一畝的算法，是很明白自漢以來有的。他所說的東西，只管算他做百方步的田，也完全和漢人——至到現在——二百四十方步的畝法沒有什麼影響。如果說他是還沒有二百四十步一畝的時候的書，又不能算他漢畝了。所以我認王制的畝法，沒有研究價值。「周道法地地法婦人婦人大率中八寸，故以八寸爲尺」這等說話，都是讖緯家造出來的，孝文的時候恐怕還不作興這種說話。他底下的數字也和上文不符。所以鄭康成也沒有方法，只有改數字來就他，又說他是六國時候的變亂法度，孔穎達也只可以說經文錯亂不可用了。

第二、先生所據的 Grenard 和 Herrman 的考究，我們不曾看過，自然沒有方法可以評論他。但是我有一層不能了解，就是他考校城址的時候，是用鳥飛距離呢還是隨着路屈曲呢。我疑心漢志的西域距離，總有一部分是鳥道，也有一部分是隨着路轉灣來算。但是有一個比較可信的記載，就是烏孫的境界。烏孫的界東邊到漢的玉門，西邊到葱嶺，東西六千餘里，這個數目，是一定拿空中距離來說的，把這兩個地方來算現在的距離，只有三千六百里光景，剛剛是六千餘里的一個六折。其餘莎車疏勒到長安的距離，都是九千餘里的，現在量起來，就只有五千三四百里的光景，不彀六成。但是我想這個應該是跟着轉灣算的。（現在的驛路更因繞灣多了許多數字，比方廣州到韶州直徑的算法，只有四百里光景，驛路要算千里以上）他歐洲學者縱能尋出城址，未必能尋出漢人走過那一條路，所以他這四百米突說，不敢輕易說他的確。

第三、先生所說的一英里三里三，和所說一漢里四百米突，十漢里等於二英里半。兩句話分開說，都可以的，一合起來就不對了。為什麼呢？因為英里是翻 mile 一個字卻是 mile 這個字表示三種的長度。

第一種是 Statute mile 等於五二八〇英尺，約莫和中國的五千尺相當，算起米突來是一六一〇米突光景先生拿四千米突算做二英里半，應該指這種英里。在一漢里四百米突的假定底下，先生一點也沒有錯誤。但是五千尺只有二里又十分之八並不彀三里三。

第二種是海上普通用的 mile 等於五四零零英尺，和現在這個問題差不多沒有關係。（政家年鑑稱中國三里等於英國一 mile 大抵指這一種來講。）

第三種就是 Nautical mile 這種日本人稱他做海里等於六〇八五英尺，又等於中國之五千七百八十尺內外，又等於一八五〇米突。所謂一英里三里三的，是就這一種來講。（嚴格講起來還不彀三里三只有三里二）這種英里，每英里有四百米突的四倍六強，不能拿來算做四漢里。

所以如果照漢里四里當今里三里三來算，自然是今里只有四百八十米突，相差只有八十米突，但是這個含着錯誤的繞灣，我覺得很可以不必。

民國四年的權度法裏頭有依萬國權度公會所制定鉱鉑公尺來量定的長度，拿營造尺做底起算一里等於五七六公尺（卽米突）所以一里比假定的四百米突漢里，多了一七六米突，就是多四成四。這樣算從米突就到米突簡單多了。先生不採這種方法卻拿米突換算做量地的 Statute mile 又把 Statute mile 和 Nautical mile 當做一種纔把他換算米突，未免歧中有歧，誤了正路。

上頭的計算英里和米突的差應該在十萬分之一以下，中國尺和公尺的比較，據權度法，大概也沒有大差，所以斷沒有疎忽錯誤。但是當時所定的營造尺和前此所用，有沒有差異呢。這層我相信總有的。因爲從前曾紀澤的筆記裏頭，曾經說過他拿米突尺比營造尺，營造尺得三十三生丁，以後我看見許多統計書裏頭都假定三十三生丁做一營造尺，然而這裏頭一定有小小差異，所以袁世凱定他做三十二生丁，那他從前所用的，總不外自三十二生丁到三十三生丁之間，所以我拿權度法來做根據算營造尺的長，只有算短了他，斷沒有算長了他的毛病。

除此以外，我們還可以有點旁證，證明這一里等於五七六米突的數目，不會推板得太遠。

這個米突是人人曉得拿地球過極經圈之長四千萬分一，來定的。中國的康熙皇帝和梅文鼎等人，算他卻把過極經圈一度，算做約二百里，所以全線應該有七萬二千里。拿這兩個對算一里應該是五五五米突有多，比現在稍爲有點差異。但是米突原尺，不是眞正實合四千萬分一，而中國當時測量北極出地高度是限於北回歸線以北的地方，本來已經是有差的，所以這個不合只有二十米突有另，不算奇異。

再一個就是我們一般簡單用的十二里等於七千米突。這個算法也是在袁氏定權度法以前的，照算是一里得五八三米突。這原是簡單，但是如果把曾紀澤的筆記來比較，可見這個數目尤其近於民國前的實數。也可以明白現在沒有大差。

所以照 G. H. 兩個的說話，也不過是漢里得今里十分之七弱（應爲六九四四）再加上他們所應該容許的誤差，那就對於十分之六一層做不到什麼疑惑的材料。

第四、先生說的周百畝可以有現在一百二十畝，是完全無視了從前一畝百方步，和現在一畝二百四十方步的一層。大概總是對於王制那一段沒有細查的緣故。我們且把王制的不對撇開不算，光照先生所講 Grenard. Herrman 等的材料，照上文推算出來的數目，來尋出漢畝，可以推定他是今畝的二十四分之一十，乘百分之四十八强（千分之四百八十二）約得十分之二。然則漢百畝也不過現在的二十畝零幾釐，和我們所算的十五畝相去不見得遠，

第五、漢尺的長度，阮元等的考據，或者可以說是假古董，累了他，沈存中卻不可一例看待。因爲沈氏本來是樂律的專家，他這考訂尺度，也是從考究樂律發生出來的，所以比較總算可信。從來做樂律工夫的，有一個通例，他把黃鐘之管九寸，做了一個信條，要這個黃鐘之音合了，纔算這把尺合式，所以時代變遷，一天世間通用的尺長一天，他制樂的人，萬萬不肯跟他放長這把尺，因爲這個黃鐘九寸已

經是低到極了。再低就要不成聲了。所以從來製樂器的尺都不大相遠，高下不過二律，不是數目限了他，卻是聲音管住他。惟魏漢律異想天開，叫宋徽宗以身爲度，另外做尺，那樂音就低到三律以上，不能再奏了。所以他們研究樂律的考據，倒有可靠的地方，就算他有差，也不過兩律（約十分之一）以內的事。

第六、先生以爲三畝養一個人，乃至不彀；二畝田養一個人，沒有好日子過，然而這古人百畝所產的數目，除了李悝以外，還有鼂錯的奏疏也可以參考的。他說農人治田百畝，歲收百石，還要供役納稅借債納息，所以很苦。明明指出百畝田養一家，是沒有大多餘的。然而說二畝田養不了一個人，也不見得。照我所曉得廣東的省城附近田地，大約不好的每畝一囘收兩籮穀，一年可種兩囘，收四籮穀，好的一年可以收到八九籮。一籮穀約有百餘斤，四籮約近於三石，九籮就有六石有多。想古人的種法，或者不如今人，做兩作的也比做一作稍爲多收一點，姑且折半算，現在的好田一畝，古人只能收今三石，兩畝六石，養一個儘有餘了。下等的田三畝也有四石多，不能說他不彀。（如果照鼂錯的話一家收百石就五個人的家族各享二十石，約當現在四石。）

古人說鍾畝之田，說是一畝出一鍾（六斛四斗）鄭國渠成，說是畝收一鍾，這都是特別形容的說話。只有鼂錯和漢書引李悝的說話，（固然不一定是李悝說的）比較可信。所以我斷定古人畝收一石至一石半，每月一個人也食一石以上，除了拿出去交換必要品和穀種以外，沒有什麼多餘。至於左傳詩經的爭土田的說話，是爭采地，是爭所有地，一層，是先生這回的信第二個重點，這層且等漢民兄回來，他自己再答，我姑且不論。但是左傳裏頭，差不多幾年一回，就有爭田賜田得田取田與田的話，記得起的，只有韓起拿州縣來換樂大心的原縣，和季孫對孟氏家臣說吾與子桃又與之萊柞，算是大夫做主的事情，其餘都是國際的授受。而韓起和季孫，當時都是爲政的人，所以想定他會拿執政資格來處分采地，不是拿大夫資格處分私有田地的。這一層是我偶然想到的，姑且說出來，備先生的參考。此外還有可查的地方，沒有一下子也沒有想清楚，以後有機會再研究一點，纔來請教。順便祝你的健鬥，

朱執信　一月三十一日

此外我還有一兩點想聲明的，就是古代六尺爲步，現在權度法是五尺爲步，但是實在前淸測量的時候，另外用一種弓步尺，比營造尺長一點，所以一步比六尺或者少一點，比五尺還多得多。前幾十年湖南黃宗憲做的求一術通解裏頭，還有步法五十八寸（又一處五尺八寸）的話，這個恐怕和實際的數目相近。

如果拿這一層放在計算裏頭，就可以相信。如果漢里是現在的十分之七，那漢步就也是今步十分之七，漢尺比今尺就只有十分之六了。（因爲一個六漢尺的一步，纔等於五營造尺一步之十分之

七，那一漢尺就是現在營造尺的六十分之三十五，不夠六成）然而田畝丈量却是用弓步尺的，（我所曉得是廣東的情形）所以一步還有古步的約莫一倍六的數目。

又從現在畝法算一六畝又二七六〇一田等於一公畝（Hectare）而一公畝等於二英畝又四七一，所以一英畝應等於六畝六分。然而在南洋的耕種的人，我問過他幾次，他都說一英畝等於他們鄉裏四畝多，不夠五畝。那法律上的畝實際是我們所稱一畝的四分之三，也可以和上一節相證的。

古人的度量爲什麼要變大呢？這個可以從收稅收實物來說明他的。絲和帛都是漢以前就算做一種稅品，所以漢尺不會比周尺再小。

李悝的說話以外，漢人還有日稟五升的話（記不得那一個人說的，）趙充國說「一馬自負三十日食爲米二斛（石）四斗麥八斛」算麥做馬料，米做人食，也是一天八升。他是出征西羌的，或者算多一點，也總不能加到兩倍以上。這都是古人吃東西的考證一個資料。

二月一日再附記

二　井田制度的論戰二

季融五

一

吾去年在上海聽過戴季陶先生「從經濟上觀察中國之亂源」的演說，後來又在建設上看見這篇文章，及胡漢民先生的「中國哲學史之唯物的研究」和「唯物史觀批評之批評」，又在新潮裏頭看見李守常先生的「物質變動與精神變動」他們三位的基本觀念完全相同。漢民先生並且鄭重聲明，說是「只認經濟事情是一個最重大的原因關係」並不是全稱肯定的論理。吾雖然平常沒有做過唯物的研究，也覺得這個觀念，是很不差的。並且吾還以爲現在的新思潮，所以能有一個立足之地，也是在此。新思潮背後，有這麼一個普遍的生活問題，做他的靠山。生活問題一天不解決，這個新思潮就絕對是時代的天驕。參透這層道理，那麼黑暗勢力的壓迫，無論如何利害，做文化運動的青年，大可不必擔心。

後來胡適之先生，對於漢民先生的「承認古代眞有井田制度」，有一點懷疑。重新提出來討論。

廖仲愷朱執信兩先生也先後加入研究起來。大家用科學的態度，加上歷史的想像力討論了兩萬多字，還沒有解決本來井田這個問題，是中國歷史上一件大事，自從漢朝以後，直到如今，學者對於井田，沒有敢懷疑的。然而井田論最完備的周禮王制等書，不但都是靠不住，並且連他這個靠不住的本身，也還支離矛盾得了不得，現在要想「整理國故」和「研究中國經濟史」的人，自然都應該放出獨立的眼光，去考證一番。不能盲從古人以訛傳訛含混過去。吾是對於這個問題，向來沒有研究過。偶然和適之先生談及，適之先生要我把意思寫些出來。吾因爲這個問題，實在有趣，就向適之先生借了幾部書，做一點研究。現在且把我研究的結果，記些出來，請幾位先生指敎。

二

這個問題很複雜，現在要考證井田制，先應該考證和井田極有關係的封建制。封建制雖是題外文章，但是如果能夠說明當時的封建情形，便可以推想到當時的田制，能不能有「整方塊頭」的井田制。

適之先生說：『古代的封建制度，決不像孟子周官王制所說的那樣簡單，……那幾千年中決不能有「豆腐干塊」一般的封建制度。』第三封信裏，又說：『那時代的中國，很錯雜很不整齊很不統一的。因爲那樣錯雜不統一故不能有整齊的井田制度。』仲愷先生說：『封建一層，夏商時代怎麼樣，吾不敢說。到周得國之後，在絕對的領域內，劃土分疆，封給同姓子弟和異姓功臣也不是事勢上萬不能整齊。』吾現在且先從這個問題入手研究起來。

適之先生說：『吾們如欲研究中國的封建時代，應該參考歐洲中古的 Eeudalism 及日本近世的封建制度。』吾於朝河貫一的書，並未讀過，歐洲中古的制度更沒有別種參攷書，祇有嚴譯甄克思社會通詮裏頭第八第九兩篇，說的很簡明。甄克思是根據古史說的，並不是杜撰。吾取來印證周代的封建制頗多吻合的地方。仲愷先生說：『凡預想有信史以前的各種制度，……第一要緊的，是在本國地方上有這制度，殘留的痕跡，或有那時代政府的記錄的直接證據。其次在外國同階級時代中，有類似制度的旁證。』吾看甄克思所說，很有拿來做中國封建制的旁證底價值，省得大家繙檢，吾且抄牠下來。

「國家主義既興，君之於民，常欲爲徑接之治，莫不欲取中間之階級，凡所以爲壅隔者，一切而空之。惟明智之英主，察其勢之不可以驟而等衰隆殺，凡所以爲堂高廉遠者，又未嘗不可守位而養尊，則於是乎有衆建藩翰之說矣。躬擐甲冑，肇啓土疆，其爲此也，或出於力征而併兼，或由於轉戰而啓闢。顧一方之中，非盡平等齊民也，將必有其衆所推尊仰庇之豪宗右姓。夫如是之豪宗右姓。霸者雖具權力，往往欲盡鋤難則擇其最梗雖柔道且不可格者，乃戰而阬之耳。其餘則固可以優容也。容之奈何。曰，使知猶得長守此富貴者有所自來而已。君臣之義，所爭在名，固無難定。即有時責以貢賦，乃至建莫非王土之說，一若是種人之所克有者，一切皆受賜於新君。凡此皆非種人之所斷斷者。蓋此時所重者，在保其舊封，使所耕穫者無恙，已甚幸矣。至於所責貢賦之實，轉而責諸其下，可也。又使有所誅鋤，而其地爲新君之所有，則酬庸錫土，以畀昆彌而新國之形愈固。其中有分地甚廣者，則轉以分封其下之臣僕，候國王國，有比例也。此歐洲中古建侯分土之規，所謂拂特之制是已。」

「然使所拓闢之土地誠廣，則拱衛新主者，不獨資近臣也，封域所暨，皆不可以無人，則衆建藩屛之事，不容緩已。其勢之最便，固莫若因宗法舊有之種酋，使其誠服，則因而立之，以爲新朝之代表。此於勢雖未必甚安，然較之武力誅鋤，令盡起而爲我敵，難易之勢懸矣。若夫形勢之地，則易其舊建其新。亦有故君已亡或以罪殺，則置其所信者以爲守。此其事率常行之以漸，往往經數十百年，則故酋無一存，而新朝衆星拱極之勢成矣。然亦有更歷久遠，無大變者。此如吾英，其中僻遠之部，有至十九世紀之初，猶爲種酋之所主者，則又不可一概論也。」

現在要看吾們中國古代，有無這種記錄。政府直接的記錄，是沒有了。吾們現在可資參攷的書，祇有論語孟子左傳國語史記等幾部較爲可信。吾且把這幾部書上與當時封建問題有關係的幾條，摘他下來。

三分天下有其二，以服事殷。　論語泰伯篇

滅國者五十。　孟子滕文公篇

昔周公弔二叔不咸。故封建親戚，以藩屏周。管蔡郕霍魯衞毛聃郜雍曹滕畢原酆郇文之昭也。邘晉應韓武之穆也。凡蔣邢茅胙祭周公之胤也。　左傳僖二十四年。

昔武王克殷成王靖四方，康王息民，並建母弟，以藩屏周。　左傳昭二十六年。

昔武王克商，先有天下，其兄弟之國者十有五人，姬姓之國者四十人，皆舉親也。　左傳昭二十八年

昔武王克商，成王定之，選建明德，以藩屏周。　左傳定四年

先君叔振，出自文王，晉祖唐叔出自武王，文武之功。實建諸姬。　晉語

當成周者，南有荆蠻申呂應鄧蔡隨唐，北有衞薪狄鮮虞潞洛泉徐蒲，西有虞虢晉隗霍楊魏芮，東有齊魯曹宋滕薛鄒莒，是非王之支子母弟甥舅也，則皆蠻荆戎狄之人也。　鄭語

東觀兵至於孟津，……諸侯不期而會孟津者八百。　史記周本紀

封諸侯，班賜宗彝，作分殷之器物，武王思追先聖王，乃褒封神農之後於焦，黃帝之後於祝，帝堯之後於薊，帝舜之後於陳，大禹之後於杞。於是封功臣謀士，而師尚父爲首封。封尚父於營丘曰齊，封弟周公旦於曲阜曰魯，封召公奭於燕，封弟叔鮮於管，弟叔度於蔡，餘各以次受封。」史記周本紀

從以上幾條，可以看出周武王得國之初，而封諸侯實在有限得很。因爲當時所滅的國並不多。從「三分天下有其二」「諸侯不期而會者八百」兩條看起來，可見當時已經有一大半諸侯承認他宗的主權。既經承認他的宗主權，自然再沒有「用武力誅鋤令盡起而爲我敵」的道理。要想推倒一切統籌全局，用秦始皇分天下爲三十六郡的手段，弄得他整齊劃一，像「豆腐干塊」一般，恐怕是沒有的事。這是一層。當時的蠻荊戎狄，正是甄克思所說「地居僻遠，舊酋之勢足以自立，則爲王化之所不及，而成拂特時代之土司」，要拿來劃成「整方塊頭」的封建制，不但沒有這個必要，並且是事勢上所不可能。這是二層。吾這種推論，清代許宗彥讀周禮記大略已經說過，他說：

『夫文王率商之叛國以事紂。武王觀兵孟津，諸侯會者八百。此皆三代之所建。至於紂時，其地之廣狹，固未必悉仍其初封。文武撫而有之，要與之相安而已，豈得而盡易其疆界哉。武王克商，封國七十有一，所可限以分土之制者惟此。而其封取之所滅國及隙地，地或犬牙相錯，贏不足之數，不能不遷就焉。是故秦楚吳越，介在蠻夷，爵不過子男，而跨地輒數郡。郕毛聃郜諸國，處於中原，

則險不得展。凡以地勢故也。且夫三代之封，猶後世之郡縣。後世郡縣大小率以形勢爲差等，不以里數之多寡，又不能定限大郡縣若干里，小郡縣若干里也。古之建侯亦若是矣。』

古史裏面並且還有幾個證據，可以證明。

(1)任宿須句顓臾是太皡之後。六與蓼是皋陶之後。這幾個國，決不是周朝初年所封。但史記列舉封神農黃帝帝堯帝舜大禹之後，卻沒有提到大皡皋陶，可以證明。

(2)左傳定元年薛宰說，『薛之皇祖奚仲居薛以爲夏車正。奚仲遷於邳，仲虺居以爲湯左相。』薛在今山東滕縣西南四十里，是中原腹心之地，並不是僻在蠻夷。周朝初年尚且有改建。可想見與薛同等地位的國家，一定很多。

(3)商紂昏亂暴虐，已經弄到億兆夷人離心離德，那麼滅國之後，總不應該死灰復燃。然而武王一死，武庚馬上連絡管蔡，煽動淮夷徐戎要想復起辟來。周公奉命東征，大動干戈，經過三年的長期戰爭，弄得破斧缺斨，十分吃力。結果還是把一般頑民，東六族西七族分配到各國去做了俘虜，纔算安靜。可見宗法社會種族相保的民族，追念舊酋的心情，非常深遠。新王一旦死亡，亂機就立刻爆發起來。甄克思社會通詮國家初篇所說情形，正和中國古代如出一轍。如果武王初定天下的時候，多所變置，恐怕死後的革命軍不止武庚一隊罷。

周禮王制兩部書，都有很整齊的建封和井田制，如果封建不能像周禮王制裏頭所說的那樣整齊，井田制便也自然不能像周禮王制裏頭所說的那樣整齊。現在據以上許多的證據看來，周朝的封建，不是統籌全局的劃土分疆，事勢上實在是萬不能整齊。假使一定要說他能夠整齊，非提出一個更大膽的假設，說是「封建制度夏商時代本來就很整齊」那纔講得過去。然而這個假設，一定靠得住麼。

況且還有一個不可解的問題，就是用周禮王制所說的區域大小絕對不同。周禮說是。

「諸公之地，封疆方五百里，諸侯之地，封疆方四百里，諸伯之地，封疆方三百里，諸子之地，封疆方二百里，諸男之地，封疆方百里。」

王制說是。

「公侯田方百里，伯七十里，子男五十里，不能五十里者，不合於天子，附於諸侯曰附庸。」

王制的封建論，是用孟子做藍本的。做周禮的人，應該也熟讀孟子，何以所說的區域大小，如此相去懸絕。適之先生說是「中國統一以後，那時疆域，不止秦以前的兩倍大，所以有這大膽的懸想。」或者眞是如此亦未可知。……江永周禮疑義舉要，是說「周禮舉其虛寬者言之，孟子王制，舉其土田實封耳，」此說不可信。因爲無論如何，不能相去至四五倍的。

周禮王制兩部書的史料價值大略相等，孟子這部書，比較的總還可信。然而吾們把孟子所說的里數，用漢民先生所計算的步法畝法合起來還有個大大的疑團。

漢民先生說。「古之百畝只和現在的五十畝相當，」照此推算，方百里的大國，實際只得方五十里，號稱提封萬井，其實只有田一百三十五萬畝。山陵林麓川澤溝瀆城郭宮室塗巷，還要三分去一，實存田九十萬畝，抵不到現在江蘇的個三等小縣，那麼「地方百里而可以王，」「得百里之地而君之，皆能以朝諸侯有天下，」那還可信麼。「湯以七十五里為政於天下，」實際只得方三十五里，那還可信麼。「滕絕長補短，將五十里，」實際只得方二十五里，「猶可以為善國，」那還可信麼。「少康有田一成，」一名為方十里，實際只得方五里，便能「復禹之績，不失舊物，」那還可信麼。

以上幾個疑問，硬要說是可信，那也沒有什麼不可以。無奈周禮所說的里數，也不能說他盡不可信。李惇羣經識小中有一段攷據，吾且抄他下來，供大家研究。

「封國之制，卽不盡如周禮所云，然其時自有數大國，如宋為王者之後，齊太公之元勳懿戚，魯伯禽衞康叔之親且賢，自當卓越尋常，必謂儉於百里，則又誤矣。攷之經傳，宋地自今歸德府東南至徐州，齊地自今青州府西至齊南，東昌，魯地自今兗州府南至海州，衞地自今懷慶府東至濮州，大率皆跨五百餘里之地，賜履之文見於左傳，大啓之說見於魯頌，淇泉帝邱見於詩及春秋，商邱彭城見於春秋經傳，豈盡由併吞而始大乎。」

『史記漢興諸侯年表云「周封伯禽康叔於魯衞地合四百里，親親之議褒有德也。太公於齊，兼五侯地尊勤勞也」斯說得之。』

吾們現在研究封建制度，第一不能上周禮王制的當。王制是大家知道是漢文帝時代的書，周禮這部書照普通說法是周末秦初儒者所作，固然不是周公的書。就算眞是周公作的也不能就說周朝的劃土分疆全照著書本子辦。這個道理許宗彥讀周禮記也已說得淸淸楚楚。他說，

「武王既有天下，其命官或由商舊，或仍周初侯國之制，其時未有周禮而官名職掌，固已皆定。及夫周禮之成，周公蓋將舉其不合者，徐徐更之以爲有周一代之定制，而周公則已老矣。傳尙書者，謂周公居攝六年制禮，七年致政，成王纔一年耳，周禮之不能遂行，時則然也。……故謂周禮爲周代未行之書，可矣。」

許氏極端迷信周禮是周公作的，其言尙且如此。可見「周朝時代封建制度一定能夠整齊」的話，是絕對靠不住的了。所以吾從種種方面歸納起來覺得適之先生的斷案似乎最近事實。現在古代的封建情形，可以算得已經說明了。暫且告個結束，吾們再來研究井田。

三

適之先生第二封信裏頭，把井田論的沿革史，說得很爲詳盡，用不着吾去替他復述。現在吾單把適之先生沒有談到，和談到而沒有具體說明的幾點，略略討論。

漢民先生說。

「井田是計口授田，土地公有，古代相沿的一個共產制度。」

「土曠人稀的時代，人民以一部落一地方共有田地不是希奇古怪的事。」

仲愷先生說。

「井田制度，吾假定他是上古民族由游牧移到田園，由公有移到私有，當中一個過渡制度。以社會進化的程序看來，在半部落半國家的時代，這種井田制度，不只是可能的，而且是自然會發生的。」

「中國行井田制度的時候，所謂「溥天之下，莫非王土」，對於土地，當然不會發生法律上私權的觀念。」

仲愷先生還引了許多西洋和日本學者的話，來證明他的假設。關於這一層，適之先生因爲他所引證據，都是關係原始社會的情形，周朝時代，不是原始社會，所以沒有辯論。但是這一層，「是主張井田爲共產制度」的基本觀念，是「承認井田爲眞有」的大前提，要是不弄清楚，那麼周朝時代的人，究竟有沒有土地所有權。那個時代，有沒有發生井田制度的可能性。這兩個問題，便沒有解決的方法。現在吾且就漢民仲愷兩先生的話研究研究。

把兩位先生的話歸納起來，可以得一種概念，就是「照社會進化的程序着來在半部落半國家時代，一般人民雖然使用土地，卻不會發生法律上私權的觀念。」換一句說，就是「那時代的人民程度還不會有土地所有權的觀念。」這個斷案確不確，吾們應該就社會進化的程序上研究一番。

研究社會進化程序的書，像甄克思的社會通詮，想像力可算豐富，用做證據的例，可算確實。他採用的書籍，都是近代歐美著名學者久居蠻族社會中間研究攷察所得的著作，並且還參考最古的史書，廣搜西衞愛爾蘭蘇格蘭日耳曼希臘羅馬埃及西藏印度各種的舊制，所以他敘述的「初民羣制」，好像是最近情理，沒有武斷。他所說的「產業所有觀念」演進的歷史——有幾段並且專說土地所有權的發生——很有趣味，吾且摘牠下來，大家討論討論。

「往者法學之家，常言太古產業之始，謂其事由弋獲逐獸而得，斯爲主人，不知此猶後起之義也。太古蠻夷，與禽獸初不相遠，無彼此之分也，相聚而畋，特爲食故，其有獲，則衆之所共享者也。惟有既饜腹腸，而有餘禽，乃畀捕者以爲畜玩，玩既久而愛戀深，愛戀深而後彼我別，彼我別而後人有其私，此產業之義所由始也。」

「宗法肇於有家，而家人之義畜於所畜，然則宗法社會，必萌蘗於民有資產之分。」

近世計學家社會主義者，謂古鄉社已行其術，民通力合作而均貧富，此臆造不根之言也。自歷史事實言之，五洲無實行社會主義之事。言中古鄉社，爲說雖不同，然所可知者則共治公田，口分地產，無其明證。農各治其私，收價蓋藏，皆爲私利，有明證也。

「其地本無主人也，誰斬刈之，則奄而有焉。……是故一地之闢也，必其種之大人以爲之田主，而執田功者，則其所屬之非狄爾與洗理也。」

「一種之酋，一族之長，皆有所私之封地。封地而不自耕，則以賦人而約分其歲入。……當夫地廣民稀之世，彼種人中健者，不憚艱險，親闢荒榛，將皆有歸往之羣，以此爲殖民之新地，而彼則爲其地之主人，而附從者爲之臣隸。」

「至耕稼地著，土壤有無所關最鉅，於是受畜之俗，變爲受田，而踐土食毛之義以起。」

「產業之義，卽起於私，而成於私。爲一己可，爲一衆可，而產業之主人，其數必有畛，而非無垠。西文產業曰普羅勃諦，其名本義，卽曰專有。世俗有公產之稱，此於辭義精而言之，乃自矛盾。何則，產而曰公，此無異言其物非任何人所得私，卽非任何人所得享，然則公產爲言，猶無產矣。故吾英法律之文凡一物爲甚衆人之所同有者，例用他名，不稱普羅勃諦，如大不列顛爲英衆國土是已。」

「蠻夷產業之意，起於所常操之罔罟弓戈。……總之產業之義，由物之有主，有主起於各私，各私起於常用。」

「由畋獵之衆，進演而爲遊牧種人，而產業最粗之義見。……當此之時，民之所有，存於牲畜。而各私所有之局形焉。……自種人散而爲族，族法析而爲家，向者禽獲衆共之俗漸廢，而其人親所俘虜者得據之以爲一己之私。逮最後社會，乃有交易購置之事，於是其人所持粟出財相易而有者，得視爲己私。」

「牧者於地，既無各私之權利，而馳驅訛寢之場，亦無取於正經界而劃疆畛。獨至耕稼之民，其視地也乃大異此。火耕水耨，浚畎加犂，而歲爲之糞溉，凡此手足胼胝之烈，皆於其地爲有功。而與未治者絕殊。彼率一家一族之田畯婦子，而致此勤劬者，其不願他人之享其成績，抑已輕去其鄉，舍已治之良田而卽未耕之墝埆，又明矣。是以經耕之田，常爲族姓之所私，分授其衆而耕之。」

據以上幾條歸納起來，產業私有觀念發生極早。共產社會，是古代從來不曾有過的。和近代經濟學家所說，「畜牧時代，始有動產私有制，進至農業時代人始土着，始有不動產私有制」的話，完全相同。倘然甄克思所說的「社會進化的程序，」吾們沒有證據去否認他，他這個斷案，似乎還靠得住。吾個人的意思也覺得土地這件東西也不過是人類利用的物品底一種，和別的物品，完全相同。別的物品既然可以私爲己有發生所有權的觀念，土地也當然可以私爲己有發生所有權的觀念，而且發生所有權的觀念底時代，不會甚遲，一定在知道土地可以利用的初期。——漢民先生說，「井田制是中國古代土地私有制未發生以前一種土地共有制。」中國人類知道利用土地很早，到周朝時代，至少已經過了兩千多年，還沒有發生土地所有權的觀念，眞是一大疑問。——就是那個時代，各人的所有權，還不能確定得明白淸楚，到得「一種之酋，一族之長，皆有所私之封地」的時代，一定能夠確定了。

四

吾這個大膽的假設，是有一個基本觀念拿來做了標準，纔建立起來的，這個基本觀念是什麽。就是古代社會的階級制度。因爲共產制度，斷不能建築在階級制度的上邊，一定先要人人平等，纔講得到。如果吾這個前提不差，那麽要問階級制度，是什麽時代發生的。這個問題解決，古代共產制度的沒有，就可以連帶解決了。

社會通詮裏頭，關於這個問題，也有幾段，可以供吾們參攷。

「天演之進，必由判分，畜牧盛，則種人有强弱貧富衆寡之不齊，不若前之蠻夷，其羣如一丘之貉也。蓋自爲畜牧，而天時地利之殊，與夫人事之巧拙，乃有以致異於其間。前雖有之，其效微難見矣。是故遊牧之羣，豐嗇相絕。往往一種之中，其始均也，以勤惰巧拙之殊，貧富遂異。天擇之用既施，而演進之機，不可圉已。」

「凡强盜之種人，客籍而外，又有奴籍。僮虜臧獲，皆奴籍也，或稱世僕，或稱下戶，遊牧之衆，常需力役，故奴重焉。其得之也，常以鄰部之戰爭，或種人有罪，而無力自贖，則沒爲奴婢。奴婢與宗法社會，殆相起訖。於遊牧之世，則司牧敖，於耕稼之世，則執田功，或以供給屋廬之下，執事此其大經矣。」「學者嘗謂太古之民，爲天成平等，此大誤也。方其爲圖騰社會，固可以言平等。然其平等也，同於蠢蠢蚩蚩，猶草木虫豸之相若。故赫胥黎謂如是平等，正如代數術之無度，無度未有不相等者，雖平不足貴也。乃至一入宗法，則天演著判分之象，而不平興焉。夫同爲種人，則皆有所分之芻牧，所得以馳騁畋獵之場，妻子之畜，弓矢甲兵之私。然而牛羊狗馬橐駝之多寡異，則貧富不齊。使無所受於其先，無所奪於鄰部，雖爲種人，無救窮困。考愛爾蘭舊律，區此爲下級種人，曰費爾密德婆。與有畜之主，號波埃爾者，霄壤懸矣。」

「與其凍餒而自由，固不如飽煖而奴隸，欲自救於寒飢，勢不得不仰澤於其羣之富者。此其事雖微，然而後世分茅胙土封建拂特之制，發端於此，故可翫也。雖然，其始非分地也，蓋地爲人屬之思想，猶未萌焉，故所分者，特畜而已。當此之時，所謂波埃爾者，則分其畜以貸密德婆，與之爲期限，納所孳乳者爲贏息，贏息謂之別思狄基，歲時波埃爾出巡其羣，若行部然，約凡幾度，貸畜之家必有供帳。貸畜者號洗理，自擇善水草以牧，資供納之餘以贍生事。使所牧者雜己畜爲羣，如是者曰沙爾洗理，爲半主自由之牧也。使所牧之羣，盡他人畜，如是者曰達爾洗理，爲奴隸不自由之牧也。其品地於種人爲最下級，蓋貴賤之勢，緣貧富爲分如此。」

據以上幾條看來，階級制度的發生，遠在牧畜時代。一有階級制度，弱肉强食，優勝劣敗，就成天演的公例。共產制度，那裏還有發生的餘地。那時候的土地所有權，當然在種族酋長手裏。等到部落進爲國家，階級制度，格外明顯〔註一〕這個所有權，不消說就在國君和貴族手裏了。晉語「君食貢，大夫食邑，士食田，庶人食力。」這個話很可以證明庶人以下各級，沒有土地所有權，士以上的各級——貴族——食就有邑有田。加藤繁說，『人君不曾拿私有財產的樣子「所有」那些土地。……我們看詩經和左傳，卻未曾發見這樣田土的痕跡。』他這個詩經左傳，不知怎樣讀法的。據我看來，詩經裏頭，不但「人有土田，女反有之，」〔註二〕可以證明土地所有權，就是「雨我公田遂及我私，」曰「公田，」曰「我私，」不是所有權的界限，已經劃得清清楚楚麽。此外如「無食我麥，」「無食我黍，」「無啄我粟，」「無啄我粱，」又如「芃芃原濕，曾孫田之，」「曾孫之稼，」「曾孫之庾，」無論他能作「田主」、或「成王」，總之所有權已經確定的痕跡，都可以看得出來。左傳裏頭，尤其不勝枚舉。〔註三〕吾且再舉幾個人君和貴族有土地所有權的證據來看看。

〔註一〕左傳庶人工商之外，還有皂隸牧圉，人的階級，分至十等之多。「王臣公、公臣大夫，大夫臣士，士臣皂，皂臣輿，輿臣隸，隸臣僚，僚臣僕，僕臣臺，」牧圉還在十等之外。僖二十四年，「秦伯送衛於晉三千人，實紀綱之僕。」襄二十一年「季武子賞邾庶其從者以皂牧輿馬。」杜注「給其賤役，從皂至牧，凡八等之人，謂皂輿隸僚僕台圉牧也。」成二年，「魯賂楚以執斲執針織紝皆百人。」人民可以做賞品，可以做賄賂，這種人民，決不是宗法社會裏頭本藉的族人，一定是客籍的奴虜。這有幾個證據，可以證明。

宣十五年，「晉侯賞桓子狄臣千室。」昭二十五年，「齊侯請致莒疆以西千社。」定九年，「齊與衛地自濟以西，糕媚杏以南，書社五百。」晏子春秋，「昔先君桓公，以書社五百封管仲」——書社，謂書其社之人名於籍，是否與斐豹的丹書相類，不敢斷定，但「莒疆以西」「自濟以西，糕媚杏以南，」本非齊地，和晉國的「狄臣千室」一樣。都由併吞掠奪而來，則無可疑，魏風十畝之間孔疏，「古者侵其地則虜其民。」吾們看陽樊倉葛「此誰非王之親姻，其俘之也」的話，可以推定這個書社，大概都是奴虜。——定十年、「趙鞅圍衛；衛人懼，貢五百家，鞅置之邯鄲，十三年，又要舍諸晉陽。」你想人民可以做貢品，住在什麼地方都要聽貴族的意思，所謂「俘諸江南，以實海濱亦唯命，其翦以賜諸侯，使臣妾之，亦唯命，」「總而言之，絕對沒有自由，這不是奴虜的鐵證麼？奴虜也配和人家共產麼？

〔註二〕這個「人」字，疑是宗法社會裏頭的「族人。」社會通詮說「方宗法社會之由遊牧而趨耕稼也，鄉社之編民，皆有田者也。但使其人爲種人之子姓，制節謹度，循其宗之禮俗，納貢賦無愆期，則固足以世守其先業」，可以證明。假使不是族人而是異種，便處於奴虜的地位，不配有土田。下句「人」字，亦當作族人解。所有的「民人，」便是供族驅策的奴虜，卽「狄臣千室」「衞貢五百家」之類。「覆奪，」如「楚公子圍殺蔿掩而取其室」「管仲奪伯氏駢邑三百」都是。——古代的奴虜，本來是當作財產的

〔註三〕最淸楚的，如王與鄭伯蘇忿生之田，君子說是『已弗能「有」。』子產替豐施歸州田，也說『其子弗敢「有。」』韓宣子辭，可見如果不去歸還，也儘管可以享有下去。後來晉侯把州田給宣子，宣子『病「有」之。』以上三個「有」字，似乎所有權的證據很充分。又僖元年，「公賜季友汶陽之田，」以後季氏世世享有這宗產業，這是左傳裏可以攷見的。「鄭子駟爲田洫，司氏堵氏侯氏子師氏皆喪田」這簡直是田鄰侵占的行爲，與尋常爭奪采地食邑，絕不相同。還可以說『沒有拿私有財產的樣子「所有」那些田地』麽。

五

詩經裏頭「溥天之下，莫非王土。」左傳裏頭「天子經略，諸侯正封，封略之內，何非君土。」周語裏頭「昔我先王之有天下也，規方千里以爲甸服，……其餘以均分公侯伯子男使各有寧宇。」這些話，都可以把事實來證明。昭公九年，周甘大夫與晉閻嘉爭田，明明是兩個貴族的交涉。晉國執政，就幫

閻嘉的忙，派梁丙張耀率陰戎伐潁。那方面的周王，也就出頭替甘大夫幇忙。卻不責備閻嘉，一味責備晉侯，口口聲聲「伯父」「余一人」。後來晉使趙成致閻田，也是交給周王，不是交給甘大夫。可見這田的所有權，實際上儘管屬於貴族，名義上還是屬於王和諸侯。這是第一個證據。

成公十一年晉郤至與周爭鄇田，周王出頭到晉侯那裏打官司，晉侯就止郤至不許爭。周王何以要到晉侯那裏打官司。晉侯何以能禁郤至。可見對於天子在名分上有確定這田的所有權的義務，對於臣下，在權力上有確定這田的所有權的權利。這是第二個證據。

吾們在左傳裏頭，可以攷見當時的天子霸主和普通諸侯，都有「所有」田地的權利，所以都有處分田地的權利。不過到了後來，天子的號令不行，——王與莊公辦忿生之田，君子說他「已弗能有而以與人」可以證明。——說是霸主和普通諸侯，也早已「太阿倒授」「魁柄下移」。叔向所說「政在家門」，公羊氏所說「君不得爲政」，這個情形，不但齊魯如此，各國都是如此。簡單說起來，春秋時代，已經完全是貴族跋扈專權的時代。所以那時代的土地處分權，也由貴族做主。這是一個總綱，吾且再舉幾種事實來證明。

莊十九年，周惠王取蔿國之圃以爲囿，又奪子禽祝跪與詹父田。

昭十三年，楚靈王奪薳居邑，奪鬥韋龜中犨，又奪成然邑。

上兩條，是天子和諸侯剝奪貴族土地所有權的證據。薦國薳居等不服，至於興兵作亂，不是所有權利害切膚，何至於此。

僖三十三年，公侯以先茅之縣賞胥臣，與郤缺冀。

文十八年，公命與莒僕邑，季文子使司寇出諸境。

宣十五年，晉侯賞士伯以瓜衍之縣。

成二年，衛人賞仲叔於奚以邑。齊侯予辟司徒妻石窌。——此事是特別，女子有土地所有權，在歷史上為破天荒。

成七年，楚子重請取於申呂以為賞田。

成八年，晉討趙同趙括，以其田與祁奚，旋又立趙文而反其田。

成十三年，曹子臧致其邑於成公，十六年，盡致其邑。

襄二十一年，季武子與邾庶其邑。

襄二十二年，鄭公孫黑肱歸邑於公。

襄二十六年，鄭伯賜子展八邑，子產六邑，子產辭，固與之，受三邑。

襄二十七年，衛侯與公孫免餘邑六十，受其半。宋左師請賞，公與之邑六十，既又辭之。——此與子重請賞似乎和漢民先生所說王剪請美田宅相類。

襄二十八年，齊反羣公子邑。與晏子邶殿，其鄙六十，弗受。與北郭佐邑六十，又與子雅子尾邑。

襄二十九年，公冶致其邑於季氏。

襄三十年，鄭子產賂伯石邑，懼而歸邑，卒與之。

昭五年，豎牛取東鄙三十邑以與南遺。

哀十四年，桓魋請以鞍易薄，公不可，乃益鞍七邑。　司馬牛致其邑而適齊，又致其邑而適吳。

哀二十七年，齊與顏涿聚之子晉五邑。

以上各條，可見貴族田邑，皆國君及執政所與。或受，或辭，或反，或致，或歸，皆有所有權的證據。

閔二年，公傅傅卜齮田。

文七年，先克奪蒯得田於堇陰。

文十八年，齊懿公爲公子時，與邴歜之父爭田。

成十七年，郤錡奪夷陽五田，郤犫與長魚矯爭田。

襄十四年，子駟爲田洫，司氏堵氏候氏子師氏皆喪田。

昭三年，范宣子趙文子韓宣子爭州田。

昭十四年，晉邢侯與雍子爭鄐田。

昭二十年，衞公孟縶納齊豹鄄。

哀十七年，宋皇瑗之子麇其兄邑劃般邑與田丙。

以上各條，皆貴族得由爭奪君不得爲政的證據。並非如執信先生所說「拿執政資格來處分」

雖然如此，當時的土地處分權，名義上總還屬於國君。看哀公二十七年，齊與顏涿聚之子晉五邑雖是陳成子的主張，卻總還要說一句「君命女以是邑」的冠冕話。此事已在春秋之後，居然尚有古風。可見諸侯名義上的處分權，還保留着一部分哪。

左傳上關於土地處分權，還有幾個例外。

(1)別人家的土地，霸主也可以隨便處分。像僖四年，齊侯與申侯以鄭國的虎牢。

(2)己國的土地也可以與別國之大夫。像昭三年，晉賜州田與公孫段。哀二年，周人與范氏田。

(3)一國的土地，被貴族瓜分罄盡的時候，可以隨便到別國去取。像襄十年，晉荀偃士匄請伐偪陽，封宋向戌。哀九年，鄭許瑕求邑，無以與之，請外取，許之，乃圍宋雍邱。

更有一個最朋顯的例外。

昭九年，「陳桓子召子山，私具幄幕器用從者之衣屨而反棘焉，子商亦如之而反其邑，子周亦如之而與之夫于。……凡公子公孫之無祿者，私分之邑。」這種貴族的私相授受，又是一種例外，更可證明貴族的土地所有權不是可以理思否認的了。——魯語，「郤犨欲與子叔聲伯以邑聲伯辭。」郤犨並非執政，而聲伯又是別國的大夫，居然可以私相授受，更奇。還有韓詩外傳裏說。「古者諸侯受封，謂之采地，百里諸侯以三十里，七十里諸侯以二十里，五十里諸侯以十里。其後子孫雖有罪而絀，使子孫賢者守其地，世世以祠其始受封之君。」惠士奇說他「必有所據」這分明世世私有的土地，也是和加藤繁的話很不相容的。

六

然而以上許多證據，漢民先生看了，一定又要說。「是采地食邑的爭來奪去，采地食邑的收入，仍許立在人民享有耕種的普通田地之上，他們的利益轉移只有這點收入。所以采地食邑的受賜紛爭，不能作爲反證。」

吾以爲漢民先生有兩個觀念，不免上了古人的當。一個觀念。是以爲古代人君的授田制產，非使得全國境內無曠土，無遊民不可。所以人口蕃殖，土地狹隘的時候，就只能不怕麻煩，把全國的田畝，照了「以幾何級數增加」的戶口，逐年從新攤派，不能有「一夫不獲其所。」所以起初一夫百畝的，後來一年一年，逐漸減少每夫由七八十畝五六十畝三四十畝，而減至每夫十畝，如詩經魏風所說。一個觀念。是以爲八家皆私百畝，這百畝的收入僅夠九人，三五人的衣食。不但事實上，諸侯卿大夫不容染指，就是法律上儘管貴族們把采地食邑爭來奪去，總而言之除了公田的收入之外，不能侵犯「野人」一絲一毫的利權，這兩個觀念的錯誤（第一）是因爲忘了古代階級制度互相臣屬的事實，把宗法社會時代本籍的族人和客籍的奴虜看得絕對平等。以爲無論是誰，不能沒有分地。殊不知古代的奴虜，絕對不會有分田權利。吾們看左傳上俘虜的痕跡，可以推想得出來。隱六年「鄭伯侵陳大獲」成八年，「鄭伯門於許東門，大獲。」昭十三年，「晉荀吳侵鮮虞大獲。」昭十七年，「陸渾子奔晉，其衆奔甘戎，周大獲。」昭十八年「齊人襲鄅，儘俘以歸。」哀四年，「楚誘蠻氏遺民盡俘以歸。」最有趣的，如成六年，晉伯宗夏陽說和衞國的孫良夫寧相，一同侵宋，夏陽說半路上忽然想襲衞國，說是「雖不能入，多俘而歸，其罪不及死。」你想他多俘而歸，要他做什麼用處。難道他們國裏計口授田，田多口少，要送田給這般人種麼。春秋時候，戰爭雖然常有，人口依然蕃殖。——觀孔子適衞，發庶哉之歎可見。——如果眞有井田一夫百畝。早已不敷分配。倘然人君有計口授田的義務，無論什麼階級的人，都不能沒有田種，那麼像這種「盡俘以歸」「多俘以歸」的舉動，眞是自尋煩惱了。（第二）是上了孟子的當。孟子一面講「分田制祿」，一面又說「八家皆私百畝，同養公田。」漢民先生決定了他這節書所以痛駁適之先生，認「私田爲卿大夫的祿田」的話。研究僞的假設，一口咬定孟子的話，是千眞萬確的，自然越說越到牛角尖裏去。你想公田既是屬於公家，私田又是屬於野人，那麼卿大夫除了圭田五十畝之外，他的祿田，又在什麼地方。沈彤周官祿田攷說，「卿大夫所食皆取諸公田。諸侯收其穀而給之。」要是眞個如此，他們拚命的爭來奪去，一點利益都沒有，——因爲公田的收入，是全入公家，做全國官吏的俸祿。其餘八百畝的收入又爲八家所私，不能容貴族染指。——不是白忙麼，——卿大夫的采地食邑，對於公家，也有納稅義務，觀襄二十二年穆叔令倍御叔之賦可見。如果眞像沈彤所說，卿大夫簡直要賠錢了。采地食邑反成了大大的累贅，送掉還來不及，還肯拚命爭奪麼。

(附註)沈彤又說，「邑封頒賞地邑與之田而令自取」這又自相矛盾了。既然有井田，那裏一井沒有公田。倘是封邑頒賞地的公田收入，歸了卿大夫，公家的收入，就要大大的減少。吾們看春秋時代的封邑頒賞，絕無限制，後來竟弄到像「許瑕求邑無以與之」請問一國的封邑，到了這個地位，公田已經全歸卿夫大，全國官吏的祿食，不是要沒有着落麼。

現在吾且再就春秋時代的記載，研究當時民間的租稅情形。能夠知道那時候民人對於貴族的租稅情形，采地食邑的收入，是否立在人民享有耕種的普通田地之上，就可以推定了。

惠士奇禮說，『公食貢，大夫食邑，士食田，大國之卿一族之田，上大夫一卒之田，衆一旅，田一成，成方十里，其稅百夫田萬畝，畝一鍾，詩曰，「倬彼甫田，歲取十千，」卿之祿也。』這般雜引古書，不盡可靠，但也可以做「私田是卿大夫祿田」的有力證據，並且可以證明貴族的收入，決不止「什一。」這兩點是吾們應該注意的。

「什一」的制度，如果古時候眞有過的，據理論上說起來也只有分田的族人能享這個權利，奴虜是不配享的。春秋時代的齊景公，還不能算十分無道，然而「徵斂無度，」竟至於「民參其力，二入於公，而衣食其一。」弄得「公聚朽蠹，而三老凍餒，」「聊攝以東，姑尤以西，民人苦病，夫婦皆詛。」而且不單齊景公如此，同時的晉國，也是「道殣相望，而女富溢尤。」晉國的斂，本來不薄，吾們看成公十年，晉悼公即位，首薄賦斂，可以想見厲公以前斂賦的厚。——晉語，「與荆人戰於鄢陵，大勝之，於是乎君伐智而多力，怠教而重斂，」可以爲證。——晉靈公厚斂彫牆，更在魯宣公稅畝以前，晉語文公元年，也有「棄責薄斂」的話，不是先有厚的，何以見得薄——可見宣公初壞井田之說，眞不可信。——那時候貴族看見國君如此，那裏有不如法泡製的道理。冉求是聖門弟子，做了季氏宰，便替他聚斂起來，賦粟倍於他日。不但春秋時爲然，吾們讀伐檀碩鼠的詩，「不稼不穡，取禾三百廛，」「不稼不穡，取禾三百億，」「不稼不穡，取禾三百囷，」「無食我麥，」「無食我黍，」「無食我苗，」如此的極口呼號，還是「莫我肯顧，」賦斂的厚可想。要是爭來奪去，只有這什一的收入，那老百姓的日子也不至這麼難過了。各國的貴族，也都要做妾不衣帛馬不食粟的季文子，不會有富翁了。——襄十九年，「鄭饑民病，子皮以子展之命，餼國人粟戶一鍾」想見「千倉萬箱」「如坻如京」的豪富景況，子展子皮，都是鄭國的賢大夫，斷不會聚斂，然而私積之多如此。那時候采地食邑的粟之徵，爲數必巨，也就可想而知了。

社會通詮裏頭，有一段說拂特徵賦的結果，有一種必至之勢，就是「調佃」。調佃，就是逐去納租少的佃戶，讓給納租多的佃戶去種。吾們如果不承認古代有階級制度，或是承認階級制度而不承認貴族在他所有的土地上有召佃耕種的自由，那不必說。如果貴族有了召佃耕種的自由，那麼誰納的租多，自然給誰種。一般田主，誰不想發財，只要可以「取盈」，簪門裏當然不會推出柴來。「調佃」這件事，的確是自然會發生的。況且戶口過庶的時候，佃戶得田很不容易，自然要有「自願加租」的競爭。儘管有許多不願意加租的人，「逝將去女，適彼樂土。」然而散之四方，終究不是安土重遷的百姓所願意的。況且天下老鴉一樣黑。不是眞的要轉乎溝壑，還只好空空的咒駡幾句，挨凍忍餓，受資本家苛刻的加租條件。屢屢調佃，屢屢加租，便會成「民有饑色，野有餓殍」的景象了。

以上這種歷史的想像，如果有幾分可信，那麼漢民先生認「那時田地的處分權，制度上不屬於卿大夫，農民不是卿大夫的佃戶，農民對於卿大夫之義務，不由契約規定」的話，就很可懷疑了。

七

吾以上說了這一大串的話，關於「周朝時代的人有沒有土地所有權」和「那個時代有沒有發生井田制度的可能性」兩個問題大概可以解決了。但是仲愷先生所引西洋和日本學者的話也是一個很大的疑團，應該解釋解釋。

仲愷先生所引均地制度種種證據，據我看來，未必就是漢民先生所說的共產主義。共產自共產，均地自均地，不可混爲一談，這是吾們應該認淸的第一點。均地制度在部落時代，就是曾經有過，未必就是「絕對的均產主義」的實行，這是吾們應該認淸的第二點。這個話粗看上去，似乎離奇，但我也有證據。

社會通詮第六篇論田野制度也說，「中古所遺之地圖，農之所治，各有分區。……每夫受田，約冪三十亞克。其中一二，所分獨大，則必四於所常受者約百二十亞克，此外則濫汙散地，隨意墾闢爲畸田，則其鄉賤者之所服。……平野之中，又有甚大之田冪，則其鄉貴人有爵之所主者，蓋可決也。」「貴賤等差，成於游牧時代，他日進爲耕稼，階級大抵如初。……向之所謂布埃爾，乃今爲鄉之貴族，而受四倍百二十亞克之地也。向之所謂湼彌受畜而牧者，乃今爲鄉之齊民，受三十亞克。而噶他查塞爾甫者，則所得於異種之奴隸也，」「愛爾蘭之古俗，可攷見於芬丹之詩，其所稱頗詳具。彼言愛之田壤，始分百八十四部，皆種人地號吐力札什德。部分三十鄉，則族之所居曰巴里思。鄉牧牛三百頭分其地爲十二井，曰悉蘇力思井得亞克百二十。」「蘇格蘭民族號克郎者，卽由種人大宗所分之族姓也，各有分土，地著而耕稼。……一鄉之地，大較尙分四等。一曰田斯頓，小侯之釆地也。次曰忒能都里，貴人之分地也。三曰斯底勒保，譯言鐵弓之地，廣約兩犂，計二十六亞克，則小農受牛種於拂特小侯而耕者。最下則塞爾懷勒，譯言奴隸之地，則畸田零畝，以畀前所謂噶他查塞爾甫之流，爲田奴所私者耳。」甄克思明明說過，「自歷史事實言之，共治公田，口分地產，無其明證，」一面又詳述以上各處的均地制度，可見歐洲古代均地制度確是有的。但不是絕對的，也不是普遍的，是限於某階級的，所以不是共產，也不是均產。還有一句話要聲明，這都是部落時代的制度，所以 Vinogradoff 也說，「諸侯領土沒有設定的地方，沒有成形的時候，這種制度是很流行的。」可見部落進爲國家，這個制度就消滅了。中國上古時代也許有過這種類似井田的制度。（錢塘也說井田始於黃帝）孟老先生嘗聞其略，所以能發生一種較有系統的井田學說。但是周朝時代，決不是部落時代可比。與仲愷先生所說類似制度的旁證，一定要限於同階級時代的原則不合，這是吾們應該注意的。

其次，日本學者所說，「由收稅的關係上，國王自掌全領土的所有權，只許人民於一定期間，在地上使用收益」這個話看似有理，其實他的觀點錯了。封建時代，諸侯把領土當做自己私有的產業，他就是一個大地主。——這一點和加藤繁說『人君沒有拿私有財產的樣子「所有」那些土地』的話，恰恰相反。社會通詮第十篇，「諸侯各私其土的四大原因」說得很詳。吾上文講階級制度的時候，也已略有說明，不再複述。——他要把田地種熟，實在不能不借重人民。所以表面上看來，似乎是許人民在他的領土上使用收益，其實並不是一般人民在法律上有使用收益的權利。要知道許他們使用收益，在田主的心理上，眞叫做無可奈何。如果到了田少人多的時候，要種田的人，有情願加租和原來佃戶競爭的，這般田主，便逐之惟恐不速了。這種情形，那裏可以做共有土地的證據。亨利佐治所說俄國的農奴，至今還保存耕地均分制度，英國封建時代的農奴，也曾實行均地。既然叫做農奴，當然是供田主的驅策。給他種，便有得使用收益，不給他種，便磕破頭也不中用。這分明是漢民先生所說的「土地私有制度發生後的均產制」，也就是社會通詮所說的「一種之會，一族之長，皆有所私之書地，書地而不自耕，則以賦人而約分其歲入」的業佃制，可以算均產主義麼。所以吾對於漢民先生「農夫對於土地有用益權」，仲愷先生「人民不能有地，卻無不能用的地」兩句話，眞有些懷疑。

八

現在吾們再回到井田的本身來談談。漢民先生說。「井田始壞，當在前八世紀，卽周幽王以及平王東遷之際。」仲愷先生，卻根據春秋「初說畝」一項紀事，證明魯國到宣公時，初壞井田。適之先生的駁論，以爲「稅法自稅法，田制自田制，稅法的變更與井田不井田毫無關係，」這話最痛快。宣公初壞井田之說，當然不能成立。要知道井田如果眞有，則眞如蘇洵所說，「萬夫之地，蓋三十二里有半，而其間爲川爲路者一，爲澮爲道者九，爲洫爲涂者百，爲溝爲畛者千，爲隧爲徑者萬。」稅法儘管變更，這種縱橫重疊，成千盈萬，像網絡一樣的河渠道路，斷不能一時剗除塡塞，滅盡痕跡的。——左傳子駟爲田洫，子產作封洫，要是古代本有井田制，子駟雖然强橫，未必敢冒大不韙，破壞幾千年社會相沿的成規。子產恢復古制，在喜歡率由舊章的宗法社會，益發應該大歡迎，又何至惹國人的唾罵，受叔向的責備呢。——孟子託古改制，說過「諸侯惡其害己也，而皆去其籍，」後來人都信以爲眞，煞是好笑。當時的諸侯，居然個個是焚書的秦始皇。而且細看他一個「皆」字，好像大家約好，同時並舉的。只就這一點看來，已經不免教人懷疑。就算他這話是千眞萬確，那麼「去籍」是很容易，要把海內九州八十一萬萬畝田間的河渠，一律塡平，道路，一律剗去，滅盡井田痕跡，這筆工程，怕很有些困難。如果魯宣公時初壞井田，到戰國時代，相去不過百餘年，滕文公和畢戰，何至連一點影響都不知道，要去問他老先生呢。

至於說壞在幽王時候，比較要說得通些。但是就漢民先生所說「井田制崩壞的第一原因」研究起來，卻有個大大的疑問。漢民先生說『大約是因爲生齒日繁，……田的分配，不能應於人口。……韓非子說，「今人有五子不爲多，子又有五子，大父未死而有二十五孫，是以人民衆而貨財寡，事力勞而供養薄。」恍惚似一短篇的馬爾薩斯的人口論。各國分封土地，早有定限，經過幾百年，人口必定增多不少，百畝之分，如何能夠。』這個議論，本是顚撲不破。但看衞懿公亡國之後，遺民男女，只七百有三十人，益以共滕之民，纔五千人，等到孔子適衞時候，已經有過庶而貧的趨勢，急於要想方法使富了。但是照顧炎武的說法。「古來田賦之制，實始於禹，水土既平，咸則三壤，後之王者，不過因其成績而已。故詩曰，信彼南山，維禹甸之，畇畇原隰，曾孫田之，我疆我理，南東其畝。然則周之疆理，猶禹之遺法也。」王鳴盛周禮軍賦說也說，「昔夏少康在虞思，有田一成，有衆一旅，一旅之衆，而田一成，則井牧之法，先古然矣。」錢塘三代田制解，並且說「井田始於黃帝，洪水之後，禹修而復之。」又說「禹自言「濬畎澮距川，」明畎澮縱而川則模，周制本乎夏制矣。使周異於殷，殷異於夏，必盡更夏后氏之制。更其畎遂，固易也，溝洫則難矣，川澮抑又難矣。我因川澮溝洫之不能更，而知周用夏制也。我因周用夏制，而知殷周之未嘗各異也。」總之無論如何，前人的普通說法，總說井田是夏禹時代的制度，既然是夏禹時代的制度，夏朝經過四百二十二年，人口一樣蕃殖，井田制卻沒有崩壞。商朝經過六百六十一年，人口一樣蕃殖，井田制也沒有崩壞，周武王到幽王，不過三百餘年，盡量蕃殖，也趕不上夏商兩朝，何以忽然就容容易易崩壞起來。這個疑團，大約也要「嘗聞其略」的孟老先生復活轉來，纔能解決。吾們憑空想象，反正都是「無徵不信」，也就可以不必去打官司罷。——其實就是眞壞在幽王時候，也只是制產授田的分配法變了，與井田的本身，仍不相干。這層意思，吾們大家應該認淸。

九

如果一定要說井田是眞有的，那麼疑問就非常之多。吾略略研究，就覺得四方八面，都想不通。例如韓詩外傳根據了詩經的「中田有盧，疆場有瓜」兩句話，和孟子的「死徙無出鄉」一節書，說的「古者八家而井田方里而爲井，……八家爲鄰，家得百畝，……八家相保，出入更守，疾病相憂，患難相救，有無相貸，飲食相召，嫁娶相謀，漁獵分得，仁恩施行，是以其民和親而相好。」公羊解詁「盧舍在內，貴人也，公田次之，重公也，私田在外，賤私人。」這也是根據「中田有盧」的話附會上去的。但是古書裏頭只有「五家爲鄰」，「五家爲比」，「五家爲軌」的話，從來沒有說「八家爲鄰」的。不過講到井田制度，把「中田有盧」的話合上去，「五家爲鄰」總講不通，所以韓嬰說的「八家爲鄰」，纔覺得孟子「鄉田同井，出入相友，守望相助，疾病相扶持」的話稍近情理。無奈照了周禮講起來，還是一個講不通。周禮遂人，「上地夫一廛，田百畝，萊五十畝」，是每夫百五十畝。井畝九百，恰恰夠六夫，應該是六家爲鄰「中地夫一廛田百畝，萊百畝」，是每夫二百畝。井九百畝，只能派得四家半。「下地夫一廛田百畝，萊二百畝」是每夫三百畝。井九百畝恰恰夠三夫，應該是三家爲鄰。周禮又說「不易之地家百畝，」少去萊五十畝，單就這句講，「八家爲鄰」還講得過去。然而「一易之地家二百畝，再易之地家三百畝」到底講不過去。並且「九夫爲井」之說，都不成立。倘然再把「夫一廛」所占的畝分認眞攷究起來，越發講不過去了。

漢書食貨志，根據了韓詩外傳，說得格外「像煞有介事」。何休危甯趙岐宋均，一個個承訛襲謬，不知其非。王鳴盛據甯田孔疏之說痛駁之，說是「既言井九百畝，中爲公田，則九百畝共爲公田，不得家取十畝。言八家皆私百畝，則其中百畝皆屬於公，何得復以二十畝爲廬舍。言同養公田，是八家共理公田，何得家分十畝自治。若家取十畝自治，安得謂之同養。若二畝半爲廬舍，則家別二畝半，亦爲私矣，何得僅謂八家皆私百畝。」適之先生說，「日日研究僞的假設，是最可憐。」日日研究僞的假設，而終於四方八面都想不通，那眞格外可憐了。

十

漢民先生所講田畝尺步，很費一番苦心。但照漢民先生的算法，格外可以證明井田這件東西，是實在沒有的。漢民先生分明已經把從古到今的井田論，替他根本取消。漢民先生如果不信，吾請替你慢慢說明。

「五畝之宅，二畝半在田，二畝半在邑，」這個制度，是大家承認的。如果每百畝和現在的十五畝相當，那麼二畝半只合三分七釐半。至多可以蓋上幾間屋子，再沒有場圃的地位。鬱薁葵棗瓠苴茶樗，都不能種。豳風七月的詩，都成疑竇了。

田中不得有樹，恐妨五穀，所以種桑只能在邑宅的牆下。無奈在邑的二畝半，也只有三分七釐半，蓋了屋子。又築圍牆種桑的餘地，實在再沒有了。五十非帛不煖，豈不就要挨凍麼。

漢民先生又曾引過魏風十畝之間來做證據，說是「因爲土地狹隘，就弄到一夫十畝。」照漢民先生的算法，當時的十畝，實際和現在一畝五分相當。要養五人至九人，還要納卿大夫祿田的稅，請問如何能夠——田中既不得有樹，何以忽然又種起桑來。七月「遵彼微行爰求柔桑，」「取彼斧斨，以伐遠揚，」定之方中「說於桑田，」東山「烝在桑野，」都不像在牆下。這也是一個疑問，從來不曾有人圓滿解釋過。

漢民先生也承認卿大夫的采地食邑有收入。如果每百畝實祇十五畝，請問農人養家糊口之外，那裏還會有餘。漢民先生也說「如果眞是拿這個多餘，來做卿大夫的祿，那卿大夫就眞要餓死了，」

這句話眞是不差。但是卿大夫的收入又在什麼地方呢。

據執信先生說「照 Grenare, Herrman 的材料推算，漢百畝也不過現在二十畝零幾釐」江永羣經補義說「古者百畝，當今二十三畝四分三釐有奇。」相去都不甚遠，都不能解決以上幾個疑問。如果古代眞有井田，井田眞像孟子王制周禮韓詩外傳漢書食貨志公羊解詁幾部書裏所說，要教我整理這種國故簡直只好交白卷，還是請別位來效勞罷。

附胡漢民朱執信評語

季先生對於井田一個問題，做了這麼長底文字，眞是勤奮，又且有適之先生鄭重的介紹，故我們登上本誌。卻是井田制之有無，究竟未曾得圓滿底解答。我們前此已經再三底討論，現在要避重複，免得閱者厭煩，祇摘出幾個要點，簡單的批評一下。

一、我因有孟子底話和春秋時尚未有發生土地所有底確證，所以承認井田制之可能，至於豆乾塊不豆乾塊，整齊到什麼地步，又王制周禮韓詩外傳漢書食貨所說底同不同，精確不精確，我自始沒有承認他。適之先生和季先生在這些地方，雖然很費了功夫，卻與我底本旨無關。

二、我說「井田是古代相沿的一個共產制度，」又說「井田制是中國古代土地私有制未發生以前底一種土地共有制。」並未有說周時是共產的社會，和什麼絕對的均產主義。這特定和全稱兩種命題不同，是要分清楚底。季先生自已說出基本底觀念是「共產制度不能建築在階級制度上邊，一定先要人人平等纔講得到。」又說「如果不承認階級制度，或是承認階級制度而不承認他所有的土地上有召佃耕種底自由那不必說。」殊不知土地共有制，不必是滅盡階級，人人平等，而後許他存在。就是季先生也承認畜牧時代未有不動產私有制，不過偏於信甄克思一個人底話，以爲農耕民族一知到利用土地，就發生土地所有權。然而其他社會學者底著書及蠻地旅行家底報告，以農耕民族將土地屬於一團體共有底，很多很多。那種民族底耕作，也不是各做各的。是一團體協力來做的，因爲以個人底勞力。任你怎樣勤勉，由土地收來底食物，不能充給需要，多人合力來做，可以得比較的多量底生產。他們底團體，儘管戴有酋長或他種形式底支配者，但因於土地生產的性質和技術粗劣底緣故，土地共有，耕作共同，是劣等農耕民族一般相類底狀態。研究社會進化史底人，說這種民族比較牧畜民族帶有平等底精神，但要知是因生產方法變化而成底，不是提倡什麼絕對平等的主義纔發生這種制度底。——我底意思如此，所以春秋時有無俘虜，俘虜得不到田都和井田制本身不相干的。——季先生未曾認淸我底意思，又偏信甄克思一個人底話，不瞭解農耕民族經濟的狀態，基本的觀念先弄錯了。其次要說私田是卿大夫「所有，」如果能舉出召佃耕種底證據，那是極好不過底。現在季先生並未尋得春秋時代一點證據，僅僅從社會通詮說拂特徵賦底結果推想，就要人承認周時貴族在那采地食邑上面有召佃耕種底自由。像第六節末段底話，我眞是不敢盲從。至於拿租稅來講，我在建設雜誌一卷第三號已經說過「在上者橫征暴斂，使人民不能安於耕作，就以井田之壞，互爲因果。」我並不會相信春秋各國，是都能守什一之征，不去貪多務得底。但是橫征暴斂，便算是所有土地底證據，未免太早。因爲抽稅是公權。財產所有是私權，封地食邑本來有一定的收入，而他們額外橫征。田地處分本來是屬於國權，而他們私相爭奪。這兩件都是變例，就是論語說的「祿去公室政逮於大夫」底話，如何能彀用作土地所有底實證，便如何能彀證此推翻周室東遷以前底制度。這以上所論是適之先生說底「這個問題的幾個重要之點。」季先生說「關於周朝時代底人有沒有土地所有權和那個時代有沒有發生井田制度的可能性兩個問題，大概可以解决了。」我看照兩先生底意思，還未成功。

三、適之先生前次給我們底信，——見建設雜誌第二卷第二號——我當時在廣東除執信兄另有答覆之外，我看適之先生沒有新得底證據，解釋詩經人有土田四句，理由並不充分。我想等適之先生井田攷出書，再來討論，這回看季先生也引詩經說「可以證明土地所有權，」我實在不明白。本來瞻仰這首詩詩序說是刺幽王底，鄭箋解這四句說「王削黜諸侯及卿大夫無罪者。」土田人民底被有被奪，就是諸侯卿大夫底封地食邑被他無辜削除，再弄不上私有底意味。但是適之先生向來不理箋傳底，季先生也曉得他底意思，一定要當作平常掠奪底解法。又覺得平常一個人怎樣好說是有人民有土地。於是解上一個人字作族人，下一個人民作奴虜。但季先生上面明明說庶人以下各級沒有土地所有權，這個族人究竟是那一級呢。而且適之先生以爲古代封建制度之下的社會不但土地是被有，連人民也是被有底。季先生卻祇限於奴虜一種人可以被有。我看兩位先生，只顧得「我田引水」，都未免犯了孟子說的「以詞害意」底毛病。季先生更引到我私我黍我麥我粟我粱等句，認爲所有權已經確定，何不竟直說「雨我公田」，那公田也是我所有呢。古人文學上用底字眼拿後人法律上底觀念來解釋他，實是一件危險底事。

四、甄克思底社會通詮在一般社會學者著述中，不見得有什麼特別的價值，季先生將嚴譯奉作唯一底繩墨，處處要求合於他底條例，不容有所出入。我記得十幾年前章太炎先生在民報登過「社會通詮商兌」一篇文字，已經說甄克思所講宗法社會四個特性都和中國底宗法不合。足見他所假設的條例，不能路路皆通。季先生要做嚴譯社會通詮底信徒，也是一個人底自由，不過致求古制用這樣簡單武斷底手段，難得旁人底同情罷了。

漢民　九、四、三十、

季先生對於我那封信的批評有兩點。一說是和江永說的相去不遠，不能解決疑問。（第十節）一點是貴族自由爭奪並非拿執政資格來處分，（第五節）

前一層他講的是不能解決「田裏種桑」「十畝一夫」的問題，但是我這一個研究，是答適之先生的百畝比現在百畝多，不止養五人九人的疑問，並沒有問到種桑不種桑的話。至於十畝一夫本來不彀，所以纔會生出怨恨，納稅一層是與百畝十畝無關的。橫豎拿公田的產出來做祿米，用不着在所私（不是私有）之田裏頭出，百畝有多也好，十畝不彀也好，都不用分養人的去納稅。（講到重斂就是另一問題）講到私田仍要納稅，就是井田制不存至的時候的情形，更不對題了。

後一問題他所誤會的，就在處分兩個字，這兩個字，我用他原本是中國歷史相沿的意義，就是決定一件事情的辦法的意義，和所謂「處分家事」的處分一樣。季先生把這個意思來適用到處分權上頭，是不妥的。漢民兄所用的處分權，是照日本民法上所下的所有權定義來的。（也是由羅馬法相傳來的）因為所有權的內容有使用收益處分三件事，這裏頭前兩件，是所有權和別種物共通的，只有這處分權——把所有權的目的物消滅者或把所有權移轉到別人——是所有權的特徵。所有權裏頭，除去這處分權，恰是羅馬法的用益權了，這處分和處分權，完全是兩路的，我用處分兩個字，是不檢點，應該認的，季先生以為能彀處分就是有處分權，未免誤會了我的意思。（至於韓宣子和樂大心的交換，是對於這個收益權的處分，不是土地的處分。）處分的範圍本是很廣大的。季先生先引的天子諸侯與奪受歸田邑的十九個例，說是證明有所有權。然而他講與奪是國君的事，剛剛和我所講相同。我因為這種的例講不起許多，韓起這一個是和人交換，季孫說吾與子桃，又像是私人贈與，所以說不是處分私有田地。此外國際的爭田授受田就不能成為疑問，也不用說他。國君自己把地方劃給臣民做采邑更不用說他了。季先生認貴族田邑皆國君執政所與，自然和我相同，但是說受辟反致歸幾件，是所有權的證據，未免太早，因為只有限定為收益權的采地，一樣可以受辟反致歸的。季先生再引的爭奪田邑的九個例，證明君不得為政。但是左傳裏用爭奪兩個字，是界限很分明的。甲搶了乙的東西，叫做奪，這是當然君不得為政的。甲和乙同時主張這個東西是自己有權享用的，叫做爭，這個還不是沒有人聽訟的（如邢侯雍子之獄便是羊舌鮒做理來聽他。）然而兩個都不能做所有權存在的證據，因為現在所爭所奪的，也可以是所有權的目的物，也可以是收益的權利，所以到底沒有解決我們的論爭。

總括來說，我們不認所有權存在，所以以所有權之移轉消滅為內容的處分權，當然不能存在。適之先生所拿來反對我們的證據，他通認做所有權的移轉，因之說是處分權。我們只認做收益權的移轉，因之不認他是處分權。這個辯論兩方雖然觀察不同，用語的界說是大家了解的。季先生說君不得為政，土地處分權也由貴族做主，（權由貴族做主，文理也有點窒礙。所以我想季先生一定是沒有分清處分和處分權隨便寫多一個權字）就未免誤解了。照季先生說的，貴族跋扈的時代纔有處分權，那沒有跋扈以前只有天子和諸侯有所有田地的權利，就把第四節的「士以上的各級卻就有邑有田」和適之先生的理論，一齊推倒了。這是用術語不分清楚的毛病。

季先生是否法學經濟學專家，我們不曉得但是他引甄克思說的「地為人屬之思想猶未萌焉」，來下一個「那時代的土地所有權當然在種長族長手裏」的斷語這眞令人不曉得他論斷的細心，在那個地方了。

我最不懂的，是季先生為什麼很容易下「當然」兩個字。他第七節裏頭有說，「亨利佐治所說俄國的農奴至今還保存耕地均分制度，英國封建時代的農奴也曾實行均地，既然叫做農奴。當然是供田主的驅策給他種便有得使用收益不給他種便磕破頭也不中用。」照這段的意思，他以為農奴二字頂在頭上，以下的驅策與奪都是當然的。他沒有留心農奴兩個字，不過是譯出來的。在他英國話Serf這個字，只有僕役的意義。農奴一方面也不算自由，一方面也不算奴。他是為別個人服役的，但是他的地主不能像一件器具一個動物的樣子去所有他。法律上地主的權力，是有限制的。所以驅策這種形容的話頭，還可以講。當然給他種不給的自由，就不是當然有的了（亨利佐治講英國農奴實行均地的話，我實在荒疏，到現在還沒找到。）俄國的農奴，叫做 Rab 果然和奴隸同一個字。但是他的本意還是做工服役和工人的 Rabotnik 還是相關的。論他的起原，卻是本來只是借地來耕作的農夫。照俄國的老規矩，耕這一個公爵的土地，就算那個公爵的臣民，一離了土地，便沒有關係了。後來因為有些領地大的公候，把所有的土地來分給他的武臣，農夫再向武臣借地，那時候大地主就拚命的招致農人，那小地主就很吃虧。弄到有田沒有人耕，國家也不得了。因為這個毛病要救濟，所以國家就限定了農夫只準住一個地方，後來這個限制越弄越繁，到十七世紀，農夫就絕對沒有轉居的自由了。農夫已經縛在土地上，所以可以連土地一起買賣。然而到底他們還有和個人奴隸區別的地方，他們就是能彀要求借地權。他們要求，有時說些很有趣的話，說「雖然我們是你們的，土地卻是我們的，」這就是農奴確有要求地主給他土地耕作的權利，不消得磕破頭的憑據了。請問這些事實，可以拿當然兩字一筆勾消的麼？實則研究經濟史不拿紀錄來做憑據，卻說個「當然」，比之斷獄用「莫須有」，沒有什麼大分別。

李先生的研究，還有一層是缺少注意的。就時農奴已經不是普通的佃戶，所以要種田的人情願加租，田主逐原佃惟恐不速的話，與農奴制也沒有一點關係。

歐洲的農奴，是在私有制度發生以後，因征服壓迫發生出來的，拿來說明中國古代沒有私有制的時候的現象沒有可以相同的道理。但是要講農奴，也要就農奴的紀錄來講，萬不可以這樣「當然」下去。馬克斯因爲要研究俄國的土地制度，便要自已重新去學俄國語，這種態度，我們應該倣效的（雖然不能照辦。）

季先生引證了許多世襲的田，來做所有權的證據，但是當時世卿世祿的制度底下，食祿當然是世襲，不一定要所有，纔能世享，這種證據，是於主張卿大夫所有權絕無益處。所以辯論的主題要弄清楚。

季先生又引惠士奇「其稅百夫田萬畝。」來做私田是卿大夫祿田的有力證據，並且說「可以證明貴族的收入決不止什一，」叫我們注意。但是我不曉得季先生自己注意了沒有。惠氏說一成百夫萬畝，是從一成九萬畝，八百夫所耕裏頭抽出來，萬畝公田的收入。正是拿着孟子周禮王制的紀錄做基礎的他的數字，固然不能作承認公田是卿大夫祿田的證據（因爲是預先承認了書本上所說的井田制的）卻萬無可以解釋做私田算卿大夫祿田的道理。他的數目固不止什一，也不過九一。和論旨完全無干。

季先生又說「魯宣公時初壞井田到戰國時代相去不過百餘年，滕文公和畢戰何至連一點影響都不知道。」查魯宣公十五年到孟子去齊的時代，（赧王元年）有二百八十年，就算見滕文公是游梁前事也有二百六十年本來這是無關宏旨的事情，但是連年表都不查一查，未免太示人以疏忽，年歲不準是太史公的一個特色，但是摹倣古人何必在此呢。

以上不過是我看了這篇文字的第一印象。附着寫了在這裏。我想將來討論井田制的，還要注重「是否人人可以有使用土地的機會」一層，就是適之先生所主張種田的農夫是佃戶，（這個佃字適之先生是當現在的字義來用的）和我們所主張種田的農夫不是佃戶而有用益權，對卿大夫的義務不由契約規定，這一個不相同。要解釋這個問題，纔有采地和私有田，公田是祿田私田是祿田的爭論。其餘所生的小問題，有已經解決了的，犯不着去再提，有不關本旨更不必講。不然，就太糟蹋看書人的時候了。

執信記　九、四、三〇。

〔註〕以上四篇均見建設雜誌第二卷各期及胡適文存初集。

三　井田制度的論戰三

呂思勉

仲愷執信兩先生執事（上略）近覩公等論井田，僕復欲有云者，胡適之先生，謂孟子於井田未曾說得明白，因疑井田之制，爲孟子託古改制所虛製，漢儒逐漸增補，乃臻完密，僕以爲不然。適之先生所疑者（一）戰國以前無人提及井田制度。（二）孟子既言惟助爲有公田，如何又引詩說雖周亦助。（三）說貢說助之間忽插入夫世祿滕固行之矣一語，爲不可解，因並疑及卿以下必有圭田一語，謂當時人民所耕，仍係卿大夫祿田。第一事之不足疑，具如仲愷先生所論。欲釋第二第三事之疑，則當知古代田制，國與野不同，國中無公田，以按畝而稅其若干爲常法，殷人之行助法爲變例；野則恆行井田之制，所以然者，古代部落錯處，戰事必多，既有戰爭，必有勝敗，勝者爲主，敗者爲奴，及其體國經野，則勝者恆居中央山險之地，以制馭異族，敗者則居四面平夷之地，以從事耕耘，故易言王公設險以守其國，孟子言域民則舉封疆之界，言固國則舉山谿之險，章太炎有神權時代天子居山說，可以想見此制之起原。夫戰勝之族，既居中央山險之地，則其地必難平正劃分，故不能行井田之法，戰敗之族，既居四方平夷之地，則其地皆平正易劃分，故井田之制可行。漢書食貨志論井田之制，而終之曰「此謂平土可以爲法」，法者，正義，謂可正式劃分，無待扯算，野者，皆可爲法之地，而國則不然也。孟子之時，國中所行之徹法，蓋猶未泯，故直言周人百畝而徹，野所行之助法，則已破壞無餘，故僅能據詩句推想也。（馬貴與謂鄉遂附郭之地，必是平衍沃饒，都鄙野外之地，必有山谷之險峻，溪澗之阻隔，適得其反。）

戰勝之族居國，戰敗臣服之族居野，可以兵制爲徵。論三代以前兵制者，多誤於兵農合一之說，惟江慎修羣經補義，據管子參國五鄙之法，謂齊之三軍，悉出近國都之十五鄉，而野鄙之農不與，又以此制推諸列國，而皆見其合，其所引陽虎欲作亂，壬辰戒都車，令癸巳至，以證兵之常近國都，尤爲精確。僕謂論古代兵制者，如春秋繁露，如司馬法，皆誤以一國兵數，均攤之於全國人民，於是天子之地百倍於大國諸侯，而兵數乃不過兩倍三倍，遂覺齟齬而難通。若知所謂王畿千里，諸侯大國百里等，皆不過設法之詞，論其實際，天子所有之衆，與諸侯原不甚懸絕，則可無疑矣。（宋仲鈞司馬法非周制說，謂周官六軍之衆出於六鄉，六遂及都鄙盡爲農，亦甚確。周官與管子類似處頗多，蓋即以管子一類之古書爲根據，此皆古代嘗行之制，非如繁露等望空計算也。又案吾國兵制，春秋戰國間，蓋經一大變，春秋以前，惟近國都之民，即前此戰勝之族爲兵，戰國時，則全國之民皆爲兵，故其出兵動至數十萬。管子所述，蓋春秋以前之制，周官所據，亦管子一類之書，故野鄙之農，尚不爲兵，司馬法則戰國人造，已不知春秋以前之制，故以一國所有兵數，均攤之於全國人民。春秋繁露，係孔門託古改制之談，更與實事不涉。）

夫世祿滕固行之矣句與引詩言雖周亦助一節，以士夫所受之祿，與野人所受之田對舉，此與梁惠王下篇以耕者九一與仕者世祿對舉同，並無可疑。上篇使天下仕者皆欲立於王之朝，耕者皆欲藏於王之野，公孫丑上篇尊賢使能俊傑在位，則天下之士皆悅而願立於其朝矣，耕者助而不稅，則天下之農皆悅而願藏於其野矣，亦皆以士與農對舉也。圭田者，卽王制夫圭田無征之圭田，鄭注訓夫爲治，引孟子曰治圭田治無稅，所以厚賢也，趙注孟子，又引王制謂餘夫圭田皆不出征賦。按孫氏蘭輿地隅說，據九章謂凡零星不成井之田，一以圭法量之，井田之外有圭田，明系零星不井者。說文田部楚辭王逸注蜀都賦劉注引班固，皆以畦爲五十畝，史記貨殖列傳集解引徐廣，以畦爲二十五畝，文選注引劉熙注病於夏畦則云，今俗以二十五畝爲小畦，以五十畝爲大畦。焦理堂孟子正義引之，又據鄭司農以士田爲士大夫之子所耕，荀子王制篇云，雖王公士大夫之子孫，不能屬於禮義，則歸之庶人，謂士大夫之子孫，不能嗣爲士大夫者，卽授以此田，餘夫之二十五畝，亦卽蒙士圭田而言。其說自確。僕謂圭田及餘夫之二十五畝，皆士之子孫承受，其田皆在國中山險之地，零星不能成井，與野人所受之田固殊，以特蒙免稅之典，與什一使自賦之國中之田亦異，故別言之也。

胡君以餘二十畝爲廬舍，至韓嬰始算出，亦不然。孟子，五畝之宅，樹之以桑，趙注，廬井邑居，各二畝半，冬入休城二畝半，故爲五畝也，此卽韓詩餘二十畝爲廬舍，各得二畝半之說，亦卽何氏解詁廬舍二畝半，凡爲田一頃十二畝半之說，而解詁謂有舍在內貴人也，亦正與詩中田有廬義同。且韓詩云，八家相保，出入更守，疾病相憂，患難相救，有無相貸，飲食相召，嫁娶相謀，漁獵分得，仁恩施行，是以其民和親而相好，即孟子所云鄉田同井，出入相友，守望相助，疾病相扶持，則百姓親睦也。解詁云，還廬舍種桑荻雜菜，畜五母雞，兩母豕，瓜果種疆畔，女上蠶織，老者得衣帛焉，得食肉焉，即孟子所云五畝之宅，樹之以桑，五十者可以衣帛矣，雞豚狗彘之畜，毋失其時，七十者可以食肉矣，詩所云疆場有瓜，穀梁傳所謂古者公田爲居，井竈葱韭盡取焉也。解詁云，死者得葬焉，又云，司空謹別田之高下善惡，分爲三品，上田一歲一墾，中田二歲一墾，肥饒不得獨樂，磽确不得獨苦，故三年一換主易居，即孟子所云死徙無出鄉也，解詁云，中里爲校室，選其耆老有高德者，名曰父老，其有辨護伉健者爲里正，田作之時，春，父老及里正，旦開門坐塾上，晏出後時者不得出，暮不持薪樵者不得入，十月事訖，父老敎於校室，即孟子對梁惠王所謂謹庠序之敎，申之以孝弟之義，斑白者不負戴於道路矣，（食貨志入者必持薪樵，輕重相分，斑白者不提挈。）對滕文公所謂設爲庠序學校以敎之也。諸說之中，惟漢志兼用周官，以今古文說相糅合，故不能盡符，若孟子韓詩書大傳，公穀二傳，何氏解詁，則雖詞有詳略，而義無同異，正可見其同祖一說，絕無逐漸增補之跡也。（食貨志參用周官處，解詁一語不取，可見其分別家法之嚴，）胡君乃謂解詁參用周禮食貨志，必非。解詁與食貨志相同處，乃其所本者同，必非參用食貨志也。

公羊傳多乎什一，大桀小桀，寡乎什一，大貉小貉四句劈空而來，胡君謂其必先有根據，信然，然必謂其所根據者，即係孟子，因並大傳而疑之，則亦未免武斷。僕謂此兩語，乃尙書春秋同有之誼，爲儒家極習熟之語，故不覺其脫口而出，使後人讀之，覺其鶻突耳。孟子好言春秋，人人知之，至其道三代以前事，多用書說，則知者較鮮。僕謂萬章上篇等所言，殆無一非用書說者，試舉兩事證之。其（一）孟子言帝使其子九男事之，二女女焉，百家之書，唯淮南子泰族訓亦云堯屬舜以九子，（或尙系後人以孟子大傳改之）此外呂氏春秋去私篇則云堯有子十人，求人篇則云妻以二女，臣以十子，莊子盜跖篇云，堯殺長子，韓非子說疑篇，其在記曰，堯有丹朱，而舜有商均，啓有五觀，商有太甲，武王有管蔡，五王之所誅，皆父子兄弟之親也，今案丹朱見殺，他無可徵，書臯陶謨無若丹朱傲，說文引作奡，又引論語曰奡盪舟，與下罔水行舟合，則奡蓋堯長子被殺者（以上略據俞理初癸巳類稿奡證）。儒家文堯舜禹之篡奪相殺爲禪讓，則不得不爲之諱。乃於書說中去其一子，古文家無相傳之口說，而別以古書爲據，遂不覺露出馬脚，初學記帝王部引書大傳，舜耕於歷山，堯妻以二女，屬以九子也，與孟子同，則孟子之言，系用書說可見。其（二）小戴記檀弓篇，舜葬於蒼梧之野，各書皆同，（陳樸園今文尙書經說考備引之，陳氏此書不甚精，所引仍多古文家說。）惟孟子云，舜卒於鳴條，此語不知何自而來，案史記五帝本紀，舜耕於歷山，漁雷澤，陶河濱，作什器於壽丘，就時於負夏，（孟子遷於負夏之遷，作貿遷解）索隱引書傳，販於壽丘，就時負夏，而自耕稼陶漁，以至爲帝，亦見孟子公孫丑上篇，三文隱隱相符，因悟孟子史遷，同用書說，史記不言舜卒於鳴條者，分敍在後，索隱引書傳僅兩句者，以釋史記，故不具引，或大傳文本不備也。史記一書，爲後人竄亂處極多，下文南巡狩崩於蒼梧之野，葬於江南九疑，是爲零陵云云。必後人竄改，或史公先有卒於鳴條之說，而更記此以廣異聞，淺人覩兩說不同，輒删其一，不然，史遷最尊信儒家，百家之言黃帝者，其文不雅馴，則大戴記外，不敢取一語，由見義至高，而六藝無可考信，則懷疑莫決，彼其問故安國，實爲伏生嫡傳，（清儒治尙書者，多以安國爲古文家，以史遷問故安國，因並謂爲古文家，此大誤也。安國於伏生所傳二十九篇外，有無佚書，尙未可定，謂於伏生所傳外，別有口說，則決無之。）安得於此忽删師說而用異文哉。然則五帝本紀述堯舜禪讓事，全與孟子相同，非史公用孟子，乃孟子用書說矣。（鳴條卽湯戰桀之地，呂氏春秋簡選篇，殷湯登自鳴條，乃入巢門，淮南子主術訓，湯困桀鳴條，擒之焦門，修務訓，湯整兵鳴條，困夏南巢，譙以其過，放之歷山，是也。其地與南巢相近，所謂東夷之地，舜死蒼梧，有被追逐之嫌，劉知策卽極疑之，故今文書說爲之諱，戴記今古文雜，故又諱之不盡也。）此外孟子之說，與書傳同者尙多，皆顯而易見，無待備徵，其似相違異者，惟大傳以江淮河濟爲四瀆，而孟子滕文公下篇言江淮河漢一事，然此漢字或濟字之譌，（古人河漢連稱，如莊子吾驚怖其言，猶河漢而無極也，故傳寫致誤。）又古者江淮河濟，其流相通，故不妨互言，試觀上篇疏九河，瀹濟漯，決汝漢，排淮泗，卽明係以江淮河濟並舉可知。（下言而注之江，故上變江言漢。）史記與大傳違異者，惟周本紀述文王稱王之年及受命後七年中事，然其言文王受命之年稱王，明著之曰詩人道西伯，則所用蓋三家詩說，以廣異聞，上文必更有六年代崇稱王之說，與書傳同，淺人以爲違異而删之矣。至記受命後七年中事之不同，則明係傳寫譌誤，或後人竄改，非本有異，試觀義疏三處同引大傳此文（詩文王，記文王世子，左襄三十一年）尙皆小有乖異可知也。然則孟子之說，尙皆沿襲前人，非所自創，胡君顧謂孟子以後之漢儒悉皆祖述孟子，遞加增補不亦誣乎。書始唐虞，孟子道性善言必稱堯舜，其言什一，謂欲輕之於堯舜之道，欲重之於堯舜之道云云，亦其用書說之一證。史記爲後人竄亂，大學所刻崔氏適史記探原專論之，此書僕去歲在南中，僅在友人處翻閱一兩葉，今年到瀋陽託人向京師買一部，竟不可得。尊處如有此書，乞代僕一查，僕所舉兩條，崔氏已言及否，抑或別有他說，僕說錯誤。

總而言之，胡君謂古代之學術進化頗速，師師相傳，時有增改，僕則謂古代之學術，進化頗遲，託古改制，前惟孔子，後惟王莽與劉歆，其餘皆不過謹守師說，遞相傳述，最有思想者，如韓嬰之推衍師意，以作外傳，則止矣。（又有一種彌縫其說，求其完密，以防他家之攻擊者，當時謂之應敵。小夏侯謂大夏侯疏略不足應敵是也。此則並出私意，一切曲說，且自此與更無當於學術之改進。孟子亦不過稱誦所聞用以譏切時事，非自有所創說也，觀僕前所舉證可見。）胡君謂古代學者見解淺陋，莫如漢初一班經師，則誠有之，（但亦未可一筆抹殺，蓋斯時之傳經，皆以謹守師說，不參己意以爲貴，風氣所趨，賢者亦爲所囿，故其人卽有見解，亦只能於他項著述中見之，西漢經說傳者已希，經說而外，經師他項言論，益寥落矣。）謂漢代是一個造假書的時代，是一個託古改制的時代，井田論是漢代有心救世的學者，依據孟子的話，逐漸補添，則殊未必然也。（漢代學術病根，正在只知傳述舊說，不能自出心意，若如胡君之言，則早大有進步矣。）

胡君謂井田論爲孟子所虛製，後人一步一步，越說越周密，僕雖未敢苟同，然謂後人之說，不可以證孟子，則其說極精。僕謂豈特漢儒之言井田者，不可與孟子之論井田，互相證明而已，凡西漢今文家之言，以及儒家之書，與今文家傳授源流同者，幾無一可互相證明。（一自就史材言。）以其皆同出一源，沒甚添換，看似臚列多證，實不啻仍以其人之言，證其人之言也。無已，則以今古文家之說，互相勘證，以儒家言與非儒家言互相勘證，尚較可信。

胡君謂古代史材，舉不足信，誠然，然頗好據詩以爲推想，僕意亦未盡同。人之思想，爲時代所囿，此無可如何之事，生數千載之後，而欲據古人之詩，以推想其時之史實，其事豈不甚難。（若用詩說，則仍與據他書無異。）詩本謠詞，託諸比興，並非質言其事，橫說豎說，均若可通，尤易致誤而不自知。且卽謂可以推想，亦略知其爲何時何地之作，然詩無達詁，三家所傳，亦多誦義，（樸園此論最通，阿毛傳者，每謂其有小序爲據，能得詩之本事，故能知作者之意，小序出毛傳之前，抑出毛傳之後，今姑勿論，而詩詩皆能得其作誼，此卽小序不可信處。）恐孔門本無確知其爲何時何地之作者，（卽謂孔子言之，亦不足信，何則，風詩皆本於謠，謠詞作者，本不可知，如今一大學采輯歌謠，豈得謂輯此歌謠之人，卽能知此歌謠之出於何時何地乎。）而況於後之說詩者乎，況於三家之說，今又零落殆盡，所傳者惟自謂出於子夏之毛詩乎。（三家詩說佚亡已甚，樸園父子，兩世蒐采，用力可謂至勤，然仍多誤入古文說處，故居今日而言詩，卽自謂本於三家者，亦多用毛義而不自知。）

王制周禮等書，將封建制度，說得十分整齊，亦爲啓後人疑竇之一端。然此自出於後人之誤會。蓋託古改制之論，必歌頌其所託之時，以爲郅治之世，後人信以爲眞，遂並其所改之制，以爲古代皆曾實行，而於理遂不可通矣。然王制州二百一十國云云，周官凡邦國千里封公以方五百里則四公云云，鄭注固明以爲設法。夫使以此等設法之詞爲實事，則如王制所說，當時之天下，必眞有千七百七十三國，悉爲王朝所封，奉行王朝之制度，而天子又以時巡守督察之，不敬者削以地，不孝者絀以爵，不從者流，叛者討，於是此千七百七十三國者，莫不奉命惟謹，而典籍所傳一切制度，遂無不實行，則誠必無之事，若知爲設法之詞，則所謂天子之田方千里，公侯田方百里，伯七十里，子男五十里云者，不過謂若立王畿，或封五等之國，當照此法云爾。原未嘗謂當時之封公侯伯子男，皆適與以方百里五十里七十里之地，王畿亦適方千里，不多不少也。州二百一十國，九州千七百七十三國云者，不過謂若將九州之地照所設之法封建，可得如此國數，原未嘗謂當時九州之地，皆可聽王朝任便處置，因而實曾封建如此國數也。然則雖有此等虛擬之法，而當時實際所封，究有幾國，所封之國，所受之地，大小若何，一切制度，能推行於其國者幾何，既經推行之制度，能歷若干時，然後廢壞，自然別爲一事。胡君謂古代從部落進無數小國，境內境上還有無數半開化的民族，王室不過是各國中一個最强的國家，故能做一個名義上宗敎上的領袖，無論如何，那幾千年中，決不能有豆腐乾塊一般的封建制度，又謂我疑心秦始皇以前，並不曾有實際上的統一國家。要想做到王制等書所說整方塊的封建制度，是事實上不可能的，因而謂那時的中國，是很錯雜，很不整齊，很不統一的。因爲那樣錯雜不統一，故不能有整齊的井田制度，乃皆不足疑。蓋曾經推行天下，綿歷千載之井田，自然無有，而行之一時一地之井田，則不能謂其無有也，（人爲此等誤解所誤者甚多，如夏后氏五十而貢，殷人七十而助，周人百畝而徹，斤斤焉爭其五十畝七十畝百畝如何更變，抑係名異實同，卽由誤謂井田之制綿歷三代，未曾廢壞致之也。又古人措說粗略，遂以設法之詞當作實事者，亦往往有之，如大傳湯放桀而歸於亳，三千諸侯大會，退見文武尸者千七百七十三諸侯是也，然彼其意，自以代天下諸侯四字用，猶今人言萬國云爾，此等處須各以當時言語之例解之。）

又井田之制，以方里之地，劃爲九區，似係取象於九宮，如明堂之有九室，亦足徵其原起之古。若爲戰國時人所虛擬，則分劃之法正多，不必方里而井矣。

封建制度，誠不容據古人設法之詞認爲實事，然如胡君所云，逕改封建制度之名爲割據制度，則似又未妥。（或既以割據爲大名，仍別以割據爲小名，專指本來自立之國，與王朝所封之國稱封建者相對待，則尚可用。然割據二字，向來沿用，皆有既經統一，復割地而據之之意，與古代之本未統一者小殊。）蓋封建與割據，自係兩事。割據者，許多錯雜之國家或部落，各據一方，本不相下，而封建，漢族既奪異族之土地，因以樹立其同姓懿親，以擴充其勢力，雖其後各自爲政，原與本來獨立者無殊，然其初則自有滅異族以封同族，以擴充自己勢力之一事，不容抹殺也。僕謂漢族古代所以擴充本族之勢力者，全恃宗法，而宗法之制，則實藉封建以行之。舊宗法之制，別子爲祖，繼別之宗，百世不遷，故有一宗子，即其始祖之子孫，無論若何疏遠，皆能聚而不散，而其族之力以厚。爲祖之別子，率皆有土之君，如始受封之諸侯，始受采地之大夫是也。惟爲宗子者皆有土地，故有力以收恤其族人，惟爲族人者，皆與宗子共託命於此土地，故爲自保計，不得不翊衞其宗子。古代征服異族，鞭長莫及之地，率以此法行之，而天子於其畿內，諸侯於其境內，即大夫於其采地內，亦莫不行此法，故其設治極密，如束濕薪，到處皆爲此一族人所盤據，人民自無如之何矣。此其階級之制，所以能相沿至於數千年之久也。其後所以破壞者，則由此等有土之人，自相攻伐，諸侯既交相吞噬，大夫亦各肆併兼，（如晉之六卿是。）吞併人者，看似地愈大而勢愈强，實則被夷滅者皆已降而爲平民，而此族之高居民上者日以少矣，（階級制度之破，平民升爲貴族者少，貴族降爲平民者多，王官之學散在四方，亦以此時，胡君不信九流之學出於王官，似於此中消息，未曾細參也。）迨於最後，則居於民上者惟一人，欲去此一族者，去此一人可矣，秦之亡是也，且推原其朔，使一族之人，長此聚居一處，不與異族相接，原無所謂渙散，原不必設策以鳩之，所以必立宗爲收族之計者，原以散處四方，慮渙而不可復合，故，原以與異族錯處，慮其混淆不能分別，故，然則宗法之起，雖謂由於封建可也。（兩事實相爲因果。）封建制度之在古代，關係之大如此，豈得舉其名而去之哉。

古者宗與族異，族者，如歐陽尚書所說之九族，猶兼用女系，（白虎通同。古文家以上自高祖下至玄孫爲九族，非也，俞蔭甫謂其誤九世爲九族，一語破的。）宗則純乎男系也，族主親親，宗主尊尊。（白虎通，宗者尊也，爲先祖主者，宗人之所尊也，族者湊也，聚也，謂恩愛相流湊也，生相親愛，死相哀痛，有會聚之道，故謂之族。）有宗法而同族團結之力始厚，有宗法而與異族競爭之力始强，古代之宗法，蓋實由團結同族，與異族競爭而起，親親故尊祖，尊祖故敬宗，敬宗故收族，收族故宗廟嚴，宗廟嚴故重社稷，數語盡之矣。古人說孝字之義，所以蟠天際地者以此，因當時一族之人，所以團結自保之道，舉於是乎在也。（以一孝字，可攝諸德，自係古代社會思想如此，儒家仍之，胡君謂至曾子以後，始擴充至於如此，僕意亦異。）然則所謂孝者，其於同族，誠厚矣，而其於異族，則亦酷矣。天下無論何事，皆當從各面視之，儒家者出於司徒之官，本主敎化，故其立說，皆偏於人倫一面，（三年問所謂人之所以羣居和一之理。）舉當時社會所行而緣飾之，以爲天經地義，（蓋古代司徒之立敎本如此。）不如是，則其敎不尊也。夫儒家者，九流之一，一種制度，由儒家一面觀之如此，由別一面觀之，不如此也。各種制度，皆須合各方面觀之，然後能盡其理，但自儒家所觀之一面觀之，不能盡其理也。而中國自漢以後，儒家之義孤行，遂以由儒家一面所觀之理，爲獨一無二，一成不變之道，且如家族，其所由立，豈但在相親愛，亦豈有所謂天經地義，而自儒家說之，則以爲如此，彼自爲彼當時之社會立言，而後世之人，遂守其說以爲天經地義，因守其制，至於情見勢絀而不敢變，亦可哀矣。此談道者之所以上通而惡拘也。（孔子之說，不盡於儒，惟行於世者，大抵儒義，出於儒以外之說，拘者莫之知，且將攘臂而攻之，自謂衞孔子之道也。）此兩段所論，頗可與漢民先生從經濟上論家族制度之說相發明，惟漢民先生謂古代平民亦有宗法，僕意不然。古代平民，惟渙而不聚，故其勢易制，若亦有宗法，則難於駕御矣。

以上所論信筆言之，遂不自覺其詞費。（本意論貨幣而信筆言之，論井田之詞轉較多。）且於適之先生之言，若多所詰難者，非敢然也。適之先生論事精覈，讀古書尤多獨見，僕最所服膺。（去歲在天津講演新村之說，啓發僕最深，頗思爲文更申其義，病未能也。）此書所爭，在於適之先生，視古代學術進化較速，僕觀古代學術，進化較遲，牽連之詞遂多，本意所異在此而已。又適之先生所著中國哲學史大綱，案頭適無之，而中有論及之處，未能翻檢，並或有與原意不符處，亦乞諒之，僕學殖淸薄，近更荒疏，所論之必多紕繆，無待於言，諸君子進而辱敎之，則幸甚矣。

呂思勉謹上（五月二十七日）

四　中國古代田制研究

劉大鈞

儒者論井田，辭義奧衍，後學莫明其眞義。於是九夫十夫之辨，鄉遂郡鄙之分，直度方度之爭，聚訟紛紜，莫衷一是。夏商之制，其詳不得而聞，而周官言周制，亦若大有出入者，此爭訟之所由來也。周官匠人，遂人，大司徒，小司徒皆制田，而各不相蒙。一則曰：

匠人爲溝洫。耜廣三寸，二耜爲耦。一耦之伐，廣尺深尺謂之甽。田首倍之，廣二尺深二尺謂之遂。九夫爲井，井間廣四尺深四尺謂之溝。方十里爲成，成間廣八尺深八尺謂之洫。方百里爲同，同間廣二尋深二仞謂之澮，專達於川。〔註一〕

再則曰：

遂人凡制野，夫間有遂，遂上有徑。十夫有溝，溝上有畛。百夫有洫，洫上有涂。千夫有澮，澮上有道。萬夫有川，川上有路，以達於畿。〔註二〕

〔註一〕 馬端臨：文獻通考，第一卷，第四(下)……五(上)頁，浙江書局本，光緒丙申年(一八九六)。又周禮，第四二卷，第一(上)……七(下)頁，江西書局本，同治一二年(一八七三)。

〔註二〕 文獻通考，第一卷，第四(上，下)頁。又周禮第一五卷，第一六(上)頁。

三則曰：

遂人辨其野之土，上地，中地，下地，以頒田里。上地夫一廛，田百畝，萊五十畝；餘夫亦如之。中地夫一廛，田百畝，萊百畝，餘夫亦如之。下地夫一廛，田百畝，萊二百畝；餘夫亦如之。〔註一〕

四則曰：

大司徒凡造都鄙，制其地域而封溝之，以其室數制之。不易之地家百畮，一易之地家二百畮，再易之地家三百畮。〔註二〕

五則曰：

小司徒乃均土地，以稽其人民而周知其數。上地家七人，可任也者家三人。中地家六人，可任也者二家五人。下地家五人，可任也者家二人。〔註三〕

匠人九夫爲井，井間有溝，而遂人則謂十夫有溝，此其不符合者一。遂人謂上地夫一廛，田百畮，萊五十畮，餘夫亦如之，而中下之地，則頒萊百畮或二百畮。大司徒造都鄙，不易之地家百畮，一易之地家

〔註一〕文獻通考，第一卷，第一〇(下)……一一(上)頁。又周禮，第一五卷。第一五(下)頁。

〔註三〕文獻通考，第一卷，第一〇(下)頁。又周禮，第一〇卷，第一六(上)頁。

〔註二〕文獻通考，第一卷，第一一(上)頁。又周禮第一一卷，第四(上)頁。

二百晦。再易之地家三百晦。畝數互異，且前者兼言廛萊，而後者則否；此其二。匠人遂人皆以夫爲單位，而大司徒則以家室之數制之，小司徒復稽家人之數而分頒上中下地；不符者三。孟子謂『夏后氏五十而貢，殷人七十而助，周人百畝而徹，』〔註一〕而大司徒一易再易之地不止百畝，然以家爲單位，一夫或又不及百畝矣；不符者四。孟子又謂夏商周之制，皆十取其一，而井田之制實不及什一。朱子集注曰，

夏時一夫授田五十畝，而每夫計其五畝之入以爲貢。商人始爲井田之制：以六百三十畝之地畫爲九區，區七十畝，中爲公田，其外八家各授一區；但借其力以助耕公田，而不復稅其私田。周時一夫授田百畝，鄉遂用貢法，十夫有溝，都鄙用助法，八家同井，耕則通力而作，收則計畝而分，故謂之徹——其實皆什一也。貢法固以十分之一爲常數，惟助法乃是九一，而商制不可考，周制則公田百畝中以二十畝爲廬舍；一夫所耕公田實計十畝，通私田百畝爲十一分取一，蓋又輕於什一矣。竊料商制亦當似此，而以十四畝爲廬舍，一夫實耕公田七畝，是亦什一也。〔註二〕

〔註一〕文獻通考，第一卷，第二(下)頁，第三(下)頁。又孟子朱熹集注，第三卷，第五(上)頁，京都泰山堂本，光緒甲午年(一八九四)。

〔註二〕文獻通考，第一卷，第二(下)頁，第四(上)頁。又孟子朱熹集注，第三卷，第五(上，下)頁。

朱子所謂是亦什一者，未免强辭，蓋十一分取乃異於什一，猶九夫之井異於十夫之溝也。果欲細察毫厘，謂公田必分若干份，廬舍必佔若干畝，則所取者應確爲十之一，不應爲十一取一矣。其爲九夫十夫之辨者亦幾欲盡地而度之，盡田而井之，溝洫必中尺度，田畮必皆平坦。故一說謂近郊鄉遂用遂人溝洫之法；野外縣都則用匠人之法。又一說曰，

周制井田之法通行於天下，安有內外之異哉？遂人言十夫有溝，以一直度之也。凡十夫之田之首必有一溝以瀉水。以方度之，則方一里之地所容者九夫，其間廣四尺深四尺謂之溝，則方一里之內凡四溝矣。〔註一〕

此說尤不能通。井間有溝，無論直度方度，其數必爲九；蓋三三爲九，方固如是，直亦不能不如是也。如方九而直十，則其溝必有橫貫井中者，又豈井田之意哉？

儒者好言制度，而不問事實。禹貢分九州之土爲九等。當夏后氏之世，上上之田一夫五十畝，或已足活八口之家，而下下者則何如？殷人以五十爲不足，增之爲七十；然諸侯中有土肥民衆者，欲增則無土，不增而已足，豈亦必改從七十之數哉？周復增爲百畝，而土少民衆者，或仍從夏商之制，未可知也。蓋

〔註一〕 陳及之說，見文獻通考第一卷，第六(下)頁。

當時不知肥田之術，而行一易再易之制。〔註一〕積時既久，地力漸盡，乃不得不增授田之數，由五十而七十，由七十而百畝。授田之數固日增矣。其田多而平坦者，可皆按井田之制，定其尺度，無差毫厘。然農田有限而人口日增，豈畸零不中尺度之地，雖極肥腴，亦皆棄而勿用乎？黃帝子孫卜居中土，至周代已千數百年；耕而食，織而衣，亦千餘年。地利雖未能盡，而草萊之已闢者，當已甚廣。而尤謂鄉遂以外，苟其土地不平坦，不能從井田之制者，皆棄而勿用，恐無是理；此其一。封建之世，授田之制爲最要。諸侯以此養民，民以此執干戈而衛諸侯（古之爲君者謬言執干戈而衛社稷，而實則所衛者一己而已）。土廣則民衆，授田多者徠民。殷周之得天下，以其行仁政，而增授田之數，尤爲仁政之要者，此其二。雖然殷周固增授田之數矣，豈諸侯亦必隨之而皆增哉？諸侯以土廣得民，天子則不獨得民，尤必得諸侯。禹會諸侯於塗山，執玉帛者萬國；文王三分天下有其二，以服事殷，皆得諸侯之謂也。以得諸侯而王者，豈能堅執七十，百畝之數而強諸侯以難能乎？

由是觀之，以經濟之定律言之，當時行一易再易之制，爲廣耕法（Extensive cultivation），授田漸多，足徵地力漸盡，而新闢之地收入豐者，則無須增，亦未必增也。以政治之情况言之，天子畿甸之

〔註一〕一易者，今年耕甲田而置乙田勿用，明年則耕乙田而置甲田，再易者，甲乙丙三田於三年中輪流耕之。如此墾種，可免施肥。

地可改授七十百畝而諸侯之不從此制者，非天子所能强之使從。故當夏之世，商人或已七十而助，而殷周相代亦未必無五十畝與百畝之田也。明乎此義，則九一，什一之辨，五十，七十之分皆不足論矣。孟子謂『野九一而助國中什一使自賦』〔註一〕乃新田與舊田之別。田耕已久者因循舊制，但取什一以爲貢，其新闢者則用井田之制，九一而助，八家同耕公田以其所入納之有土者；當時民風淳樸，假此以互相監視，諸侯無督責之勞而獲九一之賦。同耕云者通力合作之謂，豈必劃爲八分而各耕七畝或十畝哉？

魯哀公謂有若曰：『二，吾猶不足，如之何其徹也？』〔註二〕 是時已非什一，及至孟子之世，恐已什取三四矣；此子輿氏盛稱井田之用意也。以稅法言十取其一，已嫌其重；以租賦言，則雖取二取三，似亦不爲太過。三代授民田，民猶佃客，君猶田主也。故馬端臨曰：『當時有國者授其民以百畝之田，壯而畀，老而歸，不過如後世大富之家以其祖父所世有之田，授之佃客，程其勤惰，以爲予奪，較其豐凶，以爲收

〔註一〕文獻通考，第一卷，第一七(下)頁。又孟子，第三卷，第七(下)頁。

〔註二〕文獻通考，第一卷，第一七(上)頁。又論語，第六卷，第十五(下)頁，京都，泰山堂本，光緒甲午年（一八九四）。

貸。』〔註一〕此說最爲確論，蓋封建之世，民不得私其田，不獨中國爲然，歐洲中古亦復如是。歐洲之封建田制（Feudal Manor System）實可與我國井田法互相發明。田地爲邦主（Feudal Lord）之所有，按時授之於民，一夫若干，皆有定數，一也。田有一易再易（two-field and three-field system）之分，一易者倍之，再易者三之，與周官大司徒制地域之法同，二也。田以外復授以萊，爲牛馬牧地，唯不按口分給：周官遂人則一夫授萊五十畝至二百畝，三也。人民以收入之一部與邦主，名若賦稅，實爲田租，其供敎會之用者且從什一之制（tithe），四也。人民納租之外，更必計日服役，戰時則爲君前驅，五也。封建之時，田租祗取十之一二者，以有力役之征故也。今日西北墾地農具籽種由耕者自備，則租稻爲三成，其由田主供給者則爲五成，則遠過十之一二矣。

秦用商君，廢井田，開阡陌，而田歸私有，許民自爲買賣，故多者以千畝爲畔，少者無立錐之地。貧民或耕豪民之田，見稅十五；所謂稅者，亦田租之謂也。至漢高祖十五稅一，景帝以降三十稅一，〔註二〕始眞爲賦稅矣。所取雖微，而不授民田，且更有征調之役，故反不如什一之制，此儒者所以亟欲復井田之

〔註一〕文獻通考，第一卷，第四〇（下）頁。

〔註二〕文獻通考，第一卷，第二三（下）頁，第二六（上）頁。又前漢書，第二四（上）卷，第八（上）頁，第一三（下）頁，上海五洲同文書局石印本，光緒癸卯年（一九〇三）。

法也。

王莽代漢，更名天下田曰王田，奴婢曰私屬，皆不得買賣。其男口不盈八，而田過一井者，分餘田與九族鄰里鄉黨。故無田今當受田者如制度。〔註一〕此求復井田之制者也。以按口授受不易行，乃令九族鄰里鄉黨分之，與今日共產之法頗相似。〔註二〕然『農商失業，良貨俱廢，百姓涕泣於市道，坐買賣田宅奴婢——自諸侯，卿大夫至於庶人——抵罪者不可勝數』。〔註三〕經二年餘而復廢之。

後魏孝文帝仿井田之意，而行均田之法。男夫十五以上受露田四十畝，婦人二十畝，奴婢依良丁。人年及課則受田，老免及身沒則還田。奴婢牛隨有無以還受，諸桑田不在還受之限。地入還分，諸桑田皆爲代業，身終不還。恆從見口有盈者無受無還，不足者受種如法。盈者得賣其盈，不足者得買所不足；不得賣其分，亦不得買過所足。〔註四〕

宋齊周隋因魏之制，略有變更。唐高祖武德七年，均田分永業，口分二項。男十八以上給田一頃，篤

〔註一〕杜佑通典，第一卷，第一三(上)頁，浙江書局本。

〔註二〕關俄政府令鄉間窮民(village poor)分農人之田。

〔註三〕同注一四。

〔註四〕通典第一卷，第一九(下)……二〇(下)頁。

疾廢疾給四十畝，寡妻妾三十畝，若爲戶者加二十畝——皆以二十畝爲永業，其餘爲口分。永業之田，樹以榆桑棗及所宜之木。田多可以足其人者爲寬鄉，少者爲狹鄉，狹鄉授田減寬鄉之半。其地有薄厚——歲一易者倍授之，寬鄉三易者不倍授。工商者寬鄉減半，狹鄉不給。凡庶人徙鄉及貧無以葬者得賣世業田，自狹鄉而徙寬鄉者得並賣口分田。已賣者不復授，死者收之以授無田者。〔註一八〕

均田之法，許民買賣，雖立永業口分之制，限其畝數，已非井田之本意。所謂授田，不過官取荒閑無主之田，以授浮民耳。魏制，老免及身沒者還田。唐制，死者收之，以授無田者，而不及老免，共徙鄉者不獨不歸田，且聽其售賣，唯已賣者不復授而已。蓋自周末以來，封建之制既壞，田地漸歸私有，如行授田之制，則無田者皆赴官請佃，而有田者老死則遺之子孫，或轉售他人，官無由一一知之而責其還田也。故田制雖有授還之說，而實則有授而無還耳。均田之法，不過立一準則，因田之在民間者而均之；復略師井田之意，以草萊新闢及荒閑無主之田，分授無田之人而已。後世逃民復業及浮客請佃田，官授田者，史不絕書，皆此意也。

由是觀之，井田之眞義，不在什一之賦，亦不在貢助之制。雖行授田之法，而有授無還，或聽民買賣，

〔註一〕　文獻通考，第二卷，第二一（下）……二二（上）頁。通典第二卷，第四（下）頁亦記此事，但以爲是開元二五年事。

則井田之實亦不舉。故必田爲公產，民無管業之權，有授必還，而後古制乃復。前人篤信舊說，欲復三代之制度，爭議數千年，而不知井田與封建不可須臾離，封建壞，私產立，社會組織變，則井田亦不能復也。今人日言進步，而於社會組織最繁複之時代，亦欲仿古人之意，行單一之制，舉天下之農田而公之，復舉天下之工商業而公之，禁民自爲買賣，則更令人難於索解矣。

註：刊北平國立清華大學出版清華學報第三卷，第一期。

五　中國古代土地制度之研究

羅竹秋

緒　言

自上古以至於中古，各國的社會狀態，都和現代不同，農耕是社會的主要經濟，土地是最有力的最必要的生產手段並勞動手段，因此土地一物，常不使一人或一家永久的專有（appropriate），只許社會各分子，在一定期間，分受一定面積，而行其利用收益權，以經營經濟。這種社會組織，就是所謂土地共有制（Systemof collective property in land），或農業共產制（Agrark ommunismus），又或村落共產制（Dorfgemeinshaft）。這種制度，和現代資本主義經濟組織中所胚胎發展出來的共產制兩相比較，範疇固屬完全不同，但也不是純粹血族團體內所行的共產制；却由異種血族相集而成的地域團體（卽村落）內關於土地所行的共產制。純粹的血族團體內，曾經行了一種共產制度，是絕無疑義的，但是在最古的原始社會，往往把某種消費財及動產的生產手段，看作特定人身體的一部分，於某種意義，這也可說是一種個人專有的制度，所以在一切生產和消費的經濟生活，完全澈底的行了共產制度的社會差不多可說是沒有。尤其到了血族團體崩壞地域團體成立的時代，消費財及動產的生產手段，常爲一人或一家所專有。至於土地一項，在這時代是社會最有力的生產手段並勞動手段，果屬於共有與否，若屬於共有，在從這血族團體到地域團體的過渡期間，又是必然的普遍的社會狀態與否，這是極有趣味的問題。關於這個問題，學者的研究和爭論，差不多延到一世紀，至今還沒有得一定的解答。其原因是由原始社會缺乏紀錄，不能現實的具體的究明其事實，只可把現在野蠻種族的社會組織及現代文明國家歷史上種種的共產事實作爲張本，行其類推，更在經濟心理上，立出概念，行演繹法，以證論原始土地共有制度的普遍存在。加之還有因學說上的遍見，政策上的便宜，不確實考證史乘，而加以牽强附會之辭，以主張其普遍性，所以結局議論愈紛歧了。

但是關於研究的方法，事實上直接的資料不存在的時候，類推法也不能不相當承認，既不能根據事實來駁倒牠，也就不能作爲獨斷論來排斥牠。自從這種議論盛行以後，人人都知道演繹的觀念的空論，不能解決何等問題，於是更進一步，便從事實研究下手，不僅機械的蒐集類似物，並把從來土地共有制度遍在說的論據，一一考證研究，其結果學術界乃生一大新潮。原來提倡土地共有制度遍在說的，無不主張各民族在原始社會的文化階梯，都必然的普遍的行了土地共有制，但他們所依據的事實，不必是原始社會中固有的自然的所產，確實是在中世以後，於國家莊園强制之下而發生的，換言之，卽是後天的，人爲的，非原始的。所以這件事實證明以後，他們的立脚地就失却了。又反對土地共有制度遍在說的，看見他們的立脚地失却了，便否認史學上的類推和心理學上的觀察，主張要依據眞確的史實說：「這種制度，不過是特定民族在特定情況之下以特定的形態所表現出來的原始文化罷了。」但是這些史實，縱明明白白不能作土地共有制的類推，而土地共有制本身的存在，也不可因此而否認。前者主張的論據不眞，後者反駁的理由不足，只落得今日社會主義者洋洋誇說：「吾人祖先享了社會組織的光榮，自從私有財產制度發生以來，人類就漸次墮落」，而轉入偏見的感情論了。

土地共有制，果是人類必經過的文化階梯與否，要研究各民族的共產史蹟，纔能知道，這是不待論的。但是我們研究的態度也不能不十分注意。要冷靜的客觀的觀察史蹟，不可預先造成概念而專蒐其相合的資料，以爲便宜的說明。研究普遍性，便不可忘却特殊性，研究特殊性，便不可忘却普遍性，因爲各民族的個性，都是由這普遍性和特殊性二者的結合而構成的。所以務必先從各民族蒐集其土地共有制的諸實例，再將各實例的本質發生以及形態詳細比較研究，然後纔能下斷案。我在本文研究的宗旨，不是關於土地共有制的原始性或後天性，是研究土地共有制作爲一種社會制度，應在如何狀況之下而發生，經過如何的路徑而發展，又因何等情事而崩壞，換言之，卽在一定的社會組織，其有機的生存應以甚麼爲條件的問題。我國目下，此項研究物甚少，玆將從來諸大學者對於古代土地共有制度研究所獲的成果略爲編譯，以介紹國人，先從我國開始。

第一　夏殷時代的社會狀態

太古時代，我國經濟狀態，似乎已有相當的進步了。據古典所載，太昊伏羲作書契，敎人民以牧畜田漁，炎帝神農興農業，敎人民以醫藥商賈，降至堯舜之世，所創更多，社會愈形進步了。然此種記錄，多由後人追述古代的神話傳說而成，本來只可用牠推察當時大概的形勢，若要一一具體的來證實牠，就不能有這種好資料。縱令當時文化已具有相當的雛形，也不能如記錄中所傳之盛，這是一定的道理。我們試把夏殷時代具體的材料拿來考徵一下，足見以前的社會狀態，還是何等未開化的。並且這些神話傳說，也不限定是從太古傳來的，大抵後人想像太古未開化的民族最初如何製作器具，如何知道飲食的方法，就假定幾位創始者，或附會幾位確實的人，曾經敎導了他們，替他們計畫了種種經濟上的便利，這幾位能人，因被尊崇過度，歷代相傳，就成爲一種傳說了。這些傳說，與其叫做單純的傳說，不如說是一種想像或擬制，反覺切實。所以這些古典中的記錄，都不能作研究學術的資料，只可作推想當時狀況的材料罷了。我們以爲略略可在具體方面而行推理的，是在夏殷以後，尤其土地制度，要到周代，始漸明瞭。孟子舉夏殷周之稅法，說：「夏后氏五十而貢，殷人七十而助，周人百畝而徹，其實皆什一也」，這不過是從周代演繹起去，想像夏殷的制度而已，恐怕不是自夏殷以來所傳土地制度的事實。所以本篇所述以周代的土地制度爲主，因欲闡明其由來，便把夏殷兩代的情況略說一下。

一、夏代的社會狀態　夏代的事情，由書經禹貢篇，可以稍稍推知。「禹貢」相傳爲夏禹王時代的貢法，據篇中所記，分當時全國土地爲九州，九州的田地，更分爲九等，應其等級的高下，而徵收田賦。但帝都所在地冀州以外的諸州，田賦之外，更要納「貢」，「篚」「包」三種稅物。「貢」以男子手製之物爲主，「篚」爲女子家內手工業品，「包」爲純然天產物。這些賦稅，都是從一般人民徵收的，自然要以農業非常發達，中央和地方行政十分統一整理爲前提。然夏代文化，尙半屬於傳說時代，禹之所以能定都安邑，取得王位，實由多年治洪水驅猛獸，使人民最初定住黃河流域的平原，得以安營農業之所致，固非當時社會制度何等發達了的結果。觀禹貢篇中「貢」「篚」「包」所用的諸物，也不過把漁撈狩獵時代，牧畜時代，農業時代的各種產物，網羅殆盡罷了。由此等情事推察起去，可知當時狀況，是從漁撈狩獵牧畜等遊牧生活，逐漸移於農耕定住生活的一種過渡狀態，其文化程度，就何能從一般人民，課以統一的租稅。況且當時的制度，漸入了封建時代，天子之威權，頗難直接及於人民。因此「夏后氏五十而貢」一語，解釋上頗生種種疑問。原來關於禹貢的記事，眞僞如何，或有異說，姑置不論，現在只就稅制問題而言，當時田賦，恐怕不是由人民直接納於天子，而是諸侯直獻於天子的，如貢、篚、包等獻品，或是諸侯自造或由人民徵收而奉獻於天子，這恐怕比較確實。這樣解釋起來，中央和地方行政，縱不統一，諸侯縱各支配其領土，所謂禹貢的稅制，也能實行。

然則諸侯領內的土地制度如何呢？曾經有了稅法麼？在這兒「五十而貢」一語，仍然是問題。由當時王道的精神看來，土地屬於私人所有，當然是不能行的，必要把牠作為王者的支配物，人民不過許其平等利用收益罷了，這種利用收益的結果，人民就要納一定之租稅於支配者以為酬償，這種納稅方法，就是所謂「貢」。但是當時農民利用五十畝之田，得其收益，以納租稅，縱算不錯，而納什一定率的貢與否，頗屬疑問。這恐怕是從周代所行的貢法推論而牽强附會的。我們只能由種種事情推定當時土地均分之制，至於統一的稅法，我們就不能證實了。

夏代土地均分制存在的最大理由，就是禹王完成治水大業的結果。當時洪水橫流，氾濫於中國，河川潰壞，沃壤湮沉，人民概走山地丘陵，而作避難生活。因此從來民族團體的社會，一旦破壞，而化為地域團體的村落社會了。然當此危急驟迫的時候，欲開拓原來荒蕪的土地，僅以一個人的力量，自然做不到，非共同協力不可，所以經過這大混亂之後，完全解體了的社會，土地共有制度，或可依然存在。然禹治洪水；經營三十年，卒成大功，使人民復歸平原沃壤，重修農業，關於土地的分配，就不能不成為重大的問題。不過在這種情勢之下、土地歸於個人私有，便是道理所不許的。從王道思想看來，也不應如是，從國家或民衆的功勞——把多年荒廢了的土地再重新耕作——看來，也不應如是。無論如何，在這時候，土地不能不歸國家所有，對於人民，只使平等利用，獲其收益，而同時課以一定的租稅，酬償國家，這似乎是自然經過情形。恐怕不到殷周時代，土地公有人民平等的利用收益權，已經發生了。稅法或有「貢」「助」「徹」等的差異，亦未可知，而土地一項，似乎在這各時代，都以公有爲原則。我們試看今日各國水患頻繁或新開墾的地方，每每發生公地制度，夏禹治水後，其實行土地均分策，無論從當時經濟發達的程度，或農地整理的情事看來，都是能夠推論到的事實。不過關於夏代的事情，無充分參考的資料，其最有力的根據，就是禹貢篇，而禹貢篇眞僞的價值如何，似乎尙無定論，所以我們論夏代制度，實在不敢輕下斷言。研究我國古代制度，要到殷以後，才漸漸有客觀的材料，可供考徵。

二、殷代的社會狀態　研究殷代的社會狀況，其最有力的資料，就是殷虛，卽從殷人居住了的荒墟所發掘出來的殷人遺物。在這遺物中最著名的，尤其是殷人用於卜筮的龜甲獸骨等卜辭。據羅振玉「殷虛書契考釋」中所載的卜辭看來，可知當時政治上以祭祀爲最重要，經濟上以田漁農業爲最重要。羅氏分卜辭爲祭三百零五，告十五，享四，出入百二十八。田百二十三，漁九，征伐三十五，年二十二，風雨七十七，由此觀之，可見漁撈次第減退，農業變成了主要的職業，是很明瞭的。何以故呢？因爲祭祀多用於祈禱豐收、年原爲稔，也是用於卜年成豐凶的，至於風雨，尤與農業有密切的關係，由此都可直接或間接證明當時農業的盛興。此外卜辭中雖沒有關於牧畜的事項，然牧畜業本身，原來缺少待卜而行的性質，所以不能因沒有牧畜的卜辭，就否認當時牧畜業的存在。並且現在祭祀中所用卜辭的文字，時有種種家畜的名稱，其卜筮用的骨片也不限於龜甲，使用牛羊角骨之類，亦復不少，這也可推想當時牧畜的發達。

如上所述，殷代的經濟狀況，以農業爲主，是很明瞭的事情，但是以甚麼方法經營農業，却沒有可以直接推察的資料。只在其所獲的農產物中，有禾、黍、米、麥、桑等，可由卜辭的文字看出。而黍之文字，使用尤多，大抵黍物爲當時一般人民所耕作，並爲常食品。至於土地的分配，仍與夏代相同，係公有制度，非屬於私人所有。「所謂殷人七十而助」一語，解釋上固不一定每人給田七十畝，但至少也可證明土地不是私有制度。其次租稅制度助法雖已行過，而井田法實施與否，却大有疑問。將田地劃爲九井，周圍八井分與八戶之民，中央一井，使八戶共耕，以其所穫，作爲租稅而奉納國家的這種助法，果是殷代爲原則的土地制度與否，我們沒有資料來證實牠。假令這種制度，當時一般已經行過了，那末至少人民不會成一團營共同耕作，不過作爲納稅的手段，共同耕作中央一井罷了，其餘自己的收穫，當然都是各別的耕作。究竟如何，只因當時農業狀態，還在曖昧之境，我們雖能推測幾分，究不能下明確的斷言。

其次殷代的工業，却已有相當的發達，譬如房屋的建築，已非穴居的形式，我們由卜辭中「大室」「南室」等文字，可推知當時所謂「明堂之制」已經實施了。但是「明堂之制」已行於一般建築與否，尙屬疑問，恐怕只有諸侯或其他高貴之人，纔能建此明堂。又器具之製造，似乎發達尤著，如骨器、石器、玉器、銅器等精巧美術品，及其他舟、車、矛、矢、鼎、俎、皿、爵日常用具之類，好像很不少。後來有從土中發掘出來的，由這些遺物，我們自可推測當時工業狀況的大概。

至於殷代曾經行過交換經濟與否，雖不十分明瞭，而貝殼貨幣，好像已經流通了。原來這種貨幣，是否作爲交換手段而使用，固不敢輕下斷言，但從工業發達的狀態及石骨製的子安貝形（在殷虛中發見出來的）推察起來，這些貝殼石骨等類，好像不是單用於裝飾，而是作貨幣流通用的。從這點看來，殷代已經行了交換經濟，可以想見。但是殷代的事情，比較夏代雖能作客觀的說明，而其資料，仍不充分，也不能下斷定語，要到周代，纔可有明白的考察。

第二　周代的土地制度

關於周代社會狀態，可供考徵的文獻，比較甚多，古來學者，研究牠的，也頗不少，譬如孟子，曾就田職，立了許多論說，而周禮一書，關於周代的社會制度，所載尤詳。至於周禮果係何人所作，恐怕不是成於周公一人之手，而是成於周末戰國衆儒輩出之際，或者更經過長久的歲月，有許多增補續纂竄入其中。因此牠所收羅的事實，周初以來的習慣也有，春秋戰國之世初立的新法也有，或者全無其事實只屬於學者的理想案也有，這恐怕是今日的定詮。所以我們把周禮作爲研究歷史的資料來引用牠，不得不要十分注意。但是要研究周代制度，捨此別無良本，並且由此確可得其大要，所以我在這兒研究周代的土地制度，仍以「周禮」和「孟子」二書爲經，以他種古籍爲緯。我們求了解周代土地制度精神以前，先要把周代的社會狀態略說一下。

一、周代的社會組織　周代人文非常發達，各種制度都已確立，而形成了前代無比的社會狀態，這是很明白的事實。但是後世之人每每把周世當作人類的理想社會，黃金時代，把周後視若澆季末世之不如，這未免言之太過，恐怕是志士仁人因憤世道之衰頹，多少附會想寓理想於周世，以求達到目的罷了。所以周後之人，以經世濟民自任者，都常思慕周代，返回周代，而以此爲最高的理想。原來周朝起於西方未開化的地方，風俗言語也不同，比較起來已經建立於中原了的諸國，文化程度，自然不及，縱令其武力何等强大，對於這些舊文化的國家，不能不懷有恐懼心，所以他到東方來，拚命收攬文化諸國的人心，並且想把牠好好統治起來，不得不先整理文物，鞏固國基，棄霸道，從王道，把當時天下都風化了。其建設的第一策，就是制定親族法，立嫡子，設宗制，分封子弟，禁止同姓結婚，把殷代制度行根本的改革。他的意思，想以親族關係定上下的秩序，結彼此的交好，上自天子下至庶民，都作成一親族團體，以便統治國家。次則創立學制，振興教育，啓發智識，拔擢有用之人才，而成爲一系統的制度。於國都則立國學，於諸侯則設泮宮。於地方則與鄉學，而鄉學則更分四級，一曰鄉校，二曰州序，三曰黨序，四曰閭塾。〔註一〕於是一般庶民子弟，都可入學校，講習修身齊家之道，其特卓者，更可進而研究治國平天下之理，國家設立學校之本旨，無非想培養國家有用的人材。所以周代的學制，確與官制相連，當時官吏登庸法，就是所謂「賓興之制」，後世科舉制度，也是從這兒來的。賓興之制，本來有多少弊害，但牠是出乎尊賢的精神，若能完全實行，官職的世襲，不至發生，賢者任官，當能保其機會的均等。不過在當時封建制度之下，百般都以傳統爲基礎，官吏登庸的均等機會，到底不能完全實現了。

二、周代的一般經濟狀況，周代的農業發達頗著，國家獎勵農業的政策，也頗盛行。所謂「后稷

〔註一〕周代分國爲六鄉，一鄉有五州，一州有五黨，一黨有五族，一族有四閭，一閭有五比，一比有五家。二十五家設閭塾，黨設庠，州設序，鄉設校。對於鄉學生，每三年舉行考試一次，及第者稱爲秀士，其品學兼優者 昇爲司徒，有司徒之資格者，稱爲選士，選士入國學，稱爲俊士，國學畢業者，稱爲造士，造士昇至司馬，則爲進士。其考選之法極嚴，一到進士身分，就可居重要的官職。

敎民稼穡，」就是表明周天子的先祖也是農官出身，這句話不問其確否如何，總可證明周代的經濟是立腳於農業上面的，並且讀詩經豳風七月之章，周初之季何等獎勵農業也可想像一般。其次工業，更大進步房屋城廓橋樑水道等土木建築頗盛，其他各種工藝美術品也不少，並有工藝家專攻其術，以爲獨立的職業。我們把「考工記」一讀，對於當時工業的發達實在不堪驚奇。這書果成於周初與否，固屬疑問，但後人增改，恐也不過文字間，使人容易了解罷了。至於這些工業品是如何造成的，恐怕作爲私人營業的很少，大多數都是製於王侯貴族所有的工廠裏面，所以精巧的製造品，一般民衆還不能享有。再其次商業，周初之季，固不甚明瞭，但至周末卽春秋戰國之際，商業發達頗覺顯著，金屬貨幣，已經發生，圓形方孔的「大泉」，鑄於東周景王時代，「刀」「布」的通貨，用於各國諸侯，是很明白的事實。而且商業的發達，原以物品所有和交換的自由爲前提，所以自由競爭也隨時並進，因此富力集中，富者凌駕王侯，而其反面則生貧困，商賈的弊害，就從此起了。然商業的隆盛，對於封建國家，殊大不利，所以當時國家的抑商政策也不得不應時而興。觀周禮所載，多論社會政稅，這就是表示當時富力的分配失均，社會生活已感覺不安的緣故。若富力的分配均平，貧民沒有出現，這種社會政策，還有甚麼必要呢？

三、周代的農地制度　關於周代的土地制度，孟子、荀子、呂子、春秋、穀梁傳、王制、司馬法、周禮、漢書食貨志等書中，都直接或間接，載有許多記述。由這些記述推察起來，可知周代土地制度一貫的精神，就在使萬民平等的利用土地，獲其收益，而享安樂的生活。簡言之，就是以實現王道為本旨。然則王道如何纔能實現呢？我們就土地制度來觀察。

（1）農地的專有　周代以農業為主要的經濟，而土地就是最有力的生產手段，也就是勞動手段，若一個人不當的占取了多數的土地，就會破壞社會的秩序，所以土地以外的百物，雖採放任主義，承認個人私有並交換，但土地一項，則嚴禁個人私有。當時土地私有的觀念，並沒有十分發生，好像一般人都把土地的專有和支配，概包含於天子的統治權中。因此土地一物，既非人民共同所有，亦非天子私人所有，不過人民在一定的期間，占有一定的土地，得以利用而獲其收益罷了。然這種利用和收益，和德俄諸國本於農村的觀念上的分得權而來的完全不同。這點參看下節德俄土地制度的研究，自然可以知道。

（2）農地的分配法　農地既不屬於何人所有，只能單純的利用牠而獲其收益，那末如何分配於各人了的？據古書所載，孟子滕文公章句上「滕文公問為國」一節說：「夏后氏五十而貢，殷人七十而助，周人百畝而徹，」又萬章章句下說：「耕者所獲，一夫百畝，」此外穀梁傳（宣公十五年）說：「古者三百步百里，名曰井田，井田者九百畝，公田居一，」又禮記王制說，「制農田百畝，」此外所說甚多，都足以證明周代的土地法，是對各戶分與百畝之田。而當所謂一戶，大抵五口之家，百畝之田，約當今日二十二畝，可收官斛二十二石之黍稷麥粱，由當時的情况看來，恰足以維持生活。然據周禮漢書食貨志所載，土地分爲不易之地，一易之地，再易之地三種，僅不易之地授與百畝，一易之地則與二百畝，三易之地則與三百畝，不過分配這種易地多是例外的事情。受了這易地的人就年年輪流換耕農地，在農業幼稚的時代，這個辦法，是很普通的，但是這種農地縱輪流耕作，而收穫頗少，並且閑休了的土地重新鋤耕也非易事。所以這個辦法，原來就不公平，想必「萊」的意義，即以閑休爲必要的易地分配制，只限於偏僻地方，在特別情形之下，纔能實行，至少在一國的中心地，總沒有行過。我們考察古代諸書，關於易地的事情，全沒有載過，就可以知道。

其次受了土地分配的人，文字上或曰「夫」或曰「家」，實質上就是一家，因爲利用這所分配的土地而得收益的，不是某一人，却是某一家，所謂「夫」者，不過是那一家的代表者罷了。這樣看來，若有一夫沒有成家，就不能受土地的分配。當每年一定的時期，調查戶口，達了成年而娶有妻室的，纔能受田百畝，到他死後或老衰，不能從事耕作時，就把這田退還官府。漢書食貨志說：「民年二十受田，六十歸田」，這是一般的通說，其他有以三十歲爲受田年齡的，但從當時的社會情形看來，恐怕不確。成年男子，常爲一家之主，受領規定的土地，其餘之人，不能以個人資格，享受班田。由這受田歸田諸點看來，可見周代的班田制，與租稅有密切的關係。並且到西周末葉，未成一家的人，若達二十歲以上，也能作爲餘夫受田二十五畝。

又原來全國土地，不是一樣的肥瘠，地力自然各處不同，而各夫所受的田地，二十歲至六十歲四十年間耕作無變，當然得了良田的一生有利，得了不良田地的，就受莫大的損，這是很不公平的，所以在當時以平等爲原則的制度上，對於這種不合理的地方，不能不講匡救之策。這種匡救策中，有所謂「土地分換法」，從來在許多民族中間，是很普行的，至於周代制度上行了這個方法與否，學者間議論頗不一致，有些學者，把文字强作解釋，並加以附會之辭，說當時已行了這個方法，但是沒有材料把牠積極的證實。縱算周禮中，論易田分配之事甚詳，和土地的分換有密切關係，而分換本身事體，總未有提及一言，由此點看來，當時分換制度，恐怕沒有行過。

綜上所述，周代的班田法，雖不能算是絕對的公正平等，但土地既由定期歸還，總可防止私人永久所有。不過因四十年間長歲月的占有利用，土地兼併等情，是往往不能免的。禮記王制說：「田里不粥，墓地不請」，就是禁止土地買賣的意思。不過在這兒粥字的解釋，不是所有權的移轉，只可看作利用收益權的讓渡。至於所受班田，有無借貸情事，本來不甚明瞭，但至周末商業勃興，富力兼併之際，土地均分制，也被破壞，小作人農奴似的階級，當然隨時發生，自不難推測。」

（3）土地的租稅　我們自古以來，常以什一之法爲租稅的理想。孟子曾經說過：「夏后氏五十而貢，殷人七十而助，周人百畝而徹，其實皆什一也。」原來夏后氏分配五十畝，殷人分配七十畝，和周代分配百畝相對比，不是從五十．七十．與百等序數的習慣附會而來的，並且貢法助法，不是夏殷時代獨特的制度，大抵周代也曾經行過。所謂「貢」的稅制，是把數年間的收穫平均起來，定出一年的收穫額，再以十分之一乘牠，以其所得的積數奉納於官府。所謂徹法，周代已經普遍行過，就是計算每年現實的收穫，而徵收其十分之一。至於助法，是有特色的稅制，卽將農地作成井字形，以周圍八井分與八戶農民，使各自耕作，中央一井，則八戶之民共同耕作，以其收穫之全部，盡納於官府。孟子說：「方里而井，井九百畝，其中爲公田，八家皆私百畝，同養公田。」據此數語，助法的性質如何，可以十分明白了。所謂「助」的意義，卽藉民力以耕公田，再就稅率而論，雖曰「其實皆什一也」，然助法的稅率，確是九一，後來孟子自己也曾說過「野九一而助」，這可引爲明證。

如上所述，助法是以公田之存在和八家共同耕作爲特色，若這種制度能實行，農民對於國家，僅納供一定的勞力，就可得自己田地的全收穫，國家和農民兩者的收入，每年平等增減，上下利害同爲一致，國家自然不能無理的苛求人民。這種稅法，在採行地租單一稅的時代，可說是近於理想的。至於助法所行的範圍如何，時代如何，大抵在周初風俗淳良之季，畿內地方，都已通行過。然隨社會變遷，人心趨於功利，勞動化爲手段，這種制度，便感覺惡害，誰也不肯熱心耕作公田，加之國家財用增加，僅以公田的收入，到底不能應其需要，於是國家不得不採用徹法。所以助法的實現，不獨稅制上是個理想的，並要以社會自身是個理想的爲前提。古來學者，往往看見助法實行，便說理想社會出現，大大的頌揚當時王者，這頗是本末顚倒之說，殊不知先有理想社會存在，然後這個助法纔能實施。

本來實行助法，必要有種種條件，第一，在自然方面，要土地多屬平原，缺少高低之別，地質的肥瘦，也要大概相若。第二，在國家方面，要組織單純，財用不多，否則，國家財政膨脹，公田的收穫，自然不能敷用，而且年年收入，有增有減，國務也不能依計畫而行。若國務不能進行，農民對於共同耕作，自失原有的誠意，因此助法，遂不得不從根本上破壞了。這樣看來，可說助法在實行的技術上，是不可能的，不過是學者的空想，王者因表現社會理想，作爲典型一試罷了。原來井田法，只可取其精神，不可用其形態，若用其形態，便把精神都沒却了。所以這種法度，在我國不能長久實行，廢除之後，縱欲努力復興，也沒有得何結果。清代雍正初年，曾把數百名無產的旗人，移住到直隸新城、固安、霸州、永清四縣官地，試行井田制度，不出十年，完全失敗了。又日本在幕府時代，儒學隆興，社會凋敝，井田之制，聲浪頗高，備前侯池田光政，曾經一再演試，也是同樣的結果，由這些事實推察起來，井田法在周代及周以前的社會，曾否原則的普遍一般行過，也還是一個疑問。

(4)經營的狀況　周代土地既非私人所有，其經營的方法，自與現今不同，茲可分數項列述於左：

(子)共同耕作的有無　農地屬於村落共有，或共有部分各自利用的時候，好像共同耕作，就和牠相關而來，譬如古代俄國的米爾(Mir)和德國的馬克(Mark)，就是這種形式。但是在這兒，土地共同耕作的時候極少，不過只有土地分換，或求分配公平而爲分散所有，實行耕作的強制罷了。我們沒有材料可以證明當時共同耕作的實施。我國周代，土地既非私有，亦非共有，復非不定的占有，又非分散的占有，只一處劃爲一區，而且各田畝間設有道路溝洫，就是耕作的強制，也似乎沒有實行的必要。況且對於班田的共同耕作，更沒有實行的必要。井田法本是以中央的一井爲公田，由八家之民共同耕作，有人說這就是從來共同耕作的遺制。但是井田法，是因平均分配土地（公田的面積，爲分配的單位面積，卽與八家所受的地面都相等）而且謀八家農民耕作的便利起見而創興的，未必就可視爲共同耕作的遺物。並且當時共同耕作的存在，此外別無他種材料可以證明，所以我國古代人民耕作班田，不是行一種共同耕作，較爲可信。

(丑)農作物的種類及其收穫量　我國古代，穀物的種類雖多，其中究以黍稷等的乾地作物爲主，徵諸古籍，這是很明瞭的。此外麥豆麻也不少。至於禾稻，本是穀物中最美的，但牠只限於渭水沿岸水利方便的地方纔能栽種。稷就是今日高粱，味雖不佳，但其耕作方法甚簡單，且能收穫多量，故一般栽種，而爲當時的主要食品。古傳堯舜時代的農官叫做后稷，又穀神也叫做稷，由後可推知稷之食物，當時看得非常重要。黍也稍稍視爲上品，豐收之年，固可供一般人民食用，但是不限定作爲常食品。

周代百畝之田，約當今日二十二畝，平均五口之家耕作出來，恰可維持生活。當時一家收支幾何，成了如何的生活狀態，把漢書食貨志一節李悝之言引來，可供參考。他說：「今一夫挾五口治田百畝，歲收畝一石半，除十一之稅十五石，餘百三十五石，食人月一石半，五人終歲爲粟九十石，餘有四十五石，石三十，爲錢千三百五十，除社閭嘗新春秋之祠用錢三百，餘千五十，衣人率用錢三百，五人終歲用千五百，不足四百五十，不幸死喪之費，及上賦斂，又未與此，此農夫所以常困，有不勸之心，而令糴至於甚貴者也。」這些話是表明農家的經濟漸漸困難，貨幣經濟已經成立了，不過這不是周初的狀況，却是屬於戰國秦漢時代的事情。田地的收穫量，周代以來，據羣書所載，大抵每畝百石乃至二百石，李悝說百五十石，是很確實的見解。至於一石之量，可當今日幾何，漢朝一石，以今日官斛計算，約有一斗四五升。即百畝之田，約可穫二十二石的黍稷麥粱。周初經濟尚未發達，尤其是貨幣經濟沒有發達，個人只營自給自足生活的時候，以這二十二石的收穫，想可作安樂生涯。但至周末，貨幣經濟盛行，生活程度增高，又有商賈勃興，貪取厚利，於是農民漸次受其壓迫，家計就一天困難一天了。這種變動，就是土地均分制難久維持的一大原因。

（寅）耕作方法和開墾方法　根據前節所說農作物的種類，其耕作的方法如何，大抵也可想見，即以耕作陸田爲主，水田屬於例外。又耕作勞力只憑一家，而不雇用外人，並也不聯合鄰保共同耕作而分配其收穫。周禮記述易田說設有閑休地名曰「萊」，但考證羣籍當時施肥之術已經相當發達了，想必閑休法只是例外，而一般都是用連作法的。又在班田制，彼此土地已經判然分劃出來，耕作上自不受何等牽制，各人都能隨其所欲栽種穀物，不過對於所受的土地必負有耕作的義務罷了。

如上所述周代施肥之術漸行，易田之制漸廢，由此可見當時除特別地方之外，農地漸感不足了。因補足這農地的不足，不得不開拓荒土，以供耕種，所以周代開墾事業，應時大行，而遍載於諸典。把新開地變成普通田地，好像費了三年工夫。新開第一年土地叫做「菑」，第二年土地叫做「新田」，第三年土地叫做「畬」。菑是反草之意，畬是柔地之意，從菑到畬的時期，都不能種穀物，僅栽一種芑的野菜，三年以後，纔栽培穀類。至於開墾行於何地？又係何人所爲？開墾地歸於開墾者所有與否？都不能十分明瞭。大抵開墾的地方，是由近及遠，而以便利從事，開墾的工作，或有國家的力量，或由人民協同的力量，都是能行的，在這些新開拓的地方，實施了當時的助法，我們也可想見。

（卯）田地的區劃　周禮小司徒載：「乃經土地，而井牧其田野，九夫爲井，四井爲邑，四邑爲丘，四丘爲甸，四甸爲縣，四縣爲都，以任地事而令貢賦凡稅歛之事」在這數語中，田地的區劃和行政的區劃，都已經規定大槪了。而各田地之間，設有五溝五塗，以明各畝的境界。五溝就是遂、溝、洫、澮、川，五塗就是徑、畛、塗、道、路。但是這種田地區劃法，曾徑行於全國一般否，尙屬疑問。周初之季，我們承認實行了這個方法是絕不會錯的。到了行徹法的時候，土地的區劃法，應該和井田法不同，但是至今我們還不能了解。

四、周代的宅地　周代對於成了家的人，授與百畝田地外，更授以五畝宅地，這是很明白的。孟子梁惠王章句上曾經說過「五畝之宅，樹之以桑」，又盡心章句上說：「五畝之宅，樹牆下以桑」，並且荀子大略篇中也載有「五畝宅，百畝田，務其業而勿奪其時，所以富之也」數語，都可引以爲證。更有些人主張當時農民不僅受了宅地，還得有房屋，這想必是從孟子或周禮中「受廛」等文字而來的，但是宅地和房屋，有不可分離的關係，若以房屋爲主，便可叫做廛宅，宅地之外，更給與房屋與否，尙不能無疑義。

依孟荀之言，宅地五畝，也有相當的面積，栽植桑樹，頗可養蠶而與織絲之業。但宅地房屋，本不能以一人一一悉取其收穫，似乎不得不把牠作爲永久的業產而承認相續了。因此宅地和耕地同時授與，必要次子三子，成了獨立門戶的時候，纔能實行。又宅地作爲永久的業產，不是觀念上私有的性質，所以依然禁止其買賣。至於宅地授在何處，議論頗不一致，我國古來居住，不是分散的形式，是聚會的形式，作成城邑的時候很多，所以宅地，大概都在城邑內，而設在田間的時候極少。古代德國的馬克，俄國的米爾，就和這不同，宅地的背後，就是自家的田地，以便於耕作。但是邑居的形式，也不限定田地盡在遠方。據崔述所說：「邑之大者千室，小者僅十室，舉其中而計之，則田之遠者去邑尙不及二里，其於耕穫近矣」等語，便可略略明白。

五、周代的園圃　我國古代，園藝之術，已有相當的進步，儼然從農獨立，而別成一種職業了。論語子路篇說：「樊遲請學稼，子曰，吾不如老農。請學爲圃，子曰，吾不如老圃」。其他羣書所載，表明此事，也頗不少。但是瓜果蔬菜，都是生活必需品，一般農民，把牠作爲副業來栽種的，自然不少。所以園圃之業，形成獨立職業而表現出來的，想必多在都邑附近的地方。據一般通說，周代各戶大約都受了十畝圃地，這個圃地的授與，想也多在城邑附近的地方，使栽培桑麻瓜果蔬菜等類。

園圃在原則上，也是有收穫的，但樹木一項，就和穀物蔬菜不同，非經長年月不可，若其利用者一旦死亡或老衰，便不能取盡其收穫，所以這也和宅地一樣，不必退還官府，作爲永久的業產，而承認其相續。並且園圃本來容易成爲私有，德國馬克的園圃，也是一樣，因城邑附近缺乏土地，園圃分配之制，比較田地分配之制，自然老早衰頹了。

六、周代的牧地　我國牧畜，自古以來，遍地流行。所謂馬牛羊鷄犬豕六畜，一般農家，無不飼養。但是周代以耕作穀物爲主，所謂牧畜，不過是一種副業。我們一面回想當時土地已經行了集約的耕作，閑休法早已廢止了，何等特別廣大的共同牧地，似乎不能存在。一面又細考國語周語所載：「周制有之，列樹以表道，立鄙食以守路，國有郊牧，」毛傳所說：「坰，遠野也，邑外曰郊，郊外曰野，野外曰林，林外曰坰，」又爾雅釋地所稱：「邑外謂之郊，郊外謂之牧」等語，所謂「郊牧」「坰」「牧」諸字，固不可把他解作牧畜專門家的牧場，而這些記錄，所以要特別書出的緣故，也不僅表示牧畜業的存在，當時家畜，無論食品用勞動用，都是很被重視的，或者因計飼養的便宜，設一種公共牧地，使一般農民放畜其中，而收其飼費，亦未可知。並且耕地宅地園圃既都可以授與，而公共牧地之設定，又何嘗不可做行呢?

七、周代的山澤　田地中間所通過的溝洫河川，原則上供一般人民共同利用，不許特定人獨占，這是當然的，而且山林藪澤，也是一樣。穀梁傳成公十八年說：「山林藪澤之利，所以與民共也，」荀子王制篇說：「山林澤梁，以時禁發而不稅，是王者之法也，」又孟子梁惠王上章說：「數罟不入汚池，魚鼈不可勝食也，斧斤以時入山林，材木不可勝用也，」其他禮記王制、呂氏春秋、周禮等，關於此類之記載也頗不少。據這些記載，周代的山林沼澤河川，不許個人獨占，國家特設「虞」「衡」等吏員，使他管理保護，以便一般人民共同利用而獲其收益，是很明白的事情。但是人民獲取山林沼澤之利，不是全無限制的，必要在一定時間之內纔可行使此權，因此這和德國馬克團員隨時可以砍伐材木等情況，頗不相同。

八、周代土地制度的概觀　以上大體把周代諸制度尤其是土地制度已經說過了。這些制度一貫的精神，就在萬民平等利用土地，無論在那一點，都是要機會均等的。這完全是出乎王道思想。而其外形也頗與古代德國的馬克共同團體相類似。但考其成立的經過和根本精神，則大有差異。德國的馬克團體，是從血族團體移到地域團體的一個過渡階段，其平等主義，是由人民自己確立的，就是今日所謂民主思想的種子。然在我國古代，天子承天之命，以統治國家，國家的體制作成後，纔以天子的使命，規定萬民的平等。所以我國人民所享受的平等權，不是自己努力的結果，是由天所與的。因這個緣故，所謂自治民主思想，萬難普及，民衆直接參與社會組織而行使其決定權的事情，也不會發生。所以哲人政治，賢人政治，曆代相沿而行，上有所施，下有所受罷了。原來所謂「哲人政治」「賢人政治」，不限定哲人賢人所抱的理想，就作他自己的施政方針而實現出來，他們屢屢把易行於社會或可收攬人心的政策，就當作社會的要求，以爲統治的方法，或者竟將社會已經行了的事實作爲根據，不過再加變更改良罷了。我國幅員廣闊，舊制度的精神，不會完全消滅，必以何等形式再表現出來，完全實行新制度，殆不可能之事，新的中間，常有舊的精神潛在，實在不少。觀我國周代史乘，這種事實，大可明瞭。譬如稅制一項，雖夏有貢，殷有助，周有徹，而這三者，恐怕不是單一而獨行的，尤其在周朝，大抵這三種制度因地方不同，都已經行過了。又萬民平等的思想，恐也不自殷周發端，夏代之季，已經胚成了。但是這個萬民平等的王道思想，不是德國馬克式的有血緣地域的限制，是從萬民對於王者平等，王者對於萬民也平等的一種國家的宇宙的觀念而來的。這或者是起因於堯舜時代的洪水大害，人民轉徙流離，血族團體早已破壞，社會組織根本變動了的緣故。至於土地分配制，固常與貢賦有密切的關係，這也不純是人民相互間獨立自治的組織，却由上面權力者王天下的思想所構成，並且不是有原始性而自然發生的，却是從後天的觀念而來的。

九、周代土地制度的破壞　土地屬於天，不許何人私有，只在一定期間使人平等利用而獲其收益，這種制度，果行至何時，又如何破壞了的，我們要明白牠，頗覺十分困難。漢書食貨志上載：「及秦孝公用商君，壞井田，開阡陌，」又同書中董仲舒說：「至秦則(中略)用商鞅之法，改帝王之制，除井田，民得賣買，富者連阡陌，貧者亡立錐之地」等語，其所謂「壞井田」「除井田，」果至此時纔開始破壞井田與否，固不能無議論，但至少在這時候井田制已經不存在了，是絕無疑義的。又春秋宣公十五年載有「初稅畝」，公羊傳載：「稅畝者何也，履畝而稅也」等辭，這也可有種種解釋，但在井田法，畝數是一定的，假令公田以外的田地，再加課稅，也沒有一一計算畝數的必要。因此將這文字最穩當的解釋起來，是當時土地平均分配制已毀，土地兼併制已行的結果，董仲舒所謂「民得賣買富者連阡陌，貧者亡立錐之地」也是從這兒來的。據我所見，周代末葉商業已經勃興，富者輩出，儼然形成社會一大勢力了，周代特有的土地制度，在這中間勢不能不起崩壞，不然，重農抑商政策何由發生，周禮中社會政策的方案，又何必岌岌乎特立而大立出來。至於這崩壞的原因，缺乏史乘以供徵考，現在從周代土地制度的本質演繹出來，約有下列數項。

（1）土地長期占有　周制以二十歲授田百畝，六十歲還歸官府，而又不行土地分換制，這實際上殆與私有制度，沒甚差異。授與田地時，以家為對象，不以人為對象，受田者死亡之際，固可防其虛誑兼併之弊，但考其特別禁止買賣，當時有由買賣竊行兼併土地者，實不難推測。

（2）農民經濟困難　周初人文幼稚，需要寡少，五口之家，百畝之田，固能自足自給，但隨社會發達，百畝之田，不過今日二十二石之黍稷，到底農家經濟，難以維持。縱令農術進步，收穫增加，也不能應人類之欲望和需要，所以這種制度，不能不起崩壞了。加之人口增加的結果，一戶所受之田，便呈減少之象，所以農民經濟，愈覺困難。

（3）商業發達結果　周末商業，發達頗著，已經屢次說過了。商業一發達，農業也要成交換經濟，僅僅自足自給的生活，就不能存續。所以當時農業，已經成了商業化，徵諸漢書食貨志李悝之言，是很明瞭的。但是農業和商業競爭利潤，到底沒有戰勝的可能。況且僅靠百畝之田，廿餘石之黍稷又何能有這大的力量。所以要使農業適應於貨幣經濟，非成大規模的組織沒有辦法這矮小農業的井田法、必然的要落於最後的悲運了。

（4）國家制度動搖　周代的土地制度，或有幾分原始社會的自然的性質、但是把牠作爲一種法制而確立起來，是出乎周朝王天下的思想，不是由農民自已的力量所作成的。所以土地制度和國家制度，完全是一致，不似德俄「米爾」「馬克」團體的性質一樣。若國家的體制一旦變化，土地制度也就不得不隨着變化。然至春秋戰國之際，羣雄相爭，公平正直的王道，無從實施、權謀術數的霸道，乃盛行一時，在這情勢之下，井田似的法制，自無存在的理由。

（5）財政需要不足　周代特有的井田法，是使八家之民共耕公田，以其所穫納入國家。當人情淳朴之時，農民可以樂耕其土，國家太平之際，收入也無不足，然至社會進步，國家組織複雜，財政膨脹，到底僅以公田的收穫不能充其用。況且戰亂相踵，國庫益告空虛了。於是國家不得不變更從來的組織，使各人私有土地，以戟刺其利己心，使人民經營農業，而增收其賦稅，這在當時，自可算是得策。加之僅憑矮小農業的生產力，也不能致國家於富强，國家焉得不坐視井田的崩壞，而默許其兼併，降至秦季，遂完全變作土地私有制度了。

〔註〕本篇刊於新生命月刊第一卷第八號。